社会风险与社会建设丛书

灾后重建视阈下的社会重构研究

基于汶川和芦山的案例调查

王正攀 著

中国社会科学出版社

图书在版编目(CIP)数据

灾后重建视阈下的社会重构研究:基于汶川和芦山的案例调查／王正攀著.—北京:中国社会科学出版社,2022.7
(社会风险与社会建设丛书)
ISBN 978-7-5227-0404-3

Ⅰ.①灾… Ⅱ.①王… Ⅲ.①地震灾害—灾区—社会结构—重组—研究—汶川县、芦山县 Ⅳ.①D66

中国版本图书馆 CIP 数据核字(2022)第 113210 号

出 版 人	赵剑英
责任编辑	田 文
特约编辑	刘殿利
责任校对	张爱华
责任印制	王 超

出　　版	中国社会科学出版社
社　　址	北京鼓楼西大街甲 158 号
邮　　编	100720
网　　址	http://www.csspw.cn
发 行 部	010-84083685
门 市 部	010-84029450
经　　销	新华书店及其他书店

印　　刷	北京君升印刷有限公司
装　　订	廊坊市广阳区广增装订厂
版　　次	2022 年 7 月第 1 版
印　　次	2022 年 7 月第 1 次印刷

开　　本	710×1000　1/16
印　　张	14.75
插　　页	2
字　　数	226 千字
定　　价	78.00 元

凡购买中国社会科学出版社图书,如有质量问题请与本社营销中心联系调换
电话:010-84083683
版权所有　　侵权必究

总　序

党的十八大以来，中国式现代化发展进入快车道，中国特色社会主义进入新时代。习近平总书记深刻指出："我们的事业越前进、越发展，新情况新问题就会越多，面临的风险和挑战就会越多，面对的不可预料的事情就会越多。我们必须增强忧患意识，做到居安思危。"从国际来看，我国发展的内外部环境进一步发生了重大变化，以美国为首的西方国家对我国的打压、遏制不断升级，突如其来的新冠肺炎大流行、俄乌冲突等，使得我国发展的外部不确定性不稳定性因素进一步增多。从国内来看，我国全面建成小康社会，进入全面建设社会主义现代化国家、向第二个百年奋斗目标进军的新征程。在这一伟大的历史进程中，经济社会发展方式面临深刻调整变化，各种风险挑战会更加复杂多变，其中社会领域的风险挑战自然会随之增多。社会领域的风险有的来自经济、政治、文化和自然环境领域，有的来自社会自身发展的不平衡不充分，有的来自社会诸多因缘的相互作用；有的来自国内，有的来自国际，有的内外因素皆有。与经济、政治、文化和自然环境风险相比，社会风险直接影响和威胁社会自身的有序运转和良性发展，严重的可能造成政局动荡、经济萧条、民生困难、社会失序。

中国共产党治国理政历来重视风险治理。党的十八大以来，以习近平同志为核心的党中央把防范和化解重大风险放在更加突出的位置。党的十九大在决胜全面小康社会建设的三大攻坚战中把"防范化解重大风险"作为首要任务，提出要防止"黑天鹅事件"和"灰犀牛事件",从体制机制、方式方法、队伍建设、资源保障和科技支撑等多个方面进行了系统部署,有效化解、成功应对一系列重大风险挑战,为中国特色社会主义建设提供了可靠的保障,积累了很多有益的经验。作为专门从事社会发展和社会治理研究的学者,我一直关注中国现代化进程中的社会变迁、社会稳定和社会治理,尝试运用社会学理论和方法、公共管理理论和方法研究社会发展中的风险挑战。在诸多理论和方法中,我感觉社会建设既是现代化发展的重要领域,也是一个比较有用的概念工具,尤其对于理解和应对社会风险具有较强的解释力。

　　社会建设是中国特有的概念,由孙中山先生最先提出。辛亥革命后,孙中山先生苦于中国一盘散沙的混乱局面,提出要在推翻专制统治之后建立民国,建立民国的关键在于行民权。开展"社会建设"是"以教国民行民权之第一步也"。他所提的"社会建设"主要是教人如何开会,涉及小到一般性会议大到正式的各级议会的程序、权利、决议等。20世纪30年代,社会学家孙本文教授在其《社会学原理》著作中单辟"社会建设与社会指导"一节,还写过关于"社会建设"的专题文章;并在1944年联合中国社会学社和社会部合办《社会建设》月刊,自任主编,出过十余期。孙本文认为,"依社会环境的需要与人民的愿望而从事的各种社会事业,谓之社会建设"。新中国成立后,我国成功地进行社会主义改造,社会事业取得了很大成绩,但是,人们很少使用社会建设一词。

　　21世纪之初,在改革开放的伟大进程中,我国经济建设取得巨大成就,社会领域的问题却不断积累起来,经济社会发展不平衡的问题日益凸显。实践推动着党的理论不断创新。2002年,党的十六大把"社会更加和谐"作为全面建设小康社会的重要目标之一。2004年,党的十六届四中全会第一次提出"构建社会主义和谐社会"和"社会建设"的概念。2006年,党的十六届六中全会明确提出,要"着力发展社会事业、促进公平正义,推动社会建设和经济建设、政治建设、文化建设协调发展"。2007年,党的十七大提出要"加快推进以改善民生为重点的社会建设",社会建设是中国特色社会主义事业总体布局"四位一体"的重要组成部分,改善民生是社会建设的重要任务。2012年,党的十八大提出要"在改善民生和创新管理中加强社会建设",社会建设成为中国特色社会主义事业总体布局"五位一体"的重要组成部分,社会建设的重点任务进一步拓展为民生保障和社会治理两个方面。

国际上虽然没有"社会建设"这一概念,但不等于国外没有社会建设事业。在西方发达国家现代化历程中,社会建设是伴随工业化特别是工业革命而来的。近代以来,工业革命对传统的农业社会的生产生活方式和社会关系产生了巨大的冲击,原有的社会关系、社会运行方式和社会保护模式不能适应形势变化的要求,为了应对新兴的社会风险,例如,失业、工伤、疾病、贫困、年老、社会治安恶化以及社会失序等风险,需要建立一套新的社会运行和社会保护规则、制度和模式。于是,各种新的社会保障、社会福利、社会保护、社会发展制度应运而生,其实质是社会建设。因此,可以认为社会建设的本质是通过社会重组和社会重建,应对现代社会变迁带来的社会风险,保障和改善民生,促进社会发展进步。

现代化发展越快,社会风险越大,社会建设越重要。在当前我国全面建成小康社会、实现第一个百年奋斗目标之后,开启全面建设社会主义现代化国家新征程向着全面建成社会主义现代化强国的第二个百年奋斗目标迈进的历史交汇关键节点,作为社会学领域的研究者,把近几年自己和我的博士研究生关于社会建设、社会治理的研究成果编著出版,集结为"社会风险与社会建设丛书",不断吸纳相关研究成果,是推进社会领域现代化的使命所在。同时,也是为青年研究者提供一个展示交流平台,支持他们扎根中国社会,不断地提出新概念、提炼新范式、构建新理论,在学术道路上更快成长,这也是作为博士生导师的心愿。

龚维斌

前　　言

　　中国是社会主义国家,"集中力量办大事"是中国最独特、最突出的制度优势和政治优势。新中国成立70多年来,中国逐步建立了与国情相适应的应急管理体制,即"统一领导、综合协调、分类管理、分级负责、属地管理为主的应急管理体制",这一体制充分发挥了中央统一领导、地方分级负责管理机制在应对各级各类自然灾害、突发事件时的最大功能和最基础性作用。例如,2003年发生的"SARS危机",在中央政府强力领导下,各级地方政府紧密配合,仅用时半年,疫情便得到有效控制。尤其是在实践基础上形成的以"一案三制"为核心的应急管理体系,充分展现了中国的社会网络组织优势、人民武装力量的独特主体优势以及文化和意识形态的整合优势,这些优势所彰显出的强大社会动员能力和危机应对能力,是其他任何国家均无法相比的。而且,不断提升的综合国力和人民生活水平为这一体制运作下的灾后重建工作提供了强大保障。2008年"汶川大地震"后的半年内,全国为灾区募集款物762.14亿元。其中,652亿元的捐款超过了1996年至2007年全国接收的救灾捐赠款物的总和,打破了中国捐赠史上的纪录。地震最严重的汶川县城在震后一年内,365万户震损住房修复加固全面完成;震后一年半,150万户农房重建全部完成;震后两年,26万户城镇住房重建基本完成。到2013年,当地受灾民众全部搬进新房。逐步积累的积极因素不仅促进了应急管理体系的发展,而且夯实了防灾减灾的治理根基,促使其从"事后应急"走向"主动防范"。2016年12月19日出台的《中共中央 国务院关于推进防灾减灾救灾体制机制改革的意见》明确提出,"坚持以防为主、防抗救相结合,坚持常态减灾和非常态救灾相统一,努力实现从注重灾后救助向注重灾前预防转变……全面提升全社会抵御自然灾害的综合防范能力。"这进一步显示中国的应急管理在指导思想、治理体系等方面，已走向成熟和完善。

"灾后重建"是应急管理的重要环节，是关系到受灾地域经济社会发展诸要素的系统性工程。灾害，特别是特重大自然灾害，不仅对自然环境的破坏是巨大的，而且对人类社会系统造成的损伤也是摧毁性的。所以，特重大自然灾害后的恢复重建，除了物质层面的"硬件"恢复，还包括社会层面的"软件"重建。并且，灾后的应急救援及其重建分为不同阶段，如前期、后期，或紧急期、灾后初期、灾后中长期，或紧急救援期、恢复重建期等。不同时期的应急管理工作有不同的内容侧重点。如灾害发生后通常以人员救援为主，之后会转入城乡居民房屋、公共基础设施和社会秩序、社会生活、社会心理、社会关系、社会文化、社会治理等方面的重建与重构。"汶川大地震"后，汶川县提出"三年重建两年基本建成"的口号以及"芦山强烈地震"后雅安市提出的"三年基本完成、五年整体跨越、七年同步小康"目标更多地侧重于物质层面的重建，主要目的是着眼于显性的、减少灾害损失的应急救助；而对于社会层面的人际关系、灾民心理、地域文化、社区治理等方面的恢复与重构则应在社会秩序稳定后基于当时当地实情稳步推进。需要指出的是，在特重大自然灾害中，失去亲人、财产的打击对于个体、家庭而言往往是其命运的转折点，因为原有的社会关系消失或被打破，恢复的基础不复存在，重构艰难。因此，社会重构对于促进受灾地域社会的良性运行和长远发展是具有长期性的。并且在新时代背景下，对于发生过特重大自然灾害的地域而言，其社会治理的现代化必然会与灾后重建工作融合发展。所以受灾地域的社会重构一方面须针对灾害发生后的特殊历史阶段重构社会秩序、社会关系、社会文化等，另一方面也须及时适应发展形势，完善社会治理体系，提升社会治理的能力和水平。

本书着力于对特重大自然灾害后恢复重建过程中及其后的社会重构进行研究。选择这一主题的背景是中国2008年发生了新中国成立以来最严重的"汶川大地震"，并且自此之后，中国在一段时间内进入了地震频发的活跃期。"汶川大地震"影响范围之广、破坏程度之深是中国近代以来"前所未有"的，中国举全国之力取得的灾后重建成就更是受到国内外高度赞誉。2013年发生的"芦山强烈地震"既在地理位置上与汶川相距较近，又汲取和借鉴了"汶川大地震"灾后重建的教训、经验，并提出了创新性的重建思路。选择这一研究主题的初衷是，这一特殊的自然背景和社会背景对于受灾地域的社会发展进程具有颠覆性影响，所以探究这一视阈下的社会演变机理，具有典型的理论价值和实践价值。更重要的是，对这一视阈下的社会演变进行探究，可以为其他场域下的社会治理提供借鉴和参考。本书力图要描述、解释和解决的问题是：

第一，从理论上为灾后重建视阈下的社会演变建构一个中国本土化的分析框架。由于主客观等方面的原因，国内有关灾后重建的研究并不常见。相应的，在理论建构上，可资借用的分析框架也不多。而建构中国特色的应急管理学科体系，需要在借鉴相关理论的前提下对灾后重建主题下的社会演变特点进行理论总结。虽然社会正常运行的机制与影响灾后恢复重建的社会机制本质上可能一致，但内在的逻辑机理必然不同。而且，"重构"灾后重建的社会治理体系，必然需要对进入"恢复重建阶段"的受灾地域的社会运行现状、变迁结构、格局变化以及未来发展的方向或规划进行微观、中观角度的深刻分析。基于这一考虑，本书拟在田野调查基础上采取实地访谈、个案分析等质性研究方法进行分析研究。进一步，本书拟突破社会重构仅仅是一种过程或方式的研究范畴，重点从"重构什么？"和"如何重构？"两大问题开始讨论。尤其对于四大社会运行主体（微观个体、聚居群体、各级政府以及社会力量）的体系逻辑进行探究，将是理论分析框架绕不开的主要内容。

第二，基于"国家—政府—市场—社会"维度下的社会重构内容分析。社会是一个可大可小的概念。据此推论，对"社会重构"进行概念界定，就显得尤为重要。从学科角度看，公共管理学视角下的"社会"更多针对的是国家、政府、市场的分析视阈。社会学视角下的"社会"更强调社会关系、社会阶层。中国的西南地震活跃带往往是发生特重大自然灾害的典型地域，因而区域的概念必须要在"社会重构"中考虑。再者，中国的广大西南地区，经济处于欠发达阶段，城镇化水平不高，社会发展也较为缓慢。特重大自然灾害对于这一地域的社会变迁影响到底如何？从哪些维度适合进行深层次、系统性、动静态视角的分析？需要一个清晰的分析层次去理顺。"国家—政府—市场—社会"

的四维分析提供了解决路径。特重大自然灾害的发生冲击或破坏了按照原有逻辑发展的社会运行状态（尽管原有的社会运行状态可能并不良好或顺畅），使当地社会治理面临挑战。这一特殊的外部力量深刻影响了灾害发生地群众的个体心理、生活、未来，进而对群体的结构、关系等造成重大影响。在这样的区域，国家、政府、市场和社会的分野较为明确和清晰。从城乡看，农村地区以自治为主导，辅之以官方的宏观、中观指导或支持，"差序格局"的社会结构虽然在城镇化的作用下面临挑战，但仍在当前的中国乡土社会发挥重要作用；城市地区随着官方的职能拓展和治理体系完善，"政府主导式"的社会治理作用得到进一步强化，这促进了基层社会的组织重构和社会公共空间重构。因而，灾后重建视阈下的社会重构在内容分析上适合从"国家—政府—市场—社会"的维度开展。

第三，两大灾后重建模式下的社会重构逻辑分析。本书以卢曼社会系统理论中的"系统/环境"区分为逻辑起点，认为灾后重建政策的变迁深刻影响着地方社会系统的自我更新。"汶川大地震"对重灾区社会系统的破坏是摧毁性的，导致其社会运行基本瘫痪；"举国援建模式"下，中央政府强力政策支持下的资源投入使受灾地域的灾后重建速度加快。10年间，汶川在社会关系、社会结构以及社会生产等综合作用下，不仅实现了社会秩序的恢复和经济增长，而且社会治理水平获得有效提升。这是一种典型的"跨越式"社会重构，中央政府组织调度各方资源，通过灾后重建政策的制定、实施与主要机制的顺畅运行，极大提高了居民住房、公共服务设施、产业及生态等方面的恢复重建效率，为稳定社会秩序、保障居民安居乐业提供了重要的物质前提。然而，对典型地域的案例分析表明：汶川地域的社会重构具有典型的阶段性特征；虽然受灾地域的社会重构受益于举国援建模式，但仍然遵循着自身的演进规律，需要长时期的稳步推进才能实现。"芦山强烈地震"冲击了重灾区的社会系统，使其遭受重创；"地方为主模式"调动了省、市、县各层面的积极性和能动性，使地方能制定更为符合实际的灾后重建政策，以实现物质层面的重建。芦山灾后重建中的社会重构，虽然并没有取得像汶川重建一样的"跨越式"发展，但这一社会重构的变迁历程，仍然较大幅度地提升了当地的社会治理水平，因此可以称作为"渐进式重构"。对典型地域的案例分析表明：这一重构类型下，地方社会系统主要依靠内部要素实现社会重构，但由于受基层治理能力和资源要素禀赋不足的制约，受灾地域社会重构的"不平衡不充分"特征突出。两大模式下的灾后重建政策变化体现了中国对灾害认识的深化和灾害治理应对的逐步成熟。不同的社会重构"类型"，虽然在目标方面一致，但在主要机制、具体内容、水平层次上有较多差异。随着灾后重建的推进和完成，受灾地域的社会重构呈现典型的规律性特点。基于社会重构目标的诊断发现，受灾地域在房屋产权、分户、宅基地以及集体经济重组等方面仍然存在部分问题，后续应从健全灾后重建治理体系、加强灾后重建政策评估、增强受灾地域发展能力、促进社会力量持续参与等方面进一步完善。

目 录

第一章 绪论 ………………………………………………… (1)
 第一节 选题背景与研究意义 ……………………………… (1)
  一 选题背景 …………………………………………… (1)
  二 研究意义 …………………………………………… (3)
 第二节 研究思路与研究内容 ……………………………… (5)
  一 研究思路 …………………………………………… (5)
  二 研究内容 …………………………………………… (5)
 第三节 研究方法与重点难点 ……………………………… (7)
  一 研究方法 …………………………………………… (7)
  二 重点难点 …………………………………………… (9)
 第四节 创新之处与研究不足 ……………………………… (10)
  一 创新之处 …………………………………………… (10)
  二 研究不足 …………………………………………… (10)

第二章 核心概念、典型理论及研究综述 ………………… (12)
 第一节 核心概念 …………………………………………… (12)
  一 灾后重建 …………………………………………… (12)
  二 社会重构 …………………………………………… (18)
  三 社会治理 …………………………………………… (26)
 第二节 理论借鉴 …………………………………………… (31)
  一 社会系统理论 ……………………………………… (31)
  二 社会结构理论 ……………………………………… (33)

2 灾后重建视阈下的社会重构研究

　　三　社会资本理论 …………………………………………（37）
　　四　其他主要理论 …………………………………………（40）
　第三节　研究综述 ……………………………………………（46）
　　一　灾后重建相关研究 ……………………………………（46）
　　二　社会重构相关研究 ……………………………………（51）
　　三　研究述评 ………………………………………………（55）
　第四节　本章小结 ……………………………………………（56）

第三章　社会重构理论：灾后重建视阈的逻辑分析 ………（58）
　第一节　分析框架溯源 ………………………………………（59）
　　一　国外主要理论的思想导引 ……………………………（59）
　　二　国内相关研究的观点启示 ……………………………（59）
　　三　中国社会运行的实践需求 ……………………………（60）
　第二节　框架内容体系 ………………………………………（61）
　　一　理论假设 ………………………………………………（62）
　　二　内容体系 ………………………………………………（63）
　第三节　典型案例选择 ………………………………………（72）
　　一　案例背景 ………………………………………………（72）
　　二　选择理由 ………………………………………………（74）
　第四节　本章小结 ……………………………………………（76）

第四章　跨越式重构：举国援建模式下的汶川案例 ………（78）
　第一节　"汶川大地震"发生的背景 …………………………（79）
　第二节　"汶川大地震"后的重建政策 ………………………（80）
　　一　制定主体 ………………………………………………（80）
　　二　主要内容 ………………………………………………（80）
　　三　实施过程 ………………………………………………（81）
　　四　主要特点 ………………………………………………（82）
　第三节　举国援建模式下的社会重构机制 …………………（83）
　　一　及时回应受灾群众需求的反应机制 …………………（83）
　　二　中央支持下的对口援建与合作机制 …………………（84）

三　多方面举措保障下的组织管理机制 …………………… (85)
　第四节　调查的典型地域 …………………………………………… (85)
　　一　基本情况 …………………………………………………… (85)
　　二　产业发展 …………………………………………………… (88)
　第五节　汶川调查地域社会重构的"全景式图像" ………………… (92)
　　一　社会关系上的变迁 ………………………………………… (92)
　　二　社会心态上的变化 ………………………………………… (100)
　　三　社会结构上的演化 ………………………………………… (108)
　　四　社会文化上的影响 ………………………………………… (109)
　　五　发展阶段上的跨越 ………………………………………… (114)
　　六　重建遗留问题诊断 ………………………………………… (117)
　第六节　举国援建模式下的社会重构逻辑 ………………………… (121)
　　一　"汶川大地震"致重灾区社会系统基本瘫痪 …………… (121)
　　二　强力政策支持下的资源投入使重建速度加快 …………… (121)
　　三　举国援建模式下的社会重构有典型的阶段性特征 ……… (122)
　　四　社会重构受益于举国援建模式但遵循着自身规律 ……… (123)
　第七节　本章小结 …………………………………………………… (124)

第五章　渐进式重构：地方为主模式下的芦山案例 …………… (127)
　第一节　"芦山强烈地震"发生的背景 …………………………… (127)
　第二节　"芦山强烈地震"后的重建政策 ………………………… (128)
　　一　制定主体 …………………………………………………… (128)
　　二　主要内容 …………………………………………………… (129)
　　三　实施过程 …………………………………………………… (130)
　　四　主要特点 …………………………………………………… (132)
　第三节　地方为主模式下的社会重构机制 ………………………… (133)
　　一　回应受灾群众需求的反应机制 …………………………… (133)
　　二　地方作为主体力量的责任机制 …………………………… (133)
　　三　调动社会力量参与的作用机制 …………………………… (134)
　第四节　调查的典型地域 …………………………………………… (134)
　　一　基本情况 …………………………………………………… (135)

二　产业发展 …………………………………………………（136）
　第五节　芦山调查地域社会重构的"全景式图像" ……………（138）
　　一　社会关系上的变迁 ………………………………………（138）
　　二　社会心态上的变化 ………………………………………（142）
　　三　社会结构上的演化 ………………………………………（147）
　　四　社会文化上的影响 ………………………………………（149）
　　五　发展阶段上的进步 ………………………………………（151）
　　六　重建遗留问题诊断 ………………………………………（155）
　第六节　地方为主模式下的社会重构逻辑 ……………………（158）
　　一　"芦山强烈地震"重灾区的社会系统遭受重创 …………（159）
　　二　地方社会系统主要依靠内部要素实现社会重建 ………（159）
　　三　地方为主模式下的社会重构同样呈阶段性特征 ………（161）
　　四　社会重构受基层治理能力和资源要素禀赋掣肘 ………（162）
　第七节　本章小结 ………………………………………………（162）

第六章　比较与讨论 ……………………………………………（165）
　第一节　灾后重建政策变迁的特点 ……………………………（165）
　　一　责任主体逐步明确 ………………………………………（166）
　　二　内容体系逐步完善 ………………………………………（167）
　　三　重建机制灵活多元 ………………………………………（167）
　第二节　两种重构类型的比较分析 ……………………………（169）
　　一　社会重构机制异同 ………………………………………（169）
　　二　社会重构内容差异 ………………………………………（170）
　　三　社会重构水平不同 ………………………………………（173）
　第三节　灾后重建视阈下的社会重构逻辑 ……………………（174）
　　一　自然灾害对社会变迁有正反影响 ………………………（174）
　　二　受灾地域社会重构的时序演进性 ………………………（175）
　　三　社会重构内外驱动因素的复合性 ………………………（177）
　　四　社会重构实现的目标具有多维性 ………………………（179）
　第四节　灾后重建视阈下社会重构目标实现的策略 …………（182）
　　一　健全灾后重建治理体系 …………………………………（183）

  二 加强灾后重建政策评估 …………………………（184）
  三 增强受灾地域发展能力 …………………………（184）
  四 促进社会力量持续参与 …………………………（185）
 第五节 本章小结 ………………………………………（186）

第七章 结语 ……………………………………………（187）
 第一节 研究结论 ………………………………………（187）
 第二节 未来展望 ………………………………………（190）

参考文献 ……………………………………………………（193）

附录 入户调查表 ………………………………………（207）

后 记 ……………………………………………………（216）

第一章 绪论

社会有其正常运行规律，但当遇到巨大外力冲击和干预，如遭遇特别重大自然灾害或者发生社会革命时，原有的社会关系、结构等被改变，社会便无法按照以前轨迹运行，需依照新的形势进行重构，以使其能正常乃至更好地运转。在这样的螺旋式、非线性演化中，社会变迁的每一个周期都可以认为是一个完整的重构过程。因此，重构及其过程中的治理是促进社会由恶性或中性运行状态转化为良性运行状态的重要过程和关键手段。然而，由于社会情境、事件、场域的复杂性、多元性、时代性、地域性等特点，每一社会背景下的重构过程并不一致，但仍然遵循着基本的发展规律。本书以中国境内发生的两次特别重大自然灾害为背景，以其典型受灾地域灾后重建下的社会重构为研究对象，综合运用社会学、公共管理学的学科理论以及分析方法，尝试探究灾后重建视阈下的社会演变逻辑。

第一节 选题背景与研究意义

一 选题背景

人类社会进入文明时代后，灾害已不是一个独立的存在，而是与人类活动紧密联系的，特别重大自然灾害也是如此。黑死病对欧洲中世纪的终结、古玛雅文明的消失、苏门答腊岛屿的淹没均是典型。必须承认的是，在科技更为发达和日新月异的今天，人类仍受灾害掣肘。可以说，"与灾害共存"已然成为人与自然关系的常态。中国是世界上自然灾害最为严重的国家之一，灾害种类多，分布地域广，发生频率高，造成损

2 灾后重建视阈下的社会重构研究

失重，是一个基本国情。① 历史上的中国，平均每六个月即罹灾一次。② 新中国成立后的 1949—1995 年，中国每年因灾造成的经济损失占工农总产值的 1/20—1/4，年均死亡人数 1 万—2 万。③ 2008 年"汶川大地震"后，中国进入地震活跃期，相继遭遇 2010 年"玉树地震"、2013 年"芦山强烈地震"、"2014 年鲁甸地震"、2017 年"九寨沟地震"等灾害。然而在国家、地方、社会、群众多方参与下，上述受到灾害冲击的地域④，均进行了卓有成效的灾后重建工作。特别是"汶川大地震"和"芦山强烈地震"后的受灾地域，依靠中国特色的体制优势和综合国力提升后的物质保障，短短两三年的时间，重建便宣告成功，不仅为中国防灾减灾救灾体制机制的改革提供了经验借鉴，而且为重塑国家治理体系与治理能力现代化目标下的新型中央与地方关系提供了典型样本。

虽然如此，但对受灾地域来说，遭遇远超过既有承受能力和修复能力的特别重大自然灾害，正常的社会运行秩序被冲击，社会运行状态转化为非常态或应急管理状态。换言之，受灾地域不仅遭受经济的巨大损失、人员不同程度的死亡，而且原有的常态社会发展进程、政府既定的治理规程、居民的生产生活方式和社会关系被瞬间打破，整个地域的治理体系需要通过重建或重构方可进入正常的社会运行轨道。即便是恢复重建工作在官方的主导下取得了令人称赞和可喜的成就，但灾后重建的内容远不止此。因为不同重建时期的重点不同。"受灾时期"以生命救援为主；"恢复重建期"除了稳定秩序，更多的是对有形生产生活方面的重建。进一步，在上述过程中隐含着的一系列社会变动，如"社会结构、社会组织以及人们的行为规范如何在灾害这一特殊的背景下得以重构和创新的问题"⑤，对受灾地域的社会治理以及良性社会运行状态

---

① 习近平：《充分发挥我国应急管理体系特色和优势 积极推进我国应急管理体系和能力现代化》，新华社，http://www.gov.cn/xinwen/2019-11/30/content_5457226.htm（最后访问时间：2019 年 12 月 31 日）。
② 邓云特：《中国救荒史》，上海书店出版社 1984 年版，第 9 页。
③ 中华人民共和国国家统计局、中华人民共和国民政部：《中国灾情报告 1949—1995》，中国统计出版社 1995 年版，第 1 页。
④ 后文简称"受灾地域"或"受灾地"。
⑤ 蔡驎：《一门关于灾害共生实践的学问——日本灾害社会学述评》，《国外社会科学》2012 年第 5 期。

促成起着至关重要的作用。

　　社会层面的重构涉及多个方面。一是人员的死亡使个人、家庭和组织的联系断裂、消失；二是房屋损毁使个人、家庭不仅遭到财务损失，而且重建会带来一系列新的社会活动；三是心理冲击不仅给个人带来冲击、考验，而且引发群体社会心态的变化；四是社会结构变化，如家庭结构、产业结构、职业结构等随灾后恢复重建发生转变；五是社会关系的重新建构，如代表公共利益的政党和政府在救灾、减灾、抗灾方面的投入将重新建构官方在灾民乃至全社会民众心目中的形象，重建社区居住形态、生活方式的改变将重新建构起与灾前不同的邻里关系、社区关系、家庭关系、亲属关系等；六是生活方式改变，在重建后的房屋、生态环境、交通设施以及新的社会保障体系内居住、适应进而开展生产与生活，生活方式必然发生变化。社会关系消失或被打破、社会秩序需要重新建立、社会心态需要重塑、社会生活需要重新适应，这一特殊背景所造成的社会重构无疑是长期的。

　　灾后重建及其视阈下的社会重构过程实际上反映了一个"稳定—重建/重构—再稳定"的变迁过程。这一形塑着因自然灾害造成的特殊场域，其社会的运行、演化、重构存在哪些内在逻辑？社会关系、社会心态、社会结构、社会文化是如何变化的？灾后重建又遗留了哪些当地社会系统难以解决的治理问题？这些问题都值得关注和研究。然而，随着灾害救援的结束，社会对受灾地域的关注减弱；随着官方宣告的恢复重建结束，外部对受灾地域的支持力度减少甚至撤出，对上述问题重视不够、关注较少。所以，从宏微观和动静态的多视角，借助中国语境下的典型例证对灾后重建视阈下的社会演变过程、逻辑、特征以及现状进行分析，具有重要的理论与实践价值。

二　研究意义

（一）为灾后重建理论的发展提供支撑

　　灾后重建及其前端的灾害管理对当前中国公共管理学界而言，依然是处于起步阶段的研究主题。在事故、灾害或突发性事件发生时，人们往往更多关注这些公共危机事件下的案例探析或恢复管理问题。而对于中国语境下公共危机管理理论的研究与构建则不多见，灾后重建因处于灾害发生的后期，有关理论构建和内容拓展更少。本书以特别重大自然灾害后的重建为背景，研究其内在的社会重构问题，不仅是对灾害学、应急管理学、社会学相关理论的补充，而且基于学科交叉的分析将为灾后重建理论构建与拓展提供本土化的支撑。

（二）有助于丰富社会治理的内容体系

社会重构内植于社会体制、制度及社会主体活动之中。重构不仅仅存在于灾后重建的视阈下，常态社会运行下的社会重构主题或内容同样涉及面广。比如新型城镇化、乡村振兴、产业转型、扶贫开发等国家战略推动下的社会治理，实质上即是对单方面、多方面的社会内容进行有计划重构的过程。无论是常态社会的治理，还是非常态社会的治理，虽然重构的社会情境不同，但内容、目标基本一致。所以，结合特别重大自然灾害的现实背景，探究由自然灾害带来的激烈社会动荡后的社会演变规律，不仅是对社会重构相关理论的丰富，也是对社会治理理论内容体系的进一步发展。对灾后恢复重建进程中的社会重构研究尤其可以为当前中国新型城镇化、社会转型中的社会变迁提供理论参考。

（三）为灾后重建的治理实践提供经验参考

当前，由中国官方主导的灾后重建工作早已实现。"后重建时期"，受灾地域尤其是恢复重建期搬迁的民众（农户）、村（社）、县城等在社会治理方面出现了新的问题，亟须从社会层面寻找破解路径。社会重构实际在灾害发生前、发生时以及灾后已经被重视，如相关的心理干预、心理援助、社会援助等。然而，促使社会运行状态达到灾害前的水平甚至超越以往，必然需要对"社会内在各因素"的运行与发展问题进行长时段的系统研究，发现问题，并提出有针对性的策略。这将成为本研究的重要方面。

（四）为治理体系与治理能力现代化提供样本借鉴

治理现代化的目标对中央、地方提出了适应社会形势发展的新要求，社会治理共建共治共享格局的战略举措为治理体系完善和治理能力提升提出了新思路。将灾后恢复重建实践中的社会演变规律进行有效的总结、提炼，将为国家和地方治理体系与治理能力的现代化提供典型的实践样本借鉴，同时也有助于中国基层本土特色治理实践的发展。

第二节 研究思路与研究内容

一 研究思路

本书坚持以马克思主义关于社会发展的理论为指导，在梳理灾后重建、社会重构相关研究基础上，通过借鉴社会系统理论、社会结构理论、社会资本理论等的核心思想，构建了一个"灾后重建视阈下的社会重构"理论分析框架。经验层面，以中国境内发生的"汶川大地震"和"芦山强烈地震"灾后重建为背景，以汶川县和芦山县及其4个村为调查样本，运用文献研究、深度访谈、公共政策分析、问卷调查等方法，重点探讨"党委政府""个体或群体""社会力量"等主体有机参与框架下，社会生产、社会关系、社会结构、社会心态、社会政策以及文化习俗等方面的演变历程。而且，通过对"后重建时期"受灾地域的社会治理进行问题诊断，为促进灾害发生地域的社会治理现代化提出了应对策略。基于这一思路的逻辑结构如图1-1所示。

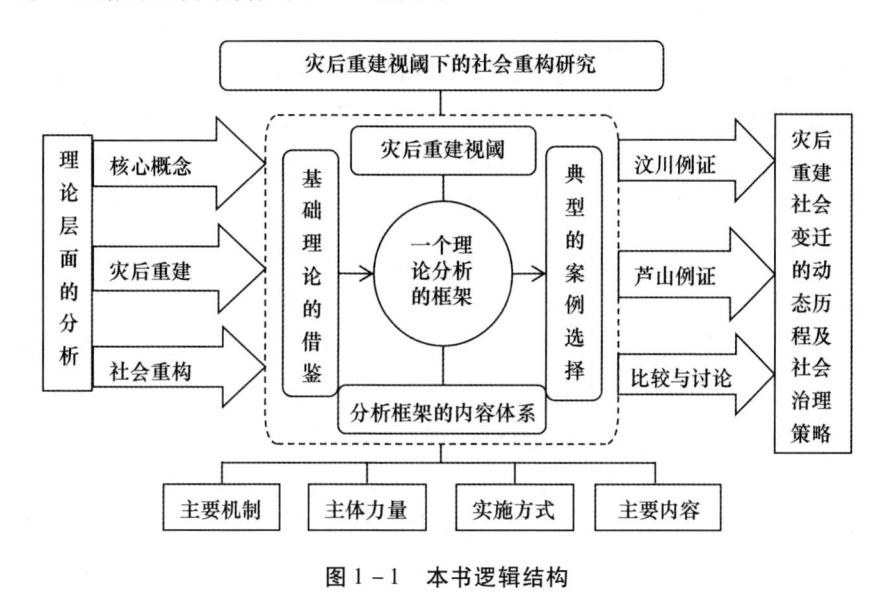

图1-1 本书逻辑结构

二 研究内容

本书内容包括了以下几个方面：

第一章：绪论。内容包括选题背景与研究意义、研究的思路与方法、研究内容与重点难点、创新之处与研究不足。本书坚持"以问题为导向"的研究原则，重点展示和剖析中国典型地域在灾后恢复重建中的社会变迁和社会治理全方位图景。

第二章：核心概念、典型理论及研究综述。对概念进行界定是学术问题研究的基本前提。对灾害、灾后重建、社会、社会重构、社会重建、社会治理的内涵和外延进行细致分析是必须工作。理论是实践的先导，也是学术研究的基础环节。对灾后重建视阈下社会重构研究的理论分析有助于对本书研究方向的把握。此部分较为全面、系统地从核心概念、典型理论借鉴以及国内外相关研究现状综述三方面对"灾后重建视阈下的社会重构研究"主题的理论基础做了展示，对于弄清研究主题的范畴、对象及其内容做了一个基本铺垫，也为后续开展理论框架设计和经验分析提供了理论指导。

第三章：社会重构理论：灾后重建视阈的逻辑分析。建构灾后重建视阈下的"社会重构分析框架"具有重要意义。可以说，每一年中国都在遭受着地震、台风、泥石流、洪水、干旱等带来的自然灾害以及事故等人文因素造成的社会灾害。这样的社会客观发展背景下，重视灾后重建视阈下的"社会重构理论分析"首先是因为灾害发生地的社会重构亟须理论上的提炼或指导；其次，受灾地的社会稳步发展亟须深刻研究社会重构问题；再次，灾后重建视阈下的"社会重构分析框架"是对各个社会形态下社会重构理论体系的补充和丰富。此部分主要从分析框架建构角度阐释灾后重建视阈下的社会重构一般理论逻辑。

第四章：跨越式重构：举国援建模式下的汶川案例。"汶川大地震"后的灾后重建是典型的举国援建模式，在新中国历史上是史无前例的。此部分以构建的理论分析框架为基础，从中央政府制定的灾后重建政策入手，分析"汶川大地震"灾后重建中的主要社会重构机制；其次，以汶川及其老人村和震源新村为调查地域，探究灾后重建视阈下10年的社会重构"全景式图景"；再次，总结受灾地域社会在举国援建模式下的重构逻辑。

第五章：渐进式重构：地方为主模式下的芦山案例。"芦山强烈地震"灾后重建采取"中央统筹指导，地方负总责"的"地方为主模式",通过划分中央政府与地方政府的权责边界,来探索中国自然灾害的治理体系,意义深远。此部分同样以构建的理论分析框架为基础,以"地方为主模式"下的灾后重建政策为分析基础,分析"芦山强烈地震"灾后重建的主要社会重构机制;其次,以芦山及其青龙场村和隆兴村为调查地域,探究灾后重建视阈下5年的社会重构"全景式图景";再次,总结受灾地域社会在地方为主模式下的重构逻辑。

第六章:比较与讨论。灾后重建模式下的政策变迁,给社会重构带来不同程度的影响。对两个典型案例进行比较分析,有助于更为清晰地把握管理层面、治理领域以及社会变迁领域的内在逻辑。此部分首先从灾后重建模式变化中分析政策变迁的主要特点;其次,对两个案例的社会重构机制、内容和水平进行比较探讨,以及社会重构逻辑梳理;最后,提出实现社会重构目标的应对策略。

第七章:结语。总结前述研究结论,指出本书选题研究的未来展望方向。

第三节 研究方法与重点难点

一 研究方法

(一) 研究方法的使用

1. 文献研究法

从时间维度动态把握自"汶川大地震"和"芦山强烈地震"以来灾后重建的发展状况,需要尽可能全面地掌握相关学术研究论文、政府政策法规、有关组织工作报告以及新闻报纸杂志等方面的资料。在渠道获取上,本书在研究过程中主要通过以下途径:一是通过借助就读学校图书馆、电子图书馆以及笔者所在单位的图书资源获取相关文献研究资料。根据研究进程的推进,结合某一研究聚焦点,通过大数据搜索购买了相关主题下的研究书籍作为文献支撑之一。二是利用网络渠道搜集中央政府、地方政府以及相关部门如国家发展与改革委员会、民政部等在两次地震重建过程中出台的法规、规划、意见等政策文件。查询的网站包括中央政府网、四川省政府网以及利用百度学术、Google 学术搜索所用的资料。三是在每次的实地调研过程中注意向当地相关部门、调研对象及时获取一手的制度文件、工作报告、统计数据以及留存档案等资料。通过对可用文献资料的分析与整理，本书梳理了国内外相关研究现状，归纳总结了适用于社会重构分析框架建构的主要理论。在两次地震灾后重建的案例中梳理了灾后重建的政策模式，以说明中国自"汶川大地震"以来在特别重大自然灾害治理方面的演化逻辑。

2. 深度访谈法

作为一种直接的、一对一的访谈方式，深度访谈有助于研究者直观、入境式的参与到被访谈者的情境回忆中，以获取真实的研究素材。本书在深度访谈上的具体做法有：一是结合研究主题拟定访谈提纲，即入户调查表（见附录）。主要涉及个体状况与经历、家庭和社区关系、恢复重建政策、生产生活方式以及文化习俗等多个方面。二是深度访谈主要选择了四个村中的农户代表做一对一（或多对一）的访谈，每人（户）访谈时间在60分钟左右，访谈记录每人（户）整理字数在3000字至20000字之间。在多次调研中，访谈政府部门、基层干部23人次，农户访谈39户49人次，共计72人次。三是在后续资料整理过程中对访谈记录进行了有序的编码以便于分析。此外，为全面、客观地了解调研地域的情况，在具体调查中充分发挥深度访谈灵活性、开放性优势，除了访谈小组随机选择调查户、集体总结讨论外，还对当地研究机构如四川省委党校长期关注灾区发展的专家也进行了采访。在此过程中，主要借助会议整理、现场笔录以及录音整理的方式推进实施。

3. 问卷调查法

问卷调查法是本书研究中的一种辅助性方法。在对汶川县、芦山县以及四个村的调研访谈中，分层、随机选取了当地相关政府部门中熟悉灾后重建的领导干部、基层干部、社区干部以及当地社会组织、主要企业人员进行了关于社会重构方面的问卷调查。上述入户调查表中同样包括问卷调查内容，这有助于从各个群体的整体角度来收集一手研究数据，并开展具体问题的分析。针对以上各调查对象开展的问卷调查共发放150份问卷，收回有效问卷126份，统计分析采用SPSS软件进行处理。

此外，政策分析、比较分析以及基于主客观综合判断的赋值法用在了"汶川大地震"和"芦山强烈地震"灾后重建政策模式与社会重构的分析讨论中。而参与观察法则贯穿于整个调研过程。

(二) 调查实施过程

调研一共有四次：

第一次：2016年1月15—20日，笔者随导师主持的芦山地震灾后重建评估课题组一行深入雅安市开展"芦山强烈地震"灾后重建中期评估调研，调研灾后重建中的具体问题。

第二次：2016年7月18—25日，笔者利用假期时间赴雅安、芦山等地调研灾后重建后的产业发展以及社会组织参与情况。

第三次：2017年8月3—8日，笔者利用假期时间赴成都、汶川、北川调研"后重建时期"的产业和社会发展情况。

第四次：2018年8月20—25日，笔者在导师带领下，以"社会重构视野下的灾后重建研究"为主题，组成5人课题组，对汶川县及水墨镇老人村、漩口镇震源新村和威州镇阳光社区，芦山县及芦山县龙门乡青龙场村、芦山县龙门镇隆兴村等进行座谈、访谈、入户调查和田野考察等全方位的调研。在之后的文稿形成过程中，对相关问题的具体方面，又针对性地与调研地的相关人员进行了电话和网络沟通。

二　重点难点

(一) 研究重点

一是建构灾后视阈下的社会重构理论"分析框架"。二是从宏观、中观、微观和动态、静态视角分别阐释汶川和芦山不同灾后重建体制与模式下的社会重构过程。三是针对灾后重建视阈下社会治理方面的问题提出有针对性的建议。

(二) 研究难点

一是如何更好地把握个案研究对一般规律的反映，因为"汶川大地震"和"芦山强烈地震"受灾范围面大量广，而且各区域差异较大。二是如何更为科学、合理、全面、透彻地构建灾后重建中的社会重构理论分析框架，因为已有研究框架较少或不符合特殊情境下的中国本土化实际。三是如何详细、真实、有效地获取受灾地域社会变化方面的第一手资料和数据。

第四节 创新之处与研究不足

一 创新之处

（一）辨析"社会重构"概念并建构了一个理论分析框架

灾后重建既有相关研究中习惯使用重建的概念，对于重构则少有使用。如前文所述，重构与重建、重组在内容的侧重点上并不一致。而且，"社会重构"与"社会治理""社会变迁"也并非完全等同。本书对"社会重构"的概念进行了专门的辨析与界定，突破了重构仅仅是一种过程或方式的范畴，并基于此建构了基于灾后重建视阈的社会重构理论分析框架，这是本书有别于其他相关研究的创新点之一。

（二）将灾后重建政策视作受灾地域社会系统的环境因素

在社会重构分析框架建构上，本书主要以"系统/环境"的区分为逻辑基础，将中央政府、地方政府制定实施的灾后重建政策作为乡村"社会系统"的"环境因素"看待。而且，基于中国语境下国家权力在乡村社区发展中的主导关系，本书认为"汶川大地震"和"芦山强烈地震"灾后重建政策模式的变迁深刻影响着乡村社会系统的自我更新。这一基层社会的系统重构与国家层面关于灾后治理体系的系统重构形成了"结构耦合关系"。这是本书学术思想观点方面的主要创新体现。

（三）基于动静态视角对典型受灾地域社会演变进行分析

在调查样本选择上，本书以 2008 年"汶川大地震"和 2013 年"芦山强烈地震"为时间背景。在空间维度上，本书聚焦在了对中国国家治理进程起到较大影响的汶川和芦山。在村落选择上，分别调查了两县四个具有地域和重建特色的乡村。在内容分析上，着重其灾后重建 10 年和 5 年社会生产、社会关系、社会心态以及社会文化等方面的动态、静态分析，具有一定的完整性和系统性。

二 研究不足

一是在研究方法采用上，由于受灾地域的特殊性，从宏观或官方层面获取系统性、全面性的定量数据难度较大，因此主要采用深度访谈、问卷调查、案例研究等方法获取有效数据，所以所得结论并不一定代表所有受灾地域情况。

二是在社会重构水平和层次的定量测评上,采用了简单的基于主观综合判断的赋值方法,虽然结论符合基本认知,但这一方法的采用缺乏有力的客观数据支撑。

三是中国仍有甘肃"舟曲泥石流"、青海"玉树地震"、云南"鲁甸地震"等属于特别重大自然灾害并采取了地方为主的灾后重建模式,对于上述区域的社会重构问题本书并未涉及;而全面、系统地关注灾后重建视阈下的社会重构问题,上述地域的经验支撑同样重要。这正是未来需要持续改进和提高的方向。

第二章 核心概念、典型理论及研究综述

詹姆斯·克利福德指出，概念通常通过可以看得见的模型来定义核心部分以避免变化。[①] 中国学者陈振明认为，概念界定是问题研究的逻辑起点。[②] 所以，对灾害、灾后重建、社会、社会重构、社会重建、社会治理的内涵和外延进行细致分析是基本的研究前提。理论是实践的先导，也是学术研究的基础环节。对相关研究综述的分析将有助于对本书研究方向的把握。本章主要围绕上述内容进行梳理、总结、提炼。

第一节 核心概念

一 灾后重建

（一）灾害

一般认为，"灾害"是指对人或人们的财产造成损伤、破坏的事件、事故，如"火灾""水灾""旱灾"等。人类社会发展的过程可以说是与"灾害"相生相随的一个过程，对"灾害"的认识也经历了一个不断发展变化的动态过程。文献梳理发现，关于"灾害"的概念论述众说纷纭，莫衷一是。代表性的观点有：李永祥指出，事件、过程、经济和财产损失、人员伤亡、社会功能散失、文

[①] [美] 詹姆斯·克利福德：《人类学定位：田野科学的界限与基础》，骆建建等译，华夏出版社2005年版，第191页。

[②] 陈振明：《公共服务导论》，北京大学出版社2011年版，第9页。

第二章 核心概念、典型理论及研究综述

化保护倒塌、生态环境受到破坏等，是灾害定义的核心内容；学科之间相互交融的情况在灾害定义中是存在的，如社会学家强调文化因素，地理学家强调社会建构。[1] 陶鹏、童星基于社会科学解读的视角将灾害概念划分为"事件—功能主义导向""脆弱性导向""社会建构主义导向""不确定性导向""权利资源分配导向"，并以"危险源—关系链—结果"为逻辑架构结构化灾害概念。[2] 周利敏的分析认为，西方国家的经典灾害社会学在发展过程中虽厘清了灾害概念，但由于其功能主义的研究取向近似于官方立场，遭到许多学者质疑，随后被以灾害风险为取向的脆弱性研究逐渐取代。近年来兴起的社会建构主义学派认为，一切灾害都是社会建构的，灾害是人类建构和适应的结果，没有人类就不会存在"灾害"。[3] 上述相关研究表明：

第一，对灾害概念的认知虽然没有统一的定义，但已经形成一些普遍共识，比如核心概念的关键词、不同学科学派有不同研究视角、自然科学和社会科学分别侧重研究灾害的自然属性和社会属性等。如世界卫生组织将"灾害"定义为一种超出受影响社区现有资源承受能力的突发性人类生态环境破坏。[4] 联合国灾害管理培训规划将"灾害"界定为超过社区现有资源承受能力的人、物、环境损失。[5] 世界灾害与急诊医学协会认为：只有当某个不良事件导致社会基本功能难以维持，超过当地处置能力时，才可以称之为灾害。[6] 因为单纯的不良事件本身并不足以构成灾害，如发生在海洋深处的海啸、地震或是无人区的风暴、雨雪等。史培军指出，灾害系统是由孕灾环境、承载体、致灾因子与灾情共

---

[1] 李永祥：《什么是灾害？——灾害的人类学研究核心概念辨析》，《西南民族大学学报》（人文社会科学版）2011年第11期。

[2] 陶鹏、童星：《灾害概念的再认识——兼论灾害社会科学研究流派及整合》，《浙江大学学报》（人文社会科学版）2012年第2期。

[3] 周利敏：《西方灾害社会学新论》，社会科学文献出版社2015年版，第6—13页。

[4] Koenig K. L., Schultz C. H., *Disaster Medicine*, New York: Cambridge University Press, 2010, pp. XXIII - XX.

[5] Ciottone G. R., *Disaster Medicine*, Philadelphia. Elservier Mosby, 2005, pp. 4 - 5.

[6] Sundnes K. O., Birnbaum M. L., "Health Disaster Management: Guidelines for Evaluation and Research in the Utstein Style", *Prehosp Disaster Med*, Vol. 17, 2002, pp. 1 - 177.

同组成的具有复杂特性的地球表层系统结构体系。① Scheffran 等将"灾害"理解为灾害系统内外部矛盾运动中原有系统内平衡和系统间平衡的破坏过程。②

第二，对灾害的概念界定不同来源于不同时代的社会背景、人类承受或应对能力。西方世界中对灾害传统意义上的认识是一种"上帝的行动"。③ 英文的 disaster 源于法语的 desastre，而法语中的 desastre 又分为 dis 和 astro 两个部分，均来自拉丁语，两者的结合构成灾害，意义上与星星有关。④ 陆忠发从文字演变视角考察了中国古人对"灾害"概念的认识历程，认为"上古穴居而野处"，人们最害怕的就是大水，所以古人造字用大水的形象表达灾害。烖、𢦏、菑等也被古人用作不同灾害类型的形体，如火灾、战争等；籀（zhou）文"災"从火，也是形声字，虽然水火不共生，作为形声字形体也有不符合生活常识的地方，但最后无论哪一种"灾害"，都用灾表达了。⑤ 闵祥鹏指出，从甲骨文中灾害的简明界定，到秦汉后正史记录灾害的相对规范化以及民间对灾害认知的随意性与多样性，可见历史时期以来的"灾害"一般遵循所处时代的认知标准，并随着人类社会的发展与认知能力的提升以及宗教哲学、风俗习惯等影响而发生变化。⑥ 中西方灾害认知的演变不仅反映出时代条件的差异，同时折射出中西方文化认知的不同。

第三，灾害学研究的学科雏形已逐渐形成或被建构起来，而且主要灾害学理论视阈下的灾害概念界定由于侧重点的不同也对实践起着

---

① 史培军：《五论灾害系统研究的理论与实践》，《自然灾害学报》2009 年第 5 期。
② Scheffran J. Brzoska, M. Kominek J., et al., "Climate Change and Violent Conflict", *Science*, Vol. 336, No. 6083, 2012, pp. 869–871.
③ E. L. Quarantelli, "What Should We Study? Questions and Suggestions for Researchers about the Concept of Disasters", *International Journal of Mass Emergencies and Disasters*, Vol. 5, 1987, p. 1.
④ 李永祥：《什么是灾害？——灾害的人类学研究核心概念辨析》，《西南民族大学学报》（人文社会科学版）2011 年第 11 期。
⑤ 陆忠发：《汉字对"灾害"概念的表达及其反映的文化心理试说》，《汉字文化》2011 年第 6 期。
⑥ 闵祥鹏：《历史语境中"灾害"界定的流变》，《西南民族大学学报》（人文社会科学版）2015 年第 10 期。

不同的指导作用。如童星、张海波从概念、框架和方法三个维度探讨了中国灾害社会科学进行跨学科整合的可能，认为中国的灾害社会科学有风险、灾害和危机三个核心概念，它们之间已经表现出逻辑上的整合趋势，内在之间的逻辑关联支撑了灾害社会科学的理论框架。[①] 周洪建的概念梳理发现，自然灾害的分级研究大致可分为三类：致灾因子论、灾情论和灾情系统论。[②] 尽管对于灾害的概念界定并不一致，但这不妨碍对于灾害的研究形成一个走向学科发展道路的态势。因为不仅仅是对灾害的认知如此，在社会学科门类中，类似的情况有很多，甚至这种情况可以称得上是社会科学的一个特性。基于上述分析，本书认为，"灾害"是指在自然或社会因素作为灾种源头影响下产生的超过人类或人类社会承受能力而造成的生命、财产损失的事件或事故。

（二）特别重大自然灾害

由于具有灾害程度严重、影响范围广泛、发生频率较低、难以预测以及灾后恢复期长等特点，因此在全方位提升国家治理能力和治理体系的框架下，需要对"特别重大自然灾害"这样一种自然因素造成的社会"震动"给予特别的关注。从纵向维度看，早期对于灾害的研究主要关注其自然属性，对灾害社会科学方面的研究也是近几十年发展起来的。人类社会即便在高度发达的今天，仍然无法避免自然界带来的破坏性影响，尤其是地震、海啸、特大暴雨造成的洪涝以及特别重大疾病等，始终困扰着人类世界的安全发展。所以，基于时间、空间和属性的不同程度，无论是学术界抑或是实务界，在类型划分上一般将灾害分为不同的等级。汤爱平等指出，灾害等级划分的重要目的是：它不仅表示灾害给人类及其生存空间带来损失大小的尺度，而且是人类组织救灾行动的依据，衡量灾区恢复能力和灾害管理方式的指标。[③] 学术研究上，一般将灾害划分为巨灾、大灾、中灾、小灾、微灾，比如灾害经济学对

---

① 童星、张海波：《灾害社会科学：一种跨学科整合的可能——概念、框架与方法》，《中国应急管理》2009年第3期。
② 周洪建：《"特别重大自然灾害"概念的提出》，《中国减灾》2015年4月上。
③ 汤爱平、谢礼立、陶夏新、文爱花：《自然灾害的概念、等级》，《自然灾害学报》1999年第3期。

"巨灾保险"的关注度颇高、公共管理学对巨灾情境下的政府应对能力的研究等。

从实践来看，国外往往以灾害造成的经济损失来评价灾害的大小，中国则常常以灾害等级来评价灾害大小。①《中华人民共和国突发事件应对法》（2007年8月30日公布施行）第三条规定：按照社会危害程度、影响范围等因素，自然灾害、事故灾难、公共卫生事件分为特别重大、重大、较大和一般四级。②《中华人民共和国防震减灾法》（2008年12月27日修订）第四十九条规定：按照社会危害程度、影响范围等因素，地震灾害分为一般、较大、重大和特别重大四级。③《国家地震应急预案》（2012年8月28日修订）也将地震灾害分为特别重大、重大、较大、一般四级。④ 从表2-1可见，"特别重大地震"的死亡（含失踪）人数在300人以上或直接经济损失占地震发生地上一年度GDP的1%以上，人口较密集地区7.0级以上地震或人口密集地区6.0级以上地震。除此之外，我国的《森林防火条例》（2008年12月1日修订）、《国家自然灾害救助应急预案》（2011年10月16日修订）以及《国家突发地质灾害应急预案》（2006年1月13日颁布）等法律法规或预案中对相应灾害等级划分的依据进行了具体规定，如特别重大森林火灾是指受害森林面积在1000公顷（含）以上的，或者死亡30人（含）以上的，或者重伤100人（含）以上的森林火灾；受灾害威胁，需搬迁转移人数在1000人以上或潜在可能造成的经济损失1亿元以上的地质灾害险情为特大型地质灾害险情；等等。

---

① 由于国内外自然灾害等级分类较多且本书主要研究中国语境下的灾后恢复重建过程，因此，此处主要介绍国内的自然灾害等级划分类别。
② 《中华人民共和国突发事件应对法》，中国政府网，http://www.gov.cn/ziliao/flfg/2007-08/30/content_732593.htm（最后访问时间：2019年1月14日）。
③ 《中华人民共和国防震减灾法（修订）》，中国人大网，http://www.npc.gov.cn/npc/zfjc/zfjcelys/2018-10/19/content_2062711.htm（最后访问时间：2019年1月14日）。
④ 《国家地震应急预案》，中国政府网，http://www.gov.cn/yjgl/2012-09/21/content_2230337.htm（最后访问时间：2019年1月14日）。

表 2-1　　　《国家地震应急预案》的地震灾害应急分级

地震灾害分级	死亡（含失踪）人数	直接经济损失	人口较密集地区	人口密集地区
特别重大	300 人及以上	地震发生地上年GDP 的 1% 以上	7.0 级以上	6.0 级以上
重大	50 人及以上、300 人以下	严重经济损失	6.0 级以上、7.0级以下	5.0 级以上、6.0级以下
较大	10 人及以上、50人以下	较重经济损失	5.0 级以上、6.0级以下	4.0 级以上、5.0级以下
一般	10 人以下	一定经济损失	4.0 级以上、5.0级以下	—

注：根据《国家地震应急预案》（2012 年 8 月 28 日修订）整理。

（三）灾后重建

"灾后重建"看起来与"灾后恢复重建"类似。"灾后恢复重建"，顾名思义，在灾害发生后进行恢复和重建。国内学界对于"灾后恢复重建"的概念认识是将"恢复"和"重建"分开理解。如李程伟、张永理指出，恢复一般指早期的恢复生产和正常的生活条件，持续时间比较短；重建则是在灾难非常严重或已经造成毁灭性破坏的基础上进行的长远性应对工作，持续的时间相对较长。[1] 吴群红、杨伟中认为，"恢复"包括人的管理以及物和系统的恢复两个方面，"重建"主要针对生活环境和社会环境。[2] 钱正荣分析了国际上推崇的"重建得更好"（Build Back Better，简称 BBB）的概念，指出这个概念正是表达了这样的一种期待，即视重建为机会，重新创造一个更安全、更可持续、更有韧性和应变力的社区；重建不仅仅是恢复常态，而且是建立更好的新常态。[3] 国外学界重视对"恢复"概念的解释。代表性的如 Quarantelli 认为"恢复"是指灾区恢复到人们可容忍

---

[1] 李程伟、张永理：《自然灾害类突发事件恢复重建政策体系研究》，中国社会出版社 2009 年版，第 10—12 页。
[2] 吴群红、杨伟中：《卫生应急管理》，人民卫生出版社 2013 年版，第 30 页。
[3] 钱正荣：《"重建得更好"：国际灾后重建的政策创新及其实践审视》，《中国行政管理》2017 年第 1 期。

的限度，但并非与灾前水平一致。[①] Mileti 指出，"恢复"是一个动态过程，并不存在明确界点，也不是简单地回到灾前水平，成功的灾后恢复重建应具备对未来灾难的一种抵抗和重塑的能力。[②]

从社会建构主义的视角来看，自然灾害发生后，对造成的经济、社会损失进行重建，让被破坏后的人类社会运行状态恢复甚至超过灾害发生以前的社会运行状态，即是对"灾后恢复重建"的具体描述。所以，本书的"灾后重建"指的是，某一或某些人类集聚区的社会在遭遇到自然或社会因素导致的一定人员、经济和社会破坏时，综合运用各种方式，将被打破的社会状态恢复甚至超过原有水平，以实现社会秩序良性运行、社会资本改善和社会治理水平提升，并增强其应对灾害能力水平的一系列活动和过程。

二 社会重构

"社会重构"是一个庞大的概念，因为社会的概念足够长远和宏大，所以对社会重构的理解首先需要从对社会的理解开始。

（一）社会

有关"社会"的论述源远流长。相关认知归纳起来大致可分为两大方面：一是个人和社会二分前提下的"社会"认知；二是个人和社会相互联系下的社会认知。前者有"社会唯名论"和"社会唯实论"之争，后者以马克思的"社会是一切社会关系总和"观点为显著代表。

"社会唯名论"强调个人的真实性、独立性和创造性，认为社会仅仅是个名称或是低于个人"阶层"的一种存在。早在古希腊时期，智者学派的代表人物普罗泰戈拉就曾提出"人是万物的尺度"的著名观点。[③] 伊壁鸠鲁从原子论思想出发，认为只有个体事物才是真实的存在，社会本质是人与人的交往关系，国家建构和制度、秩序建立都是人们交

---

① Quarantelli, E. L., "The Disaster Recovery Process: What We Know and do not Know from Research", Newark: Disaster Research Center, University of Delaware, 1997, p. 286.
② Mileti D. S., *Disasters by Design: A Reassessment of Natural Hazards in the United States*, Washington, DC: Joseph Henry Press, 1999.
③ 佚名：《哲学史上，最早提出"人是万物的尺度"的是谁？》, https://www.sohu.com/a/144232798_609049（最后访问时间：2019年1月17日）。

往的产物并且也是为此服务的。① "社会唯名论"在西方文艺复兴时期的社会契约论思想中占据主体地位并持续影响了政治哲学、经济学以及近代社会学的发展,霍布斯、洛克、卢梭、斯宾塞、韦伯、亚当·斯密等均是这一学说的代表人物。许恒兵、徐昕指出,霍布斯、洛克、卢梭三人的社会契约论虽然在具体内容上存在着诸多差异,但都从预设的脱离社会历史现实的"自然人"出发,并以此为前提理解社会。② 斯宾塞认为,个人决定了社会的起源和社会的性质,而且其本身也应该成为个人谋取利益和幸福的工具,社会从起源上说就是为了个人的利益和目的而建立的。③ 韦伯认为,阶级、阶层、组织等概念并不是实际存在的,他们只是表达人们思想观念的名词,真正实在的是受主观意愿支配而真实行动着的人。"社会唯名论"之所以在社会契约论等领域占据重要地位,与时代的发展息息相关,有着深刻的社会背景:在资本主义社会发展初期,劳动分工日益明确、束缚在个体劳动者身上的羁绊,比如封建宗教思想、传统压制的制度等亟须打破,个体的力量不断壮大并彰显出来,进而一定程度上对推动社会发展起到助力作用。

"社会唯实论"与之相反,强调社会的真实性、实在性和整体性。柏拉图在论述"城邦"时指出:"之所以要建立一个城邦,是因为我们每一个人不能单靠自己达到自足。由于需要许多东西,我们邀请许多人住在一起,作为伙伴和助手,这个公共住宅区,我们叫城邦。"④ 这间接指出了"城邦"或"城邦社会"的作用是为了满足人们自给自足的需要。亚里士多德认为城邦是具有公共职能的社会组织和政治团体、满足人民精神需求的伦理实体且起源于人的自然本性,这被认为是早期"社会唯实论"的雏形。⑤ 斯宾诺莎、孟德斯鸠和黑格尔等是这一学说

---

① 王金元:《伊壁鸠鲁的社会观》,《淮北师范大学学报》(哲学社会科学版)2006年第2期。
② 许恒兵、徐昕:《马克思扬弃社会唯名论和社会实在论的视阈及其意义》,《南京政治学院学报》2012年第3期。
③ [美] W. D. 珀杜等:《西方社会学:人物·学派·思想》,贾春增等译,河北人民出版社1992年版,第71页。
④ [古希腊] 柏拉图:《理想国》,郭斌和、张竹明译,商务印书馆1986年版,第133页。
⑤ 许恒兵、徐昕:《马克思扬弃社会唯名论和社会实在论的视阈及其意义》,《南京政治学院学报》2012年第3期。

的代表人物。"社会唯实论"集中体现在近代社会学的相关理论中,如孔德、迪尔凯姆等的社会有机论,主要思想是认为虽然社会是由个体组成,但社会具有独立的整体特性。如斯宾诺莎的政治哲学思想受到集体主义与社会主义的影响,认为社会契约"既表现在精神集聚上(宗教),也表现在社会集聚上(尤其表现为国家),而其宗教集聚的思想,主要还是服从于国家集聚的思想,国家集聚的思想特别体现为共和国统治的正当性"[1]。孟德斯鸠认为社会是一个只有从整体角度看才有意义的系统,并在此基础上提出普遍精神,可以说是某种生活方式和共同关系的形式。[2] 在黑格尔看来,理念、绝对精神[3]是世界的本原,是历史发展的动力,绝对精神正是由于自身的发展才产生出自然界和人类社会。孔德的"有机论"将社会理解为"受高于人类行动效力的外部自然规律支配的系统"[4]。迪尔凯姆主张社会具有自己独特性质,具有突生性和不可还原性,是不依赖某个具体的个人而存在的现实。[5] "社会唯实论"活跃于资本主义进入到大资本发展的阶段,在这一历史时期,经济资本或社会资本的力量足以影响或改变人、个体的生产、生活甚至命运,即社会已经体现出独立于人的外在客观特性,这是其产生的历史背景。

然而,无论是"社会唯名论"还是"社会唯实论",都不能很好地解释社会本质,反而都走进对历史和未来社会的错误导向中。18世纪末到19世纪上半叶的西方世界迎来了"双元变革"[6]的时代。这一时期,关于"社会"概念的理论探究以德意志学者中的马克思和施泰因为主要代表。马克思基于对黑格尔市民社会理论的批判,建构了社会、

---

[1] 邹诗鹏:《重思斯宾诺莎的启蒙思想》,《南京大学学报》(哲学·人文科学·社会科学)2018年第1期。
[2] 宋林飞:《西方社会学理论》,南京大学出版社1997年版。
[3] 在黑格尔哲学中,绝对精神是客观独立存在的某种宇宙精神,这种精神实为一种逻辑思维,是脱离了人并与客观世界相分离的,只以概念形式表现出来。绝对精神是先于自然界和人类社会永恒存在着的实在,是宇宙万物的内在本质和核心,万物只是它的外在表现。绝对精神是一种活生生的、积极能动的力量。
[4] [英]艾伦·斯温杰伍德:《社会学思想史》,陈玮译,社会科学文献出版社1988年版,第48页。
[5] 周晓虹:《唯名论与唯实论之争:社会学内部的对立与动力——有关经典社会学发展的一项考察》,《南京大学学报》(哲学·人文科学·社会科学)2003年第4期。
[6] 法国的资产阶级大革命带来的政治革命的时代和英国工业革命的时代。

阶级、劳动与资本矛盾运动等核心概念形成的社会概念体系；洛伦茨·冯·施泰因（Lorenz von Stein）提出了独立于国家的实证主义的社会概念，"为德意志学界开出了一个以社会概念为核心的新的问题域"①。在马克思主义形成过程中，关于"社会"的概念有着不同的语境转变，每一次都赋予新的规定性。② 马克思对于"社会"概念的最初认识受到费尔巴哈关于"类概念"思想的启发。费尔巴哈认为，对人类来说，最高本质不是存在着的个体的人，而是他们之间的共存和交往，即"你与我之间的关系"，"人的本质只是包含在团体之中，包含在人与人的统一之中"。③ 马克思在批判继承这一思想的基础上，将"类概念"与"社会概念"等同起来理解，并推向社会生活层面。在《1844年经济学哲学手稿》中，马克思指出："因为只有在社会中，自然界对人来说才是人与人联系的纽带，才是他为别人的存在和别人为他的存在；只有在社会中，自然界才是人自己的人的存在的基础，才是人的现实的生活要素；只有在社会中，人的自然的存在对他来说才是自己的人的存在，并且自然界对他来说才成为人。"④ 这被认为是"本体论"视阈下马克思对"社会"的本质描述。随着马克思"对社会的一般性或者社会本质的考察到对特定的社会形态的考察再到对资本主义社会这一'个别'的思想脉络展开论述"⑤，马克思发展和完善了"社会"概念。在《关于费尔巴哈的提纲》中，马克思指出，"费尔巴哈只能把人的本质理解为'类'，理解为一种内在的、无声的、把许多个人自然地联系起来的普遍性，理解为单个人所固有的抽象物。而没有认识到，人的本质在现实性上是'一切社会关系的总和'"⑥，"社会不是由个人构成，

---

① 王淑娟：《青年马克思与施泰因：社会概念的比较研究》，博士学位论文，清华大学，2016年。
② 沈明明：《"新世界观"的新视角——再论马克思的"社会"范畴》，《福建论坛》（人文社会科学版）2004年第4期。
③ 荣震华等译：《费尔巴哈哲学著作选集》上卷，商务印书馆1984年版，第435、185页。
④ 马克思：《1844年经济学哲学手稿》，人民出版社2008年版，第83页。
⑤ 王虎学：《马克思"社会"概念研究述评》，《高校社科动态》2009年第2期。
⑥ 《马克思恩格斯选集》第1卷，人民出版社1995年版，第56页。

而是这些个人彼此发生的那些联系和关系的总和"①,"生产关系总合起来就构成所谓社会关系,构成为所谓社会,并且是构成为一个处于一定历史发展阶段上的社会,具有独特的特征的社会"②。换言之,在马克思的观点中,社会是一切社会关系的总和;人们在进行物质生产活动的同时,生产着人与人之间的关系即是社会关系;社会存在的本质在于其关系性;社会是具体性的、具有历史范畴性;社会概念深刻地蕴含在历史哲学中。马克思关于"社会"概念及其本质的认识,扬弃了"社会唯名论"和"社会唯实论"关于个人与社会二分的基本前提,以实践为根本视阈,始终贯穿在其唯物辩证法、历史唯物主义乃至政治经济学的理论体系中,成为一直以来指导当今马克思主义政党实践治国理政的基本方法论。

国内一些学者在建构马克思主义中国化理论过程中对社会进行了多角度阐释。如韩康指出,人与社会是人本论、社会本原论和人与社会关系相互作用论三种有机体的结合。③ 陶德麟认为,社会作为人的共同体,是人们的生存空间,是个人和群体的有机统一,不能脱离社会去研究人的行为,也不能脱离人去探索社会。④ 欧阳康基于本体论的视角提出,社会是人的社会,是人为的社会和为人的社会。⑤ 郑杭生等倡导的"社会互构论"试图将个人与社会之间的关系理解为一种"互构共变"的关系,通过对个人与社会之间的这种"互构共变"关系来理解和诠释现代社会的各种现象,将现代社会的各种现象理解和诠释为个人与社会之间"互构共变"过程的效应或结果。⑥ 国内学者的上述研究对于理解中国语境下的社会概念具有启发性作用。

对社会的认知发展历程解析有助于分析和了解不同社会状态或类型

---

① 《马克思恩格斯全集》第 46 卷（上），人民出版社 1979 年版，第 220 页。
② 《马克思恩格斯全集》第 6 卷，人民出版社 1961 年版，第 487 页。
③ 韩康：《生成的存在：关于人和社会的哲学思考》，北京师范大学出版社 1996 年版：第 9—19 页。
④ 赵钰：《马克思的"社会"概念研究》，硕士学位论文，安徽财经大学，2016 年。
⑤ 欧阳康：《社会认识论——人类社会自我认识之谜的哲学探索》，云南人民出版社 2001 年版，第 244 页。
⑥ 谢立中：《超越个人与社会之间的二元对立——"社会互构论"理论意义浅析》，《社会学研究》2015 年第 5 期。

下的核心主体及其内涵。至少有两个方面必不可少：一是社会与个人不可分割、相互联系；二是社会最本质的是反映一切的社会关系。

（二）社会重构

由于社会的复杂性、动态演变性以及系统性等，所以在其演变或变迁过程中，基于不同的特点，存在着多种"现象"。如"社会建设""社会治理""社会重建""社会重组"等等，"社会重构"同样属于其中之一。因而，理解"社会重构"需要从三个层面进行剖析：一是对"社会"范畴的把握；二是对"重构"内涵的明确；三是对"社会重构"概念的界定。

1."社会"范畴与"国家"和"市场"对应

如前所述，社会的概念纷繁而复杂，广义上的社会"包罗万象"，本书将社会的范畴界定为人类集聚的场所或范围。马克思不仅揭示了社会的本质，"还从社会与国家关系的角度提出了作为政治社会或者政治国家相对应的'市民社会'概念"，这为"国家—市场—社会"的框架体系形成奠定了基础，即"社会是事物发展的本源，国家和市场是从社会中产生但又自居于社会之上并且日益同社会相异化的力量"[①]。所以，对"社会"范畴的把握，本书主要基于"国家—市场—社会"的三维视角框架去理解，"社会重构"中的"社会领域"不仅与政治领域相对应，而且与经济领域相对应，是独立于国家力量和市场力量之外的。

2."重构"与"建构""构建""解构""重建"和"重组"有别

"建构"本义为"建筑一种构造"，多用于抽象的领域或事物。如，文艺学上的"建构主义"主要指在既有基础上的社会文化互动中去建构理解过程，特指用一套建立起来的分析系统探寻文本背后的深层意义；在社会科学领域，常指建立一种新的理论、思想框架、分析框架去解释、分析或论证某一社会现象。"构建"更多的是一种对抽象事物全面、系统、深层次的建立，如"构建社会主义和谐社会""构建中国特色社会科学理论体系"等。

"建构"往往与"解构"相对应。"解构"，英文为"Deconstruc-

---

① 恩格斯：《家庭、私有制和国家的起源》，中共中央编译局译，人民出版社1999年版，第176—177页。

tion"，一般解释为"对于结构的破坏与重组"，哲学家德里达（Jacque Derrida）20 世纪中期提出了"解构主义"理论，意在批判语言学中的"结构主义"，认为"解构"是"对有形而上学稳固性的结构及其中心进行消解；每一次解构都表现为结构的中断、分裂或解体，但是每一次解构的结果又都是产生新的结构。对上帝万能的认识是一次解构；理性将其拆解，同时建立了自己的结构"[1]。当下的建筑领域、艺术设计领域，"解构主义"风行一时。所以，"解构"主要针对的是事物或系统的"结构"，对其消解、分解或拆解进而深化认识。

"重建"即"重新建立"，强调促使事物恢复原有面貌或形态的过程、活动等。田毅鹏在论述"社会重建"时指出：广义的社会重建包括政治、经济、文化、社会在内四位一体的社会总体的重建；狭义的社会重建是通过各种外在或内在的修复手段，使一个处于危机和灾难中的、濒于解组的非常态社会逐步恢复自组织力，回复到常态的过程。[2]"重组"（social reorganization）指"重新组合、组织"；如，社会关系的再造[3]、结构的重新排列、体系的重新排序，等等。重组强调的是一种方式方法，重构强调过程和结果形式。

"重构"的字面意思是"重新的解构、建构或构造"，英文一般用"reconstruction"来表示。"构"的本义为"架木造屋"，强调事物的结构部分。如果说"建构"是在事物已有基础上的升华，"解构"是对这种"升华"的拆解，那么"重构"则是对这种"升华"的再升华。所以，"重构"多是对事物的结构、体系、系统、框架等无形或抽象意义上的内容进行重新的建构。"重构"偏重于对组成元素进行新的排列组合，暗含有"发展、创新、升级"到有一个更好形态的意思。

3. "社会重构"的内容主要包括社会关系、社会心态、社会结构以及社会文化

"社会重构"可以是一个大的概念，也可以是一个小概念。所谓大

---

[1] 解构，《百度百科》，https://baike.baidu.com/item/%E8%A7%A3%E6%9E%84/1667552?fr=aladdin（最后访问时间：2019 年 5 月 23 日）。
[2] 田毅鹏：《社会重建的真意》，《吉林大学社会科学学报》2008 年第 5 期。
[3] 张静：《燕京社会学派因何独特？——以费孝通〈江村经济〉为例》，《社会学研究》2017 年第 1 期。

和小是与地理或物理边境有关,可以大到一个国家的社会重构,也可以小到一个村庄的社会重构。因此,社会重构具有地域性、层次性和系统性等特点。结合"社会"本质,"社会重构"的内容首先体现的是社会关系的重新建构、重新调整、重新修复或是重新构造的过程。如,王春光认为,任何社会变化都表现为社会关系的解体、分化和重构这样的过程,社会重构是对解体和分化中的社会关系有条理和合理地进行重组的过程。[①]

与"社会重建"相比,"社会重构"无论是广义还是狭义都似乎被"社会重建"囊括在内。所以,如果将"社会重构"和"社会重建"涵盖的范围统一也未尝不可。但这样的解释看起来毫无意义。因为对两者进行区分还是要回归到本意。笔者认为,"社会重构"囊括的内容更为具体、有针对性,主要包括社会关系、社会心态、社会结构、社会文化等狭义的社会方面。"社会重建"指代的较"社会重构"的面更广泛一些。两者在一些领域可以通用,如文化、狭义层面的社会领域的社会重构或社会重建,涵盖范围在此差不多。两者最主要的区别在于社会只有在有了"解构"的前提下才有"重构"的必要。"重建"偏重于恢复建立,将被外力或内因造成的破坏重新恢复起来、建立起来,是建立在被"摧毁"的基础上的。除此之外,"社会重组"(social reorganization)也在一定领域被使用,如张静指出,社会重组相当于社会关系的再造。[②] 对比可知,"社会重构"包含"社会重组",重组强调的是一种方式方法,重构强调过程和结果形式;但"社会重建"并不意味着一定有"社会重组"。对三个相似概念的分析有利于更为清晰、准确地理解和把握"社会重构"这一关键词(见图2-1)。

本书对"社会重构"的界定为:在"国家—市场—社会"三维视野下,社会主体采取调整、修复、创新等多种手段,对社会关系、社会心态、社会结构、社会文化等系统或体系进行改善,以促进社会达到良性运行状态的过程和一系列活动。

[①] 王春光:《社会流动和社会重构——京城"浙江村"研究》,浙江人民出版社1995年版,第245页。

[②] 张静:《燕京社会学派因何独特?——以费孝通〈江村经济〉为例》,《社会学研究》2017年第1期。

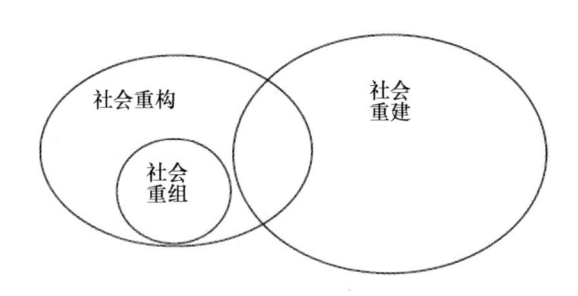

图 2-1 社会重构、社会重建、社会重组相互关系

三 社会治理

"社会治理"的关键词是"治理"。理解"社会治理",需明确"治理"含义。

(一)"治理"含义

一是古汉语语境下的"治理"。《说文解字》注曰,治:"水。出东莱曲城阳丘山,南入海。从水台声。"[1]《康熙字典》总结了"治"的几大含义[2],包括"管理、处理",如"治国安邦";"整理",如"治河";"惩办",如"治罪";"医疗",如"治病";"消灭农作物的病虫害",如"治蝗";"从事研究",如"治学";"安定",如"天下大治";"地方政府所在地",如"府治"等。中国语境下,"治理"延续了"治"的主要意思,如"统治管理"等。

二是英语语境下的"治理"。英语中的治理"governance"源于拉丁文和古希腊语,原意是控制、引导和操纵的意思。[3] 现代意义上的治理概念一般认为最早产生于 1989 年世界银行的报告 *Sub-Saharan Africa: From Crisis to Sustainable Growth* 中提出的治理危机。[4] 之后,治理概念和理论得到了广泛关注和学术回应,尤其是被用来描述后殖民地和发展中

---

[1] (汉)许慎著,(宋)徐铉校:《说文解字》,中华书局 2013 年版,卷十一,编号:7051。
[2] 张玉书等:《康熙字典》,上海古籍出版社 1996 年版,第 614 页。
[3] 俞可平:《治理和善治引论》,《马克思主义与现实》1999 年第 5 期。
[4] 薛澜、张帆、武沐瑶:《国家治理体系与治理能力研究:回顾与前瞻》,《公共管理学报》2015 年第 3 期。

国家的政治状况。J. N. Rosenau 认为治理指的是一种由共同的目标支持的活动，这些管理活动的主体未必是政府，也无须依靠国家的强制力量来实现。① 全球治理委员会在《我们的全球伙伴关系》的研究报告中指出：治理是各种公共的或私人的个人和机构管理其共同事务的诸多方式的总和，是使相互冲突的或不同的利益得以调和并且采取联合行动的持续的过程。这既包括迫使人们服从的正式制度和规则，也包括各种人们同意或以为符合其利益的非正式的制度安排。② R. Rhodes 归纳了六种形态的治理：作为最小国家的治理、作为公司管理的治理、作为新公共管理的治理、作为"善治"的治理、作为社会控制系统的治理和作为自组织网络的治理。③ 格里·斯托克认为，治理意味着一系列来自政府但又不限于政府的社会公共机构和行为者；治理意味着在为社会和经济问题寻求解决方案的过程中存在着界限和责任方面的模糊性；治理明确肯定了在涉及集体行为的各个社会公共机构之间存在着权力依赖；治理意味着参与者最终将形成一个自主的网络；治理意味着办好事情的能力并不仅限于政府的权力，不限于政府的发号施令或运用权威。④

三是当代国内学者对"治理"的解释。国内相关学者在上述研究基础上，对"治理"内涵进行了进一步解释。如毛寿龙认为治理一词介于负责统治的政治与负责具体事务的管理之间，是对于以韦伯的官僚制理论为基础的传统行政的替代。⑤ 俞可平认为治理是指官方的或民间的公共管理组织在一个既定的范围内运用公共权威维持秩序，并在各种不同的制度关系中运用权力去引导、控制和规范公民的各种活动，以最大限度地增进公共利益，满足公众需要。⑥ 郑杭生指出，较之于统治和

---

① James N. Rosenau, *Governance with Government: Order and Change in world Politics*, Cambridge University Press, 1995, p. 50.
② Commission on Global Governance, *Our Global Neighbourhood*, Oxford University Press. 1995, p. 230.
③ R. Rhodes, "The New Governance: Governing without Government?", *Political Studies*, Vol. 4, 1996, pp. 652 – 667.
④ [英] 格里·斯托克：《作为理论的治理：五个论点》，华夏风译，《国际社会科学》1999 年第 1 期。
⑤ 毛寿龙：《西方政府的治道变革》，中国人民大学出版社 1998 年版，第 7 页。
⑥ 俞可平：《治理与善治》，社会科学文献出版社 2000 年版，第 5 页。

管理，作为理想类型的治理更适合现代社会的需要，更能发挥三大主体的各自优势，形成彼此的良性互动。① 因此，理解"治理"概念，一方面强调主体的多元参与，包括党和政府、人民团体、社会组织、自治组织，以及市场的力量、公民个人的力量等；另一方面是用法制的手段来推进社会服务、社会管理，既保持活力，又促进和谐稳定。②

基于上述分析，"治理"可以理解为以公共权威机构（一般为执政党或政府）主导的，社会多种力量广泛参与的对具有公共性利益的事务以合作、合理分工原则进行共同协调、处理的过程或活动。

(二)"社会治理"的内涵

基于学科角度的"社会治理"内涵主要包括以下几个方面：

一是政治学视角的"社会治理"内涵。弗朗西斯·福山曾指出：现代治理需要强政府、法治和民主问责三大要素。因而，政治学视角的"社会治理"内涵主要从国家（政府）与社会关系角度进行理解。如孙晓莉指出："社会治理的内涵主要包括了两个方面：第一，从哲学思想上来看，它突破了将政府看作社会管理唯一主体的传统观点，呼吁社会各方参与，体现了共同参与、共同承担责任的改革取向。第二，从行为准则来看，它摒弃了将效率视作政府主导行为准则的观点，追求协调、可持续的社会发展模式。"③ 而且，"公正是社会治理的重要维度"④。俞可平认为治理的主体是多元的，除了政府外，还包括企业组织、社会组织和居民自治组织等。性质上，治理可以是强制的，但更多是协商的，来源上除了法律外，还包括各种非国家强制的契约，而在权力运行的向度上，治理的权力可以是自上而下的，但更多是平行的。⑤ 乔耀章指出，政治学视野中的社会治理有"三部曲"：一是多质态社会与社会治理，涉及人类社会、全球、国家、区域、领

---

① 郑杭生：《"理想类型"与本土特质——对社会治理的一种社会学分析》，《社会学评论》2014年第3期。
② 龚维斌：《"管理"变"治理"是重大的理论创新》，《理论参考》2014年第2期。
③ 孙晓莉：《西方国家政府社会治理的理念及其启示》，《社会科学研究》2005年第2期。
④ 孙晓莉：《公正：社会治理的重要维度》，《中共云南省委党校校报》2005年第4期。
⑤ 骆骁骅、粤社宣：《俞可平解读十八届三中全会后的社会建设：从管理到治理代表理念创新》，《南方日报》2014年2月20日。

域以及基层社会治理；二是政治体制改革与社会治理，社会治理即社会体制改革；三是政道与治道统一中的社会治理，侧重于政道问题上的政治主体与治道问题上的治理主体的"二合为一"，中国的社会治理经历着从"治理社会"到"社会治理"的过程。[1]

二是公共管理学视角的"社会治理"内涵。公共管理学视角的"社会治理"内涵侧重于从政府与社会关系角度进行解析。如王浦劬认为，"社会治理"就是特定的治理主体对于社会实施的管理。在中国，社会治理是指在执政党领导下，由政府组织主导，吸纳社会组织等多方面治理主体参与，对社会公共事务进行的治理活动。[2] 姜晓萍认为，社会治理是以实现和维护群众权利为核心，发挥多元治理主体的作用，针对国家治理中的社会问题，完善社会福利，保障改善民生，化解社会矛盾，促进社会公平，推动社会有序和谐发展的过程。[3] 张康之认为，全球化、后工业化进程中，为了人的共生共在的合作治理是适用于社会的高度复杂性和高度不确定性的社会治理方式。[4]

三是社会学视角的"社会治理"内涵。社会治理是一种更有成效、更为成熟的管理。[5] 因此，社会学视角的"社会治理"含义一般指既不同于管理又不同于统治的维护社会良性运行的方式。如陈成文等指出，学术界对"社会治理"这一概念至今尚未形成一致的认识，已有的"政治动员论""合作治理论""实用主义治理观"三种代表性观点在内涵、外延、表述等方面均存在一定的局限性。从社会学的视角来看，社会治理是指政府、市场、社会组织、公民在形成合作性关系的基础上，运用法、理、情三种社会控制手段解决社会问题，以达到化解社会矛盾、实现社会公正、激发社会活力、促进社会和谐发展目的的一种协

---

[1] 乔耀章：《政治学视野中的社会治理"三部曲"》，《江苏行政学院学报》2014年第5期。
[2] 王浦劬：《国家治理、政府治理和社会治理的含义及其相互关系》，《国家行政学院学报》2014年第3期。
[3] 姜晓萍：《国家治理现代化进程中的社会治理体制创新》，《中国行政管理》2014年第2期。
[4] 张康之：《论社会治理从民主到合作的转型》，《学习论坛》2016年第1期。
[5] 郑杭生：《"理想类型"与本土特质——对社会治理的一种社会学分析》，《社会学评论》2014年第3期。

调性社会行动。① 赵孟营指出，作为历史—社会范畴的"社会治理"，其抽象程度高于"国家治理"，因为国家只是人类社会特定阶段的一种组织方式；作为研究现代社会体系的知识范畴的"社会治理"，就等同于"国家治理"；作为指向实践的操作概念的"社会治理"，则只是"国家治理"的一个组成部分；社会治理新的集体意识必须包括三个基本共识：政府和公民共同为主权范围内的全体社会成员权利实现负责，政府应当协调公意，政府只是公共权力的合法主体之一。②

四是其他视角下的"社会治理"内涵。如 Andrew Crane 认为，社会治理首先标志着一种混合治理形式的变化，融合了层级制、市场和网络的协调及控制形式；其次，它走出了自上而下主权权威的静态的和正式的治理，转向了由内而外的更加零碎的、自发的、分散的、情境的以及问题导向的治理模式。③ 赵继伦等认为，从广义上讲，社会治理是指各类公共组织对社会公共事务所实施的公共管理活动；狭义的社会治理则是指社会公共事务中政治统治事务和经济管理事务以外的管理，其作用的领域具有非经济性、社会性，与社会成员有着具体利益的直接相关性；从本质意义上讲，社会治理是对人的管理与服务。④ 向德平等认为，社会治理是一种以人为本的治理方式，它以各行为主体间的多元合作和主体参与为治理基础，在科学规范的规章制度指引下，可以更好地应对社会问题，促进社会资源合理配置，满足民众合理需求；中国的社会治理既区别于西方的治理理论，也同传统的社会管理相区分，它与中国的社会转型和社会变迁紧密结合在一起，在中国独特的政治、经济和文化发展背景之下，具有自身的理论特质和实践模式。⑤ 刘旭认为社会

---

① 陈成文、赵杏梓：《社会治理：一个概念的社会学考评及其意义》，《湖南师范大学社会科学学报》2014 年第 5 期。
② 赵孟营：《从新契约到新秩序：社会治理的现代逻辑》，《北京大学学报》（哲学社会科学版）2015 年第 2 期。
③ Andrew Crane, "From Governance to Governance: On Blurring Boundaries", *Journal of Business Ethics*, Vol. 94, 2010, pp. 9 – 11.
④ 赵继伦、赵放：《确立社会治理的三维视阈》，《东北师大学报》（哲学社会科学版）2014 年第 4 期。
⑤ 向德平、苏海：《"社会治理"的理论内涵和实践路径》，《新疆师范大学学报》（哲学社会科学版）2014 年第 6 期。

治理在内涵上是自主治理、法理治理、协商治理及分享治理的结合与统一。①

本书将"社会治理"的内涵界定为：在执政党领导下，以社会中的"人"为对象，以制度、机制、体制为载体，以政府组织、非政府组织以及社会其他力量参与的合作式网络为基础，综合运用现代化、信息化等手段对公共性的社会问题进行共同处理，以达到社会结构科学合理、社会秩序良性运行以及社会关系健康舒畅的一系列活动。对"社会治理"的概念分析有助于更为深刻地理解"社会重构"概念。"社会重构"突出的是在治理主体有计划的引导或推动下，促进社会发生变化的一系列变迁过程，有着明确的指向，是社会治理中的重构。而社会治理又是灾后恢复重建工作的组成部分，两者不是平行的关系，是包含和被包含的关系。

第二节　理论借鉴

探讨灾后重建背景下基层社会的变迁规律，离不开相应理论的支撑，因为无论是哪种特殊背景下的人类社会演进，遵循规律是一个基本的原则。"社会系统理论""社会结构理论""社会资本理论"等与灾后重建视阈下的社会重构理论分析框架的建构和典型案例分析紧密相关。

一　社会系统理论

结构功能主义大师帕森斯的系统理论影响深远，但卢曼的社会系统理论对于特殊场景下的社会变迁更具借鉴意义。在帕森斯的系统理论中，主张人的主观取向在一个行动中占据主导作用，结构是社会互动的制度化的相对稳定模式。② 基于此，帕森斯建构了基于行动系统的

---

① 刘旭：《社会治理构成及法治保障》，《北京交通大学学报》（社会科学版）2015 年第 2 期。

② 彭国胜：《马克思、帕森斯与吉登斯社会结构理论之比较》，《理论导刊》2012 年第 9 期。

"AGIL 框架"①，指出社会是一种有着不同基本功能和多层次系统构成的"总体社会体系"，包括"经济系统"执行适应环境功能；"政治系统"执行目标达成功能；"社会系统"执行整合功能；"文化系统"执行模式维持功能。社会结构能够存在必须满足四项基本功能需要。系统内各结构之间的依存关系、内部的功能过程、系统与环境之间的相互作用可以使系统结构之间维持相对稳定。社会变迁的主要原因在于行动系统的边界关系进行了调整，导致系统内部失调，这种调整是与其他子系统进行信息和能量交换的相互作用引起的。

虽然师承帕森斯，但卢曼的系统理论独树一帜。与帕森斯认为社会系统是以"结构"发挥"功能"的假设不同，卢曼认为，"对于任何一个系统而言，不是先有结构再有功能，而是先有功能预设再形成与之对应的结构"②。卢曼也并不认可帕森斯关于"文化系统"具有整合功能的观点，因为社会是多元的、复杂的和不确定性的，文化整合很难实现。卢曼建构的系统理论庞大而又深邃，引发国内外学者近年来的大量关注。其社会系统理论的主要观点有：

第一，主张以"系统/环境"区分来取代传统的"整体—部分"划分。卢曼将系统与环境放在同等重要地位，认为两者相互依存、不可或缺。这实际上是承认了社会系统的客观存在性。"整体—部分"的传统划分方法过分强调系统的静止性、稳定性和封闭性，但现实中真实存在的系统往往是复杂、开放和动态的。"系统—环境"区分强调系统首先具有自我封闭性，并与环境进行着物质流入、流出的交换，但并非向环境完全开放。

第二，社会系统是自我指涉和自我再生产的。受生物学"自我创生理论"启发，卢曼认为社会系统是自我创生的系统，"社会系统通过要素及由要素构成的网络而不断地被生产和再生产出来"③。和细胞的运

---

① 即：Adaptation——对环境条件的适应，Goal attainment——从环境中获取目标的取向，Integration——系统整合，Latency——系统模式的维持。
② 王红雨、闫广芬：《大学与社会关系新探——以卢曼的社会系统理论为中心》，《高教探索》2016 年第 5 期。
③ 王红雨、闫广芬：《大学与社会关系新探——以卢曼的社会系统理论为中心》，《高教探索》2016 年第 5 期。

作机制一样，系统可依靠自身要素进行再生产，产生新要素。这一过程虽在系统内部封闭发生，但会与外界进行动态交流。"当系统面对来自环境的多种刺激时，它总是从中选择一些对稳定和优化自身状态有用的刺激或信息来加工。"①

第三，系统与环境中的其他社会系统是"耦合"关系。这实际上是社会系统自我指涉的拓展。因为，"一个系统的结构和过程只有在环境的关联中才能存在，而且只有在这样的关联中加以考虑才有可能被理解"②。所以，系统的运作机制不仅包括自身的自主运作，同时也在与其他社会系统以"沟通"方式进行持续的信息、传递、理解交流中，形塑自己。这一过程，被卢曼称为结构性耦合的"共同进化"。

中国的基层——县域环境，是经历长期人口集聚以及经济、社会联系形成的基层社会系统。县域下的乡村社区，由于成员的固定性、生产生活方式的相似性以及地域文化的特定性，可以认为是一种具有自我封闭性的社会系统。但是，在现代工业化、城镇化带动、冲击下，乡村社区并不完全封闭，政府政策干预、乡村人口流动，以及周围社会、人文、自然环境的变化，决定了乡村社区与其他社会系统是一种密切关联的"耦合"关系。乡村社区的多样性同样可以理解为是系统自我指涉和自我再生产的结果，虽然外部环境可以通过"沟通"影响系统边界的内部要素，但这些因素必须得到内部要素的接受并进入自我再造环节，才能发挥作用。③ 受灾地域的社会重构过程，可以认为是一种典型的自我指涉和自我再生产过程。所以，卢曼社会系统论中的思想观点对于建构本书理论分析框架具有逻辑参考价值。

二 社会结构理论

人基于生产关系形成的各种各样的关系以及各种不同类型的社会形态都是具有结构特征的。何谓社会结构？一些学者认为，社会结构是社

---

① 秦明瑞：《系统的逻辑：卢曼理论中几个核心概念的演变》，《社会科学辑刊》2018年第5期。
② 汤志杰：《社会如何可能：卢曼的观点》，《思与言》1994年第2期。
③ 陈强、林杭锋：《社会系统理论视角的农村社区管理》，《重庆社会科学》2017年第7期。

会总体的基本骨架，是构成社会有机体的基本要素的结合。① 另一些学者则认为，社会结构是社会各构成要素间一种持久稳定的关系模式，主要有地位、角色、群体、阶层、社会设置、地域社会等。② 在社会学长久的发展历程中，经典学者对其进行了孜孜以求的探究。有关社会结构的理论研究可归结为三个方面：一是马克思的社会结构理论；二是西方代表性学者的社会结构理论；三是中国语境下的社会结构理论。

（一）马克思社会结构理论

马克思认为，生产关系的总和构成社会的经济结构，即有法律的和政治的上层建筑竖立其上，并有一定的社会意识形式与之相适应的现实基础。③ 马克思虽然将"社会"理解为一种活的有机体，但却认为社会的基本结构是由生产力、生产关系、经济基础、上层建筑和意识形态等要素组成的有机整体，是各种关系的综合。马克思对社会结构的认识比历史上任何一种哲学都要深刻，它从一定的思想关系和政治关系中看到了经济关系的决定作用，从生产关系和上层建筑中看到了生产力的决定作用。④ 虽然，经济关系和生产力的决定作用使马克思的社会结构理论容易导向"经济决定论"，但晚年马克思对其理论进行了反思，认为传统的社会结构理论不能全面确切地概括资本主义社会结构中各种错综复杂的关系，对它的发展有待于在对史前社会和东方社会探讨的基础上，进行新的分析。

（二）西方经典作家的社会结构理论

围绕个体主观取向和社会行动的核心概念，社会学经典作家孔德、韦伯、吉登斯等相继提出了各自的社会结构理论。孔德认为，社会建立在个人意见基础之上，社会结构是由社会、家庭、国家和宗教等元素构成；社会是人的社会本能的产物，家庭是社会的细胞，国家是人们意志的产物，宗教是道德权力的象征。⑤ 作为"社会唯名论"的代表，韦伯

---

① 李明华、汪汉菊：《孔德社会结构理论批判》，《社会学研究》1986 年第 5 期。
② 何蕊蕊：《社会分工与社会分层：韦伯社会结构理论探析》，《宜宾学院学报》2008 年第 4 期。
③ 《马克思恩格斯选集》第 2 卷，人民出版社 1995 年版，第 32 页。
④ 孙麾：《马克思晚年对社会结构理论的发展》，《哲学研究》1991 年第 4 期。
⑤ 李明华、汪汉菊：《孔德社会结构理论批判》，《社会学研究》1986 年第 5 期。

以个人主观取向和动机模式为分析基础,将社会行动视为主要研究对象,区分了"共同体化的社会结构"和"社会化的社会结构",其社会结构分析主要是基于社会行动基础的社会关系论述,即认为社会行动中孕育着社会关系,社会关系造就社会行动。吉登斯主张社会结构具有客观性和主观性,社会行动具有连续性和能动性的观点;社会结构的变化在于"人们在社会行动中产生的新需求",因为新的需求可以影响、规范和调整人们的行为规则以及社会制度,并制约人们的社会行动。近期出现的积累社会结构理论(Social Structure of Accumulation,简称SSA)同样值得注意。该理论主张:第一,长期稳定的快速经济增长和扩张需要一个相对有效的积累性的社会结构;第二,在一定时期内,积累的社会结构会促进一地或一国经济的增长和社会稳定,但是随着这一暂时性的社会结构衰败或坍塌,会进入一个停滞和不稳定期,一直到新的积累的社会结构重新建立;第三,社会结构具有积累性、功能性、阶段性、动态性,涉及社会发展的方方面面。

(三)中国语境下的社会结构理论

中国语境下孕育的社会结构理论不同于西方。迄今为止,具有较大影响的本土社会结构理论有两个:一是费孝通提出的"差序格局"理论;二是梁漱溟提出的伦理本位结构理论。

在《乡土中国》这本被称为中国社会学经典的著作中,费孝通论述了其"差序格局"的基本思想。尽管这一概念在中国学术界受到一定争议,且费孝通此后也并未进行更多的阐述和分析,但一些学者仍然给予了较高的评价,称之为"中国社会学史上的一个里程碑"(翟学伟语)。与西方类似于一捆一捆柴的团体格局不同,费孝通指出:"我们的格局不是一捆一捆扎清楚的柴,而是好像把一块石头丢在水面上所发生的一圈圈推出去的波纹。每个人都是他社会影响所推出的圈子的中心。被圈子的波纹所推及的就发生联系。每个人在某一时间某一地点所动用的圈子是不一定相同的。"[①]"差序格局"是由私人道德维系的,而且以自我为中心铺陈开来,亲属关系如此,地缘关系如此,因此"差序格局"可以确定为反映了中国社会的基本格局。同时,费孝通认为,

---

① 费孝通:《乡土中国》,北京大学出版社2012年版,第41—42页。

由于小农的自给自足，乡土中国人缺乏足够强有力的"团体"整合，因此不容易具体指出一个笼罩性的道德观念来。所以，中国人的道德都是私人的，而私人的或主观的世界必定是差序化的。①

与费孝通的观点不同，梁漱溟以"伦理本位、职业分立"对中国的社会结构性质进行概括。② 在梁漱溟看来，中国的社会结构缺乏团体生活，家庭生活突出，将家庭关系加以推广，以伦理组织社会。③ 所谓"伦理本位"，一是传统中国的社会关系，是以家庭中的父子兄弟夫妇关系为坐标进行建构的；二是指整个中国社会即是由"此一人与彼一人"的相互联结而构成的社会关系网。因此，这种平面化的社会关系网形成不了团体，也无法产生阶级，只有职业构成上的不同。梁漱溟认为，中国社会在政治上是"家国同构"的，国家即社会；在经济生活上是互通有无的，家庭内部财产共有、亲朋邻里有无相通，资助互相借贷、互相周济；宗族、乡党间也共有财产，社会保障的职责更多的是由家庭、家族进行承担；社会生活上的伦理关系发挥着心理抚慰作用，进而发挥稳定社会秩序的作用。社会关系伦理化将一切社会关系变成两人之间的个人关系，形成了中国传统社会结构和政治结构的前提和基础。而这也是近代以来中国社会发生问题的根本症结所在。④

马克思的社会结构理论强调在社会生产中产生的社会关系对于社会发展的影响，这是任何社会变迁中都离不开的根本基础，社会重构同样如此。尽管孔德和韦伯的思想受到马克思及其理论追随者的质疑，但从发展脉络看，其关于社会结构的论述对后世仍有一定影响。虽然"社会重构"在西方社会学经典作家那里未有专门论述。但从内容来看，社会演化中，"重构"不仅意味着有新的社会事实发生，而且社会关系、社会结构、社会需求等方面将发生一系列的变化，在经历了"重构"过程后，社会结构进入新的平衡或均衡阶段，进而带来经济增长、

---

① 苏力：《较真"差序格局"》，《北京大学学报》（哲学社会科学版）2017年第1期。
② 赖志凌：《中国传统社会关系的伦理特质及其当代困境——梁漱溟社会结构理论研究之一》，《南昌大学学报》（人文社会科学版）2005年第6期。
③ 《梁漱溟全集》第2卷，山东人民出版社1998年版，第175页。
④ 赖志凌：《中国传统社会结构的伦理特质——梁漱溟社会结构理论研究》，博士学位论文，复旦大学，2004年。

社会稳定与和谐发展。而无论是费孝通的"差序格局"理论抑或是梁漱溟的"伦理本位"理论，虽然提出的时代背景不同，但对今天的中国基层社会治理仍有启示意义。社会结构理论为社会重构分析框架的架构提供了内容上的溯源，意味着社会的重构过程，不仅仅包括社会生产方面，而且社会关系、社会需求、社会制度、社会伦理文化等均包括在内。

三　社会资本理论

"社会资本"源于"资本"和"人力资本"，其研究范畴广泛存在于经济学、社会学、管理学及政治学当中。有关社会资本理论的研究众多、观点丰富。布迪厄（Pierre Bourdieu）、科尔曼（Coleman）和帕特南（Robert Putnam）是三个旗帜性的人物。

（一）布迪厄的社会资本理论

"社会资本"概念是布迪厄在对社会空间的研究中逐渐发展起来的。最初，布迪厄使用社会资本只是一种比喻用法，后来运用这一概念来定义一种特定的关系。[1] 布迪厄对于社会资本理论的贡献主要有三方面：一是最先将社会资本概念引入到社会学研究中。二是从狭义层面定义了社会资本的概念。布迪厄认为，社会资本是实际的或潜在的资源的集合体，这些资源与大家共同熟悉或认可的制度化关系的持久网络的占有联系在一起，这一网络是大家共同熟悉和得到大家公认的，并且是一种体制化的关系网络。[2] 这一定义表明，社会资本是建立在相互认识和熟知的前提基础上的；而且，社会资本也是与群体成员形成的社会组织网络联系在一起的一种资源。这也由此引出了布迪厄对社会资本理论的第三个贡献，即开创社会网络视角的社会资本研究。布迪厄指出，社会资本以关系网络的形式存在，是一种通过"体制化的关系网络"的占有而获取资源的集合体。[3]

---

[1] 周红云：《社会资本：布迪厄、科尔曼和帕特南的比较》，《经济社会体制比较》2003年第4期。

[2] 刘敏、朵平清：《论社会资本理论研究的拓展及问题》，《甘肃社会科学》2003年第5期。

[3] 卜长莉：《布尔迪厄对社会资本理论的先驱性研究》，《学习与探索》2004年第6期。

在提出场域概念后，布迪厄扩展了资本的概念，认为资本包括四种主要形式：经济资本、文化资本、社会资本和象征资本（或称之为符号资本）。① 布迪厄的场域理论和资本理论是其社会结构理论的分析基础。在场域中，资本不是平均分配的，不同类型、不同数量的资本分布结构，体现着社会的资源和权力结构，这种起点的不平均决定了竞争活动的不平等；资本的空间分布和时间变化，形成了社会结构的基本特质。基于此，布迪厄将社会结构分为统治阶级、中间阶级和劳动阶级；统治阶级占有数量最多的各种资本，中间阶级相对较少，劳动阶级只有极少量的资本；在每个阶级内部也存在很大的异质性。虽然深受两位大师思想的影响，但布迪厄的阶级分析法不同于马克思，也不同于韦伯，其更加强调文化的作用，更加注重不同阶级之间的文化差异性、不平等性及其造成的冲突。而且，在布迪厄的社会结构理论中，认为社会结构是再生产的，社会结构有一种复原自身的机制。通过再生产，社会成员实现了社会地位的家庭内代际传递：一是经济资本的再生产，即私人财产以继承遗产的方式在家庭内部从上一代传给下一代，这是一种直接再生产；二是文化资本的再生产，这种方式不是资本到资本的直接传递，而是在其中加入了学校教育的媒介，教育使不同等级的后代获得了进入不同等级的机会和凭证，是一种间接再生产。

（二）科尔曼的社会资本理论

1988 年，科尔曼在《美国社会学杂志》发表了"Social Capital in the Creation of Human Capital"的论文，初步论述了社会资本理论。后来，其在著作 The Foundations of Social Theory 中对社会资本理论进行了比较系统的论述。科尔曼的社会资本理论思想主要集中在：一是从社会行动的理论出发切入到社会资本研究，认为"行动者为了实现自己的利益，相互进行各种交换，甚至单方转让对资源的控制，其结果，形成了持续存在的社会关系。当把社会关系看作具有生产性时，就具有了社会资本的概念"②。二是从功能角度定义社会资本，认为社会资本是指

---

① 李全生：《布迪厄的社会结构理论述评》，《济南大学学报》（社会科学版）2008 年第 6 期。
② ［美］科尔曼：《社会理论的基础》，邓方译，社会科学文献出版社 1990 年版，第 330 页。

"个人拥有的以社会结构资源为特征的资本财产。社会资本由构成社会结构的各个要素所组成,存在于人际关系的结构之中。它的形成依赖于人与人之间的关系,按照有利于行动的方式而改变"[1]。三是强调社会资本的结构性和公共物品特性。社会资本为投资者创造的利益难以为其全面掌握,所以创立社会资本未必完全符合行动者的利益,因而具有了与私人物品不同的公共性质。而且,在科尔曼看来,通过界定社会结构能够实现行动者利益的功能,社会资本的概念界定一方面有助于揭示个体行动者层次的不同结果,另一方面有助于从微观到宏观解释的过渡。[2] 当然,科尔曼的社会资本也存在争议,比如对主体的论述尚不明确,对社会资本的负面效应没有论述等,但其思想对当前社会发展仍然有着一定的理论指导意义。

(三) 帕特南的社会资本理论

如果说布迪厄的社会资本概念是从狭义层次、科尔曼的社会资本概念是从中观层次界定的话,那么帕特南对社会资本的认识就是从宏观层面认知的。帕特南在其著作《使民主运转起来:现代意大利的公民传统》一书中指出:"社会资本指的是社会组织的特征,例如信任、规范和网络,它们能够通过推动协调的行动来提高社会的效率。社会资本有两种形式:一种是把彼此已经熟悉的人们团结在一起的社会资本,它起纽带作用;另一种是把彼此不认识的人或群体联系到一起的社会资本,它起桥梁作用。"[3] 同时,帕特南认为,社会资本是使民主运转起来的关键因素,因为"互惠规范和公民参与网络产生社会信任,普遍互惠有效地限制了机会主义的行为,信任是社会资本的最关键因素;而稠密的社会交换网络将增加博弈理论中所说的关系的重复和联系,从而也将增加社会信任水平"[4]。此外,帕特南的社会资本理论的思想观点还包

---

[1] 田凯:《科尔曼的社会资本理论及其局限》,《社会科学研究》2001 年第 1 期。
[2] 周红云:《社会资本:布迪厄、科尔曼和帕特南的比较》,《经济社会体制比较》2003 年第 4 期。
[3] 刘敏、奂平清:《论社会资本理论研究的拓展及问题》,《甘肃社会科学》2003 年第 5 期。
[4] 周红云:《社会资本:布迪厄、科尔曼和帕特南的比较》,《经济社会体制比较》2003 年第 4 期。

括：社会网络和社会规范对社会合作至关重要；公民社会可以促进社会资本，反之，社会资本又可以促进政治参与和善治。

社会资本理论在近几十年来得到哲学社会科学的较多关注，尤其是在中国重视人情、关系以及伦理的前提下，社会资本理论对于转型期中国的社会变迁研究有显著的指导意义。中国语境下，熟人社会形塑的相互熟知和共同认识是基本前提。而且，由于土地多寡、产业形态、集体经济形式等方面的不同，每个乡村社区所拥有和能够调动的资源就不同。比照上述观点，这就形成了社会资本的差异。灾后重建中，村庄的空间格局重组、政策的调整与利益的分配深刻影响乡村社区的社会资本变化情况。社会结构、社会关系网络的合作基础都将发生变化，这些因素也都影响着社会资本的变化。

四 其他主要理论

（一）社会治理理论

"社会治理"之所以从一种概念被运用于实践，并且成为治国理政的策略，主要原因是"治理"及"社会治理"已形成一套能够指导实践的理论体系，如"善治"理论、多中心治理理论、协同治理以及传统中国治理思想等。

1. "善治"理论

俞可平指出："善治就是使公共利益最大化的社会管理过程。善治的本质特征，就在于它是政府与公民对公共生活的合作管理，是政治国家与市民社会的一种新颖关系，是两者的最佳状态。"[①] 善治具有六大基本要素：一是合法性（legitimacy），指的是社会秩序和权威被自觉认可和服从的性质和状态；二是透明性（transparency），即政治信息的公开性；三是责任性（accountability），即人们应当对自己的行为负责；四是法治（rule of law），即法律是公共政治管理的最高准则，任何政府官员和公民都必须依法行事，在法律面前人人平等；五是回应性（responsiveness），即公共管理人员和管理机构必须对公民的要求作出及时的和负责的反应；六是有效性（effectiveness），即管理的效率。如何实

---

① 俞可平：《治理和善治引论》，《马克思主义与现实》1999 年第 5 期。

现"善治"？俞可平认为："在所有权力主体中，政府无疑具有压倒一切的重要性，任何其他权力主体均不足以与政府相提并论。代表国家的合法政府仍然是正式规则的主要制定者。一言以蔽之，善政是通向善治的关键，欲达到善治，首先必须实现善政。"①

2. 多中心治理理论

英国自由主义思想家迈克尔·博兰尼在《利润与多中心性》和《管理社会事务的可能性》两篇论文中阐述了"多中心性"的概念，将"多中心性"从经济领域引入到公共领域。②"奥斯特罗姆夫妇创造性地将迈克尔·博兰尼创造的'多中心'概念引入到政治学、公共行政和经济学当中来，创立了多中心治理理论。"③"多中心治理以自发秩序为基础，强调治理的自主性，反对政府治理权力的垄断和扩张；允许多个权力中心或服务中心并存，通过竞争和协作给予公民更多的选择权和更好的服务，减少了搭便车行为，提高了决策的科学性。多中心将诸种社会科学方法有机融入公共事务治理问题的分析中，将宏观现象与微观基础连接起来；重视物品（或资源）属性和社群（或人）的属性对治理绩效的影响；提供了操作、集体和立宪三个层次的制度分析框架。多中心治理为公共事务提出了不同于官僚行政理论的治理逻辑。"④

3. 协同治理理论

协同治理理论是一种新兴的理论，它是自然科学中的协同论和社会科学中的治理理论的交叉理论。⑤吴春梅等指出，较之治理群簇中的其他理论，网络、协作、整合是协同治理的三个关键变量，作为显性因素的利益状况、作为隐性因素的社会资本、作为共享因素的制度和信息技术是协同治理的三大影响因素。⑥郑巧等认为，协同治理是

---

① 俞可平：《善政是通向善治的关键》，《学习时报》2014年11月3日。
② 李明强、王一方：《多中心治理：内涵、逻辑和结构》，《中共四川省委省级机关党校学报》2013年第6期。
③ 佟德志：《当代西方治理理论的源流与趋势》，《人民论坛》2014年第5期。
④ 王兴伦：《多中心治理：一种新的公共管理理论》，《江苏行政学院学报》2005年第1期。
⑤ 李汉卿：《协同治理理论探析》，《理论月刊》2014年第1期。
⑥ 吴春梅、庄永琪：《协同治理：关键变量、影响因素及实现途径》，《理论探索》2013年第3期。

指在公共生活过程中，政府、非政府组织、企业、公民个人等子系统构成开放的整体系统，货币、法律、知识、伦理等作为控制参量，借助系统中诸要素或子系统间非线性的相互协调、共同作用，调整系统有序、可持续运作所处的战略语境和结构，产生局部或子系统所没有的新能量，实现力量的增值，使整个系统在维持高级序参量的基础上共同治理社会公共事务，最终达到最大限度地维护和增进公共利益之目的。[1]

4. 传统中国治理思想

传统中国有着丰富的"社会治理"思想。如老子《道德经》中有"治大国者，若烹小鲜"，认为治理国家与烹煎小鱼儿是一样的。[2]《礼记·大学》中有"古之欲明明德于天下者，先治其国；欲治其国者，先齐其家；欲齐其家者，先修其身；欲修其身者，先正其心；欲正其心者，先诚其意；欲诚其意者，先致其知，致知在格物。物格而后知至，知至而后意诚，意诚而后心正，心正而后身修，身修而后家齐，家齐而后国治，国治而后天下平。"在《论语》中，孔子主张"无为而治者，其舜也与？夫何为哉？恭己正南面而已矣"，认为通过无为而达到天下大治。[3]张林江将传统中国的社会治理智慧归纳为三个方面：用儒学为主的一整套思想体系来建构人们的社会生活、因时因势而变的公共管理制度与人事互构、秩序优先的社会治理技术不断得到优化和精细化。[4]

当代中国的"社会治理"是"治理"思想本土化创新的典型体现。因为当代中国的"社会治理"内涵和理论一方面蕴含着传统的中国智慧，另一方面融合了西方"治理"理论的核心内涵。此外，还彰显了中国特色的管理制度和体系。

（二）灾害共生理论

"灾害共生理论"有三个源头：一是产生于"共生理论"；二是

---

[1] 郑巧、肖文涛：《协同治理：服务型政府的治道逻辑》，《中国行政管理》2008年第7期。
[2] （春秋）老子：《道德经》，姚会敏整理，华文出版社2010年版，第74页。
[3] 孔丘：《论语》，李明阳译，黄山书社2010年版，第172页。
[4] 张林江：《社会治理十二讲》，社会科学文献出版社2015年版，第32—40页。

"风险共生论";三是在日本灾害学的演进过程中,出现了因应实践变化的一系列理论,"灾害共生论"便是其一。

1. 共生理论

"共生理论"于1879年由德国生物学家德贝里(Anton Debary)提出。[①] 通俗理解,"共生理论"是指共生单元按照一定共生模式形成的关系生存于一定的共生环境之中。这一思想主要包括以下内容:第一,共生模式有寄生、偏利共生、非对称互惠共生和对称互惠共生四大类。寄生模式不产生新能量且属于单向流动,偏利共生模式产生新能量但只为一方所得有利另一方无利也无害,互惠共生模式产生新能量且在共生单元之间进行双向的利益交流,非同步进化的为非对称互惠共生、同步进化的则为对称互惠共生。第二,是分工、协作与合作性的竞争促使共生单位之间共同进化进而产生新的能量提升共生组织的生存能力、增殖能力,这样协同的共生关系是孕育创新的基础。第三,共生关系下的共生单元具有独立性和自主性,尤其是一体化共生组织下的对称互惠共生模式是实现"双赢或多赢"的理想状态。自然灾害频繁发生的历史给予人类启示:自然界、人类社会以及自然界对人类社会产生的有利和不利影响是一种客观的共存方式,相互影响、相互共存并共生。这样的理念对于灾后恢复重建的开展具有明显的指导作用,在汶川大地震后的重建过程中,一些地区在实践中树立了"与灾难共生,与灾难同行"的理念;一些学界代表也提出了类似的观点,如仇保兴提出了"尊重自然生态、尊重传统文化、尊重百姓利益就是最好的重建"[②] 的思路。

(二)风险共生论

"风险共生"的思想产生既来源于贝克的风险社会理论,又与我国

---

① 毛荐其、刘娜、陈雷:《技术共生机理研究:一个共生理论为解释框架》,《自然辩证法研究》2011年第6期。

② 中国城市科学研究会:《人类与灾害共生——尊重自然生态 尊重传统文化 尊重百姓利益就是最好的重建》,http://www.cityup.org/chinasus/news/20180531/120666.shtml(最后访问时间:2019年1月23日)。

转型时期的社会发展紧密相关。亨廷顿在其著作《变革社会中的政治秩序》中指出，现代性孕育着稳定，而现代化过程却滋生着动乱。① 人类社会进入工业化、信息化时代以后，由于制度和技术等带来的影响，在走向现代化的过程中伴随着不稳定，并滋生动乱；但是如果实现了现代化，则会进入社会稳定的发展时期。事实上，人类的每一个历史时期，无论何种社会形态，因为所有有主体意识的生命都可以意识到死亡带来的危险，所以都是一种风险社会。② 吉登斯认为，虽然在某些领域和生活方式中，现代性降低了总的风险，但同时也导入了一些以前所知甚少或全然无知的新的风险参量，这些参量包括后果严重的风险，它们来源于现代性社会体系的全球化特征。③ 我国社会在面向新时代、现代化的过程中，由于转型累积的风险压力同样与日俱增。洪大用指出，从风险分析的角度看，转型期的中国表现为历时性的风险类型共时态地存在，即所谓风险共生现象：传统类型的风险，例如传染病、自然灾害依然构成对人民生活和社会安全的威胁；在以工业化、城镇化为标志的现代化进程中，还不断涌现和加剧一些需要面对的失业、贫富分化、生产事故、劳资冲突和刑事犯罪等社会风险。④ 同时，中国转型期面临着严重的社会安全隐患，具体表现为多重风险共生、社会自身在保障安全方面具有脆弱性、社会应对风险的思维具有极化倾向。⑤ 实践中，2019年，中国政府发出明确信号，强调要"着力防范化解重大风险"，这意味着中国正面临着风险多发的客观事实。然而，有必要澄清的是，"风险共生"的论述更多倾向于由于人类社会自身产生的风险压力或灾害，如战争、爆炸、疾病。自然灾害的发生一般认为有着自身的规律，往往不受人所控制，如地震、火山、海啸，但"风险共生"思想带给人们

---

① ［美］塞缪尔·亨廷顿：《变革社会中的政治秩序》，王冠华等译，生活·读书·新知三联书店1989年版，第41页。
② 《风险社会理论概述》，《智库百科》，https：//wiki.mbalib.com/wiki/%E9%A3%8E%E9%99%A9%E7%A4%BE%E4%BC%9A（最后访问时间：2019年1月27日）。
③ 童星：《社会管理创新八议——基于社会风险视角》，《公共管理学报》2012年第4期。
④ 洪大用：《应对高风险社会》，《瞭望新闻周刊》2004年第6期。
⑤ 郑杭生、洪大用：《中国转型期的社会安全隐患与对策》，《中国人民大学学报》2004年第2期。

的反思应该是：人类社会几千年、大规模、长时间以及破坏自然和社会规律的活动一定程度上加剧了自然灾害的发生，进而危及人类社会自身，这是值得人类社会关注和警惕的事情。

(三) 灾害共生论的演变

追根溯源，对灾害原因的认知是促进"灾害共生论"产生和发展的基本推动力。人类在与自然灾害进行斗争的过程中不断发展，对自然灾害的认识也从恐惧自然灾害、认识自然灾害经历到把握自然灾害、预防自然灾害以及减少自然灾害的一系列过程，也即所谓的从敬畏自然到探索自然规律的过程。在灾害社会学的发展进程中，对灾害原因的认知同样经历了"天灾论""人祸论"再到"灾害共生论"的过程。对灾害共生理论有重要贡献的应属日本。作为一个地震等自然灾害多发的国家，日本在灾害研究尤其是灾害社会学研究方面一直走在国际前列。从20世纪60—80年代开始，日本通过大力的灾害治理建设，如建水坝、植树造林等，大幅度地减低了自然灾害的发生。然而，90年代以后日本再度发生特重大的自然灾害，促使日本认识到须"容纳灾害、与其共生"。①

"灾害共生论"的核心思想在于：第一，承认人类社会创造的条件是有限的，即人类建设的软硬件设施抵御自然灾害的能力有限；第二，社会中的每一个个体都需要承担起防灾减灾的责任；第三，在抵御灾害的过程中实施一系列活动，减少或降低灾害的破坏程度。灾害共生论对于指导宏微观层面的灾后重建工作具有很强的理论和现实意义，对于受灾地更是如此。如对地震的预警、预测始终是各个国家需要解决的重大难题；地震发生过程中的自我逃生方式或手段，以及相互帮助防止人员伤亡；在地震发生后的恢复重建过程中对基础设施、房屋抗震手段和技术的实施，对自然规律、灾后社会变迁规律的尊重等；以及后重建时代，从灾害风险防范以及减少地震伤亡等角度建构的一系列社会保障制度等均是"灾害共生"思想的典型体现（见图2-2）。

---

① [日] 大矢根淳等：《灾害与社会1：灾害社会学导论》，蔡驎、翟四可译，商务印书馆2017年版，第 xii—xiii 页。

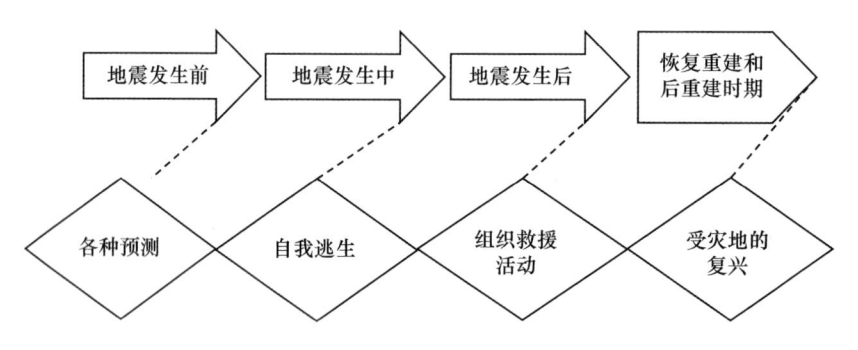

图 2-2　灾害共生过程

第三节　研究综述

一　灾后重建相关研究

"灾后重建"不仅是灾害管理中不可或缺的环节之一，而且深刻影响受灾地域的长远发展。[1]自 20 世纪 70 年代 Hass 等将"恢复重建"从灾害管理研究中剥离出来进行探讨后，"灾后重建"研究受到较多学者的关注。[2]相关研究主要集中在以下五个方面：

（一）灾后重建政策体制方面的研究

政策既是灾后重建的主要内容，又是影响灾后重建效果的主要因素。钟开斌对"汶川大地震"后巨灾政策进行了分析，认为恢复重建须采取"整体推进，全面覆盖；相对独立，平战结合"的措施，以应对巨灾政策面临的快速性与复杂性、统一性与差异性、公平性与效率性、成本性与效益性、民主性与科学性、单一性与综合性等主要困境。[3]李雪峰分析了"芦山强烈地震"的灾后重建经验，认为"中央统筹指导、地方作为主体、群众广泛参与"的新路极大地丰富和发展了恢复重建的中国模式。[4]

---

[1] Anthony Oliver-Smith, "Anthropology in Disaster Research and Management", *National Association for the Practice of Anthropology Bulletin*, Vol. 20, No. 1, 2001, p. 111.

[2] 张俊、付业勤：《国外灾后恢复重建研究》，《聊城大学学报》（社会科学版）2013 年第 4 期。

[3] 钟开斌：《汶川地震灾后恢复重建政策执行：主要困境和对策建议》，《中国软科学》2008 年第 12 期。

[4] 李雪峰：《灾后恢复重建的中国模式——"4·20"芦山地震灾后重建的过程、经验和启示》，《城市与减灾》2017 年第 3 期。

在中外比较上，Chang 等研究发现：印度救援机构获取资源的能力在其灾后重建中起重要作用，而政策成为影响中国灾后重建的关键。[1] 尤其是中国自上而下的政治体制，允许中央政府授权经济较发达地区的省级和地方政府对受灾地区进行援建；但是，由于地方问责制的存在，导致对口援建省份的领导者为了完成重建任务而产生激烈的竞争。[2]

（二）灾后重建主体与社会参与的研究

在重建主体分析方面，Barbee 等认为政府部门之间的密切合作可有效提高恢复重建的效率和速度，但如果政府在恢复重建中包揽一切、缺乏第三方有效监督，将导致效率低下和资源浪费等问题。[3] 在美国，联邦应急管理署（Federal Emergency Management Agency，简称 FEMA）是规划和协调应对自然灾害能力的主要组织，该组织在向个体和当地政府提供援助的同时，协调社会力量对企业的援助。[4]

在中国"汶川大地震"的恢复重建中，由于政府主导作用的存在，有效地集中了人力和物力资源，促进了灾后恢复重建的顺利开展。[5] 社会参与重建的机制同样受到关注，如刘小霞认为："灾区群众本土志愿者的培育，有利于发掘当地资源，带动受灾群众参与灾后重建，提升自我服务、自我管理能力。"[6] 虽然如此，但中国重大自然灾害社会援助仍缺乏完善的社会捐赠机制，社会组织的发展遭遇多重制约。[7] Hui

---

[1] Chang Y., Wilkinson S., Potangaroa R., "Resourcing for Post-disaster Reconstruction: A Comparative Study of Indonesia and China", *Disaster Prevention & Management*, Vol. 21, No. 1, 2013, pp. 7 – 21.

[2] Zhong Kaibin, Lu Xiaoli, "Exploring the Administrative Mechanism of China's Paired Assistance to Disaster Affected Areas Programme", *Disasters*, Vol. 42, No. 3, 2018, pp. 590 – 612.

[3] Barbee, Rubin Daniel G., "Special Issue: Emergency Management: A Challenge for Public Administration ⅠⅠ Disaster Recovery and Hazard Mitigation: Bridging the Intergovernmental Gap", *Public Administration Review*, Vol. 45, 1985, pp. 57 – 63.

[4] Furlong S. R., Scheberle D., "Earthquake Recovery: Gaps between Norms of Disaster Agencies and Expectations of Small Businesses", *The American Review of Public Administration*, Vol. 28, No. 4, 1998, pp. 367 – 389.

[5] Michael, Li. Dunford Li., "Earthquake Reconstruction in Wenchuan: Assessing the State Overall Plan and Addressing the 'forgotten phase'", *Applied Geography*, Vol. 31, No. 3, 2011, pp. 1000 – 1009.

[6] 刘小霞：《本土志愿者：灾后社会重建的重要内源力》，《社会工作》2009 年第 22 期。

[7] 王晖：《重大自然灾害社会援助机制研究——以汶川大地震灾后恢复重建为例》，《湖南科技大学学报》（社会科学版）2013 年第 6 期。

Zhang等以设计工作营（Design Charrette，专家研讨工作会议）的研究表明，设计工作营是适用于多学科专业人员和非专业利益相关者在短时间内合作完成目标任务的参与式计划。[①] 但实践中公众参与仍然不足，由于缺乏有效的重建框架系统，所以成功的灾后重建经验项目很少得以推广。[②]

（三）重建认识及其规划视角的研究

认识是灾后重建工作实施的前提，对于灾后重建规划的制定起着指导作用。日本关东大地震之后，重建被认为是城市建设的公共工程项目。[③] 同时，日本灾害社会学界在20世纪70年代提出了"复元·恢复力"概念，即"社会—生态"系统在致灾因子的作用下具有的承受力、恢复力的可持续发展能力，包括聚焦社会内部的凝聚力、交往能力以及解决问题的能力。[④] 所以灾后重建应尊重当地历史、文化、工作和日常生活的记忆。李永祥指出："灾害恢复重建的矛盾集中大多与土地征用、房屋结构设计、搬迁意愿等有关；在灾害管理过程中社会文化系统可能会出现失衡，所以要注重灾后文化系统的恢复。"[⑤] Abdulquadri Ade Bilau等认为灾后重建提供了投资和开发更具弹性的建筑环境的绝佳机会，是全球房地产投资的一个重要组成部分，但它的管理往往被证明是低效率的，所以迫切需要改善住房重建方案的管理。[⑥] 规划方

[①] Hui Zhang, Zijun Mao, Wei ZhangZhang, "Design Charrette as Methodology for Post-Disaster Participatory Reconstruction: Observations from a Case Study in Fukushima, Japan", *Sustainability*, Vol. 6, 2015, pp. 6593–6609.

[②] Samaddar S., Okada N., Choi J., "What Constitutes Successful Participatory Disaster Risk Management? Insights from Post-earthquake Reconstruction work in Rural Gujarat, India", *Natural Hazards*, Vol. 1, 2017, pp. 1–28.

[③] Jun Oyane, "The Growth of Perspectives on a Disaster Stricken Society: One Aspect of Practical Research on Post-Disaster Social Reconstruction after the Great East Japan Earthquake", *Journal of Environmental Sociology*, Vol. 18, 2012, pp. 96–111.

[④] ［日］大矢根淳等：《灾害与社会1：灾害社会学导论》，蔡驎、翟四可译，商务印书馆2017年版，第xiii—xiv页。

[⑤] 李永祥：《灾害管理过程中的矛盾冲突及人类学思考》，《云南民族大学学报》（哲学社会科学版）2013年第2期。

[⑥] Abdulquadri Ade Bilau, Emlyn Witt, "An Analysis of Issues for the Management of Post-disaster Housing Reconstruction", *International Journal of Strategic Property Management*, Vol. 20, No. 3, 2016, pp. 265–276.

面，Wilson 探究了灾前规划的必要性。① Xu Jiuping 等认为，有效的灾后恢复重建规划是一个科学决策系统，必须考虑公众参与、信息传递、恢复决策的程序化、参与部门的角色及其职责问题。② 上述代表性学者的研究，不仅涉及物质层面的重建，而且更多地关注文化社会层面，为后续研究奠定了基础。

（四）灾后重建影响因素方面的研究

影响灾后重建的因素有很多，张俊等的分析认为这些影响因素可以分为"物"的因素和"人"的因素两大类。③ 前述的政策方面属于"物"的因素的主要部分。除此之外，影响灾后重建的因素还包括了重建主体、重建经验、施工条件、物价、资金、工程成本、建材质量、施工工期、标准施工、检验维修、工程利用、公共服务、自然环境、运行经费、社会保障、居民激励等多个方面。④ Ismail 等通过对国际非政府组织（INGOS）的实证调查，认为社区参与、灾害评估、重建基金以及重建工作的质量是影响灾后重建项目成败的关键问题和主要挑战。⑤ 在"人"的因素方面，不同年龄段的受灾民众心态恢复速度不同，中老年人相比年轻人而言，心理恢复较为困难。⑥ 此外，个体的性格、性别、财产损失程度、精神状况等会影响到幸存者的心理恢复情况。⑦

---

① Wilson R. C., "The Loma Prieta Quake: What One City Learned", Washington: International City Management Association, 1991.

② Jiuping Xu, Yi Lu., "Meta-synthesis Pattern of Post-disaster Recovery and Reconstruction: Based on Actual Investigation on 2008 Wenchuan Earthquake", *Natural Hazards*, Vol. 60, No. 2, 2012, pp. 199 – 222.

③ 张俊、付业勤：《国外灾后恢复重建研究》，《聊城大学学报》（社会科学版）2013 年第 4 期。

④ 杨月巧、郭继东、袁志祥：《基于 ISM 的地震灾后恢复重建影响因素分析》，《数学的实践与认识》2017 年第 11 期。

⑤ Ismail D. Majid, T. A. Roosli R., "Analysis of Variance of the Effects of a Project's Location on Key Issues and Challenges in Post-Disaster Reconstruction Projects", *Economies*, Vol. 4, 2017, pp. 1 – 13.

⑥ Ohta Y. Araki, K. Kawasaki N., Nakane Y., Honda S., Mine M., "Psychological Distress Among Evacuees of a Volcanic Eruption in Japan: A Follow-up Study", *Psychiatry Clin Neurosci*, Vol. 57, 2003, pp. 105 – 111.

⑦ Kuwabara H., Shioiri T., "Factors Impacting on Psychological Distress and Recovery After the 2004 Niigata-Chuetsu Earthquake, Japan: Community-based Study", *Psychiatry and Clinical Neurosciences*, Vol. 62, 2008, pp. 503 – 507.

(五) 灾后恢复中的社会重建问题研究

灾区重建是一项系统工程，涉及需求评估、规划选址、公共服务设施、生态环境、社会关系、心理援助等多个方面。[1] 文军等认为重建的重点和难点并不在于物质层面的重建，而是社会、文化和人的层面的重建。[2] 社会层面的重建包括社会结构的重建，如 Oliver Smith A. 认为在灾后重建中，受人口结构变化、灾后重建项目实施等影响，会出现维持和再现灾前不平等和剥削模式的社会结构。[3] 蔡长昆通过对阪神大地震、卡特里娜飓风、汶川大地震和海地大地震的比较发现，由于不同灾害系统所嵌入的社会—政治制度环境的差异，导致在灾后救援和恢复中的社会资本结构存在根本差异，体现为不同特征。[4] 家庭组织及其功能恢复[5]、社会资本[6]、地域文化[7]、环境和心理问题[8]同样包含在社会层面。借助案例研究的方法，Jane Krishnadas 研究了妇女在社会重建中的权利是如何在社会重建过程中发挥作用的。[9] 李路路等的观察则发现自然灾害强化了农村社会关系的利益化趋势，亲属关系由紧密变为关系分化，邻里关系则愈加团结。[10] 此外，Wolfgang

---

[1] 张小明：《公共危机事后恢复重建的内容与措施研究》，《北京科技大学学报》（社会科学版）2013年第2期。

[2] 文军、刘拥华：《社会重建的社会——文化逻辑》，《吉林大学社会科学学报》2008年第5期。

[3] Oliver Smith A., "Post-disaster Housing Reconstruction and Social Inequality: A Challenge to Policy and Practice", *Disasters*, Vol. 1, 2010, pp. 7 – 19.

[4] 蔡长昆：《自然灾害治理过程中社会资本的结构性差异》，《公共行政评论》2016年第1期。

[5] 田毅鹏：《社会重建的真意》，《吉林大学社会科学学报》2008年第5期。

[6] Yi Lu, JiaPing Xu, "Low-carbon Reconstruction: A Meta-Synthesis Approach for the Sustainable Development of a Post-Disaster Community", *Systems Research and Behavioral Science*, Vol. 33, No. 1, 2016, pp. 173 – 187.

[7] 徐君：《再论民族文化"灾后重建"中的民众主体地位》，《西南民族大学学报》（人文社会科学版）2009年第7期。

[8] Manohar Pawar, "Post-disaster Social Reconstruction and Social Development", *Environment and Social Psychology*, Vol. 1, 2016, pp. 50 – 60.

[9] Jane Krishnadas, "Identities in Reconstruction: From Rights of Recognition to Reflection in Post-disaster Reconstruction Processes", *Feminist Legal Studies*, Vol. 2, 2007, pp. 137 – 165.

[10] 李路路、李睿婕、赵延东：《自然灾害与农村社会关系结构的变革——对汶川地震灾区一个村庄的个案研究》，《社会科学战线》2015年第1期。

Fengler 等以印度尼西亚、斯里兰卡等地自然灾害后恢复重建工作为案例，分析了公共财政管理问题。① Serena Tagliacozzo 等以 2012 年意大利地震后的重建为例，对民众的信息和通信需求以及社会媒体在重建过程中的作用进行了研究。②

二 社会重构相关研究

从国外相关研究看，柏拉图对"理想国"的建构思想、空想社会主义对未来社会的构思、马克思关于共产主义社会的设想以及曼海姆关于"未来美好社会成功的关键在于对人的改造，通过充分发挥社会精英和普通民众的共同作用，才能真正实现社会的最高层次重建"③ 的倡议是重新构思社会发展的理论尝试。而社会重构的理论借鉴同样也可以在中国相关研究中找到源头。尤其是随着转型期中国社会的大变迁、大发展，有关社会重构方面的研究广泛而深刻。相关研究大致可分为以下四个方面：

（一）城镇化进程中的社会重构研究

一方面是关于城乡人口流动引发的社会重构。朱宝树指出，大城市郊区由于城市人口郊区化扩散流，以及农村人口的集聚流高强度汇集，城乡人口社会重构成为普遍现象。④ 在城镇化早期，由于制度性整合弱化、认同性整合畸形化，导致城郊的人口重构出现结构性脱节和社会失范，对其进行的社会重构，包括组织重构、身份体系的认同重构。⑤ 而在城乡人口的流动性重构中，本地农民因为集体资产利益的考量，会主动阻止村落行政边界变更，并与外来人口进行"地租交易合作"，所以

---

① Wolfgang Fengler, Ahya Ihsan, Kai Kaiser., "Managing Post-Disaster Reconstruction Finance-International Experience in Public Financial Management", *Policy Research Working Paper*, 2008.

② Serena Tagliacozzo, Michele Magni, Tagliacozzo S., Magni M., "Communicating with Communities (CwC) during Post-disaster Reconstruction: An Initial Analysis", *Natural Hazards*, Vol. 3, 2016, pp. 2225-2242.

③ 沈费伟、刘祖云：《为自由而计划：曼海姆"社会重建理论"》，《国外理论动态》2016 年第 6 期。

④ 朱宝树：《上海郊区城乡一体化进程中的人口再分布和社会重构》，《人口研究》2002 年第 6 期。

⑤ 王春光：《社会流动和社会重构——京城"浙江村"研究》，浙江人民出版社 1995 年版，第 245—253 页。

城郊农村的"村落终结"难以实现。①

另一方面是关于城市内部的空间重构和社会治理重构。吴春的研究表明：充满矛盾张力的大规模旧城改造引发城市社会空间的急剧重构，这种高社会成本的社会空间重构模式表现为人口社会结构、区域功能和区域文化氛围的急剧而彻底的变化。②同时，社会成员从完全依附于单位的"单位人"逐渐转向自由度相对扩大的"社区人"和"社会人"，社区由纯粹居住区，变成多种功能、全方位服务的利益整体，重构了城市的基础单位。③

另外，林广以纽约20世纪人口流入为历史线索分析了其社会重构情况，指出纽约市的社会重构并不是自然实现的，是各种社会矛盾作用的结果：源源不断的移民为纽约城市长期高速发展和多元文化建设提供了多层次的人力资源；不同文化在这里碰撞、吸纳、升华，不同人群在这里竞争、融合，并且共同塑造着纽约的城市文明。④

（二）乡村社会变迁中的重构研究

费孝通的经典著作《江村经济》深刻揭示了中国当时的历史条件下，一个村庄经济体系与其社会结构的相互关系及变迁机理，为中国乡村社会学的发展奠定了基础。⑤新中国成立初期，合作化运动作为国家权力对乡村社会的又一次重大介入，改变了农村生产关系和社会结构，实现了乡村社会重构。⑥这表明，中国农村社会变迁的深度和力度，取决于国家权力与农村社会的互动程度。⑦马光川等的分析认为，中国农

---

① 张文明：《大都市郊区农村的社会重构与边界再生——以上海市F村流动性重构为例》，《上海城市管理》2015年第3期。

② 吴春：《大规模旧城改造过程中的社会空间重构》，博士学位论文，清华大学，2010年。

③ 朱耀垠：《当代中国基层社会重构与社区治理创新》，《中国机构改革与管理》2015年第7期。

④ 林广：《20世纪纽约移民与社会重构》，《华东师范大学学报》（哲学社会科学版）2003年第5期。

⑤ 汪和建：《社区经济社会学的建构——对费孝通〈江村经济〉的再探讨》，《江苏社会科学》2001年第6期。

⑥ 范连生：《合作化时期基层干部的教育训练与乡村社会重构》，《古今农业》2017年第4期。

⑦ 陈益元：《解放初期国家权力与农村社会重构——以湖南省醴陵县互助运动为个案》，《中国经济史研究》2008年第1期。

村治理自初级社、高级社直至人民公社制度的确立与巩固，表现出明显的"运动型"变迁特性；各农村治理主体之间的多重制度博弈又使得"乡政村治"自身呈现明显的阶段性特征；随着农村社区化的发展，农村治理现代化呈现出人本原则回归、一元框架等制度新理念。①

然而，具有深厚传统和稳定社会结构的聚落社区的精神枯萎和基础坍塌已成为事实。② 而且，乡村社会在宗族制度权威上的重构，充分显示了国家与社会依然在场的现实。③ 乡村振兴战略中的重构则体现为不同特征。屠爽爽等的研究表明：2000年以来乡村的社会经济重构不仅整体仍处于低水平阶段，且差异明显；快速重构受市场需求牵引、宏观政策引导等外源性因素及资源环境、区位条件、行为主体、经济基础、文化特质等内源性因素综合作用；缓慢重构主要受城镇化、工业化、技术进步等社会经济发展进程以及"新农村建设""增减挂钩"等外源性政策因素主导，缺乏内生发展动力。④

（三）历史视角下的社会重构研究

历史视角下的社会重构研究主要涉及纵向时间过程中常态社会的变化特征。郭圣莉对新中国成立初期上海国家政权建设进行的分析指出："新中国对旧的社会结构及其基础设施以彻底清除，并以原来的底层民众为核心重构了社会，构建了国家政权自身的社会基础。"⑤ 宋明爽分析认为，改革开放30多年来中国社会发生了社会类型或形态的变革，正在走向多种所有制经济并存、空间与制度广泛开放、政治民主化法制化、民众自我意识觉醒的公共化社会，必须适应大势重构中国社会。⑥ 张康之指出，近代以来的社会建构是以抽象的、原子化的个人为

---

① 马光川、林聚任：《从社会重构到社区培育：农村治理现代化的制度逻辑》，《南通大学学报》（社会科学版）2015年第1期。
② 梅军、包龙源、赵巧艳：《"新常态"视阈下传统民族聚落社会重构的三重维度关照》，《广西社会科学》2015年第12期。
③ 张磊、曲纵翔：《国家与社会在场：乡村振兴中融合型宗族制度权威的重构》，《社会主义研究》2018年第4期。
④ 屠爽爽、龙花楼、张英男、周星颖：《典型村域乡村重构的过程及其驱动因素》，《地理学报》2019年第2期。
⑤ 郭圣莉：《城市社会重构与新生国家政权建设——建国初期上海国家政权建设分析》，博士学位论文，复旦大学，2005年。
⑥ 宋明爽：《公共化社会发展与中国社会重构》，《东岳论丛》2014年第2期。

逻辑起点的；工业社会的社会治理是建立在权利基础上的，有了权利的设定，现代化进程中陌生人之间的交往就有了支持，但全球化、后工业化的进程正在使陌生人匿名化；匿名社会的出现使得在人们之间寻求同一性的做法不再可能，普遍人权也将失去承载者。①

（四）其他相关主题的重构内容研究

一是社会价值、话语体系及意识方面的重构。如俞超从网络传播技术的文化分析入手，指出网络传播具有"解构—建构"文化身份的技术暴力倾向，网络技术延伸的传播文化导致传统社会价值体系的重构，使社会文化在多层面呈现出多元、去中心、非理性、价值颠覆等典型的后现代文化特征。②范逢春认为，社会治理话语体系重构既是当代中国社会治理理论创新的基本前提，也是当代中国社会治理实践变革的必然要求。③陈玲等基于重庆公交坠江事件的分析，认为社会民众的规则意识淡薄、共同体观念缺乏、社会对规则捍卫者保护不足导致该事件发生，需要重塑社会民众的上述意识并规范执行机制等才能达到社会治理目标。④

二是产业和社会资本方面的重构。如徐虹认为，"乡村振兴战略背景下，为适应市场多元化的体验需要，通过重新组合农业生产要素的利用方式，发展新型农业业态，重构农业产业经营形态"⑤。渠章才提出对于失地农民，应在消弭嵌入式社区群体的同质性社会资本裂痕的基础上，规范并升级其同质性社会资本，嬗变其文化社会资本、成功链接拥有巨量经济资源的城市异质性社会资本、健全并系统落实制度社会资本。⑥

---

① 龚鹏斐：《论历史转型中的社会重构：出发点、目标与行动——读张康之教授〈为了人的共生共在〉》，《探索》2017 年第 3 期。

② 俞超：《技术暴力与社会重构——网络传播的后现代文化伦理》，《当代传播》2011 年第 1 期。

③ 范逢春：《国家治理现代化场域中的社会治理话语体系重构——基于话语分析的基本框架》，《行政论坛》2018 年第 6 期。

④ 陈玲、郑广怀：《个体化社会的规则重构：基于重庆公交坠江事件的分析》，《中国青年社会科学》2019 年第 1 期。

⑤ 徐虹：《乡村产业重构与创新》，《社会科学家》2018 年第 11 期。

⑥ 渠章才：《社会资本重构：嵌入式社区群体经济融入难题新探——以广东湛江经济开发区为例》，《经济研究参考》2018 年第 49 期。

三 研究述评

(一) 既有相关研究的范围

综上可知,既有的相关研究涉及公共管理学、灾害人类学、灾害社会学、规划学、乡村地理学等多个学科。作为一个交叉性研究主题,灾后重建得到国内外学界的广泛关注,近十余年来的研究呈爆发式态势。[1]上述代表性文献主要从灾后重建政策、主体、认识、规划、影响因素、社会重建等多个领域开展,然而却依然未形成成熟的、系统的以及完整性的理论体系和普遍共识。社会层面的深度研究虽在日本得到重视,但在中国则主要是基于建设视角下的单一主题研究,从时间维度审视灾后重建视阈下社会变迁机理的较少。"社会重构"主题下的相关研究,主要集中在了常态社会状态下的城镇化、乡村社会以及某一特定社会场景下的治理重构。以自然灾害为背景,研究非常态状态下"社会重构"问题的文献也不多见。这可能有三方面缘故:一是中国虽然自然灾害频发,但特别重大的自然灾害在近几十年来较少;二是说明中国应对灾害的能力显著提升,而且出于规避风险考量,容易发生特别重大自然灾害的区域往往经济、人口、资源较少布局;三是相关的学科研究正处于起步或发展阶段。

(二) 既有相关研究的方法

从研究方法看,由于自然灾害发生的偶然性、受灾地域的特殊性以及定量数据的难以获取性,所以案例分析、比较分析以及访谈研究的质性研究方法被较多采用,这为本书研究提供了参考借鉴。总体而言,既有相关研究文献中,在开展"重建政策""重建规划""重建影响因素"及"社会重建"等研究时,定性角度的经验梳理、对策分析较多,采用质性研究方法的则不多。即便是采取相似研究方法,但由于研究样本以及研究视角的不同,所以得出的研究结论并不一致,这导致相关的研究观点分散、不具系统性。本书的研究主题虽然更倾向于灾害社会学的学科研究范畴,但在研究方法上、研究框架设计以及研究思路方面突出了公共管理学的逻辑。

---

[1] Honglei Yi, Jay Yang., "Research Trends of Post Disaster Reconstruction: The Past and the Future", *Habitat International*, Vol. 2, 2014, pp. 21–29.

（三）既有相关研究的趋势

从时间维度看，当特别重大自然灾害突发以后，有关领域的研究会呈现增多趋势；但当自然灾害发生较少或重建完成后，相关研究呈递减趋势。虽然灾后重建中的社会问题受到部分学者关注，但针对受灾地域社会关系变化、社会结构变动、社会心态状况以及社会文化或风俗习惯改变的具体研究较少。2012年以后，中国对社会治理的认识和实践不断深化。"社会重构"作为驱动社会治理水平提升的重要过程和方式，对"打造共建共治共享的社会治理格局"、实现社会良性运行起关键作用。因而，前述关于社会重构的研究涉及多个方面，从城市到农村、从产业到价值、从过去到现在。虽然既有研究仍不具有整体性，但其观点、思想、方法为本研究提供了借鉴。从国家治理、政府治理和社会治理的长远发展看，自然灾害造成的特殊场景，是中国多种社会情境下的重要补充，不可或缺。因此，结合受灾地域发展实际，给予其社会变迁长期跟踪和关注，是一项必要工作。

第四节　本章小结

本章较为全面、系统地从核心概念、典型理论与研究综述三个方面对"灾后重建视阈下的社会重构研究"主题的理论基础做了展示，对于弄清研究主题的范畴、对象及其内容做了一个基本铺垫，也为后续开展理论框架设计和实证经验梳理提供了理论指导。灾后重建是一个特殊的社会场景和社会事件，虽然对于"灾后恢复重建"和"灾后重建"有着多方面的理解和阐述，但本书在研究过程中，更多地运用了"灾后重建"的提法，主要源于重建本身就包含有恢复的过程，而且这样使用也便于与后续的社会重构相对应。重建的前提有一个被破坏的过程，如灾后重建、战后重建，发生的事件一般都是对社会造成损失、摧毁或破坏的，是一种强有力的社会负面冲击，如果这时候用"灾后重构"或"战后重构"未免不太严谨；重构虽然也有一个"解构"的前提，但这一前提更适合的是在正常社会变迁中或社会秩序正常和恢复正常后主要社会关系等层面的具体变化，如灾后重建后的社会重构（也可称"后重建时代"）、战后重建数十年间的社会重构，这样既符合词源本意，也有利于两者的区分。但是，这并不一定意味着二者之间的界限是非常明晰的，恢复的力度以及重建的方式、质量、速度等对于这一界限均能够产生影响。

理论的阐述为后续研究具体场域下灾害引发的人类思想变化、生活变化、社会关系变化、社会治理方式的改变有具体的指导。这一方面意味着人类对于灾害的认识规律过程和结果可能一致；另一方面说明尽管社会场景不一样，但社会层面的变化逻辑可能也会一致，因此理论对实践的指导作用便明显地体现了出来。对研究动态的梳理和评述已经显示，中国语境下的灾后重建后续研究对社会层面的深层次、系统、全面研究尚不多见。因而，从时序动态视角对灾后重建区域进行样本观察具有典型的理论价值。

第三章　社会重构理论：灾后重建视阈的逻辑分析

社会有基本的发展规律，也有不同的运行状态。马克思认为，当生产力发展到一定阶段，经济基础发生变更，同生产关系发生矛盾，上层建筑便由生产力的发展形式变成生产力的桎梏，革命时代就会到来。这从本质上解释了社会从"解构"到"重构"的变迁规律，然而，社会演化是复杂的。社会的运行状态一般包含良性、中性和恶性三种类型。[①] 如以良性、和谐、均衡、稳定作为衡量常态社会的标准，那么，非常态社会则可以是中性或恶性状态，表现为社会的失序、失范或出现体制、制度性障碍和结构性脱节。造成社会从常态状态"解构"到非常态状态的因素有很多，生产力和生产关系的矛盾运动是最根本的，但自然灾害、战争、疾病等因素也不容忽视。"社会秩序由乱到治存在两条路径，一条为秩序的恢复，另一条则是秩序的重建。"[②] 在良性社会状态为社会治理目标前提下，实现社会由"非常态"向"良性常态"转变，体现的即是一个完整的社会重构过程。而且，不同致"乱"因素下的社会重构机理，在参与主体、驱动力量以及方式、类型、路径上也有差异。本章以马克思主义的社会变迁理论为指导，通过对社会系统理论、社会结构理论、社会资本理论的核心思想借鉴，建构了一个理论分析框架，以试图解释灾后重建视阈下的社会重构逻辑。本章主要从分析框架建构角度阐释灾后重建视阈下的社会重构一般逻辑，内容包括四

[①] 良性运行表现为社会各个方面的相互促进，社会失调、社会障碍等被控制在最小范围；中性运行介于良性和恶性之间，社会的运行虽然有不平衡、存在障碍和失调等因素，但社会仍然处于常态运行状况；恶性运行表明社会出现离轨、失控，运行发生较大问题。

[②] 郭星华、刘朔：《社会秩序的恢复与重建》，《国家行政学院学报》2017年第5期。

个部分：第一节论述分析框架的溯源；第二节阐述分析框架的内容体系；第三节说明分析框架场域的典型案例选择；第四节为本章小结。

第一节 分析框架溯源

分析框架的溯源依据，一是来源于国外的主要理论；二是来源于国内研究的主要思想观点；三是来源于中国社会运行的实践需求。

一 国外主要理论的思想导引

某种程度上，社会学、管理学、经济学、人类学关于促进社会和谐发展和治理优化的理论皆可作为社会重构的理论来源，如前述的社会治理理论等。对于西方世界而言，社会重构的主要理论，一是可以追溯到柏拉图对"理想国"的建构。在这一国度中，柏拉图勾勒了哲学王、士兵、普通人的主要社会结构体系，同时也强调了"城邦"保证人民生活幸福的特征。二是空想社会主义的社会重建思想。如托马斯·莫尔构想的没有剥削经济存在的公有制的"乌托邦社会"，夏尔·傅立叶的"未来的理想社会是协作的社会，协作制度是社会的根本组织制度"。[①] 马克思关于共产主义的设想，提出消灭剥削、消灭压迫，最终实现人的全面自由的发展，同样是社会重建与重构发展思想的一大体现。近期代表曼海姆认为，重建未来美好社会成功的关键在于对人的改造，通过充分发挥社会精英和普通民众的共同作用，才能真正实现社会的最高层次重建。[②] 西方社会孕育的主要理论给予社会重构框架设计的借鉴是，社会重构涉及社会运行、发展、变迁甚至冲突等各个方面，但其终极目标无不是为了促进人类社会自身的不断优化、进步和文明的发展。

二 国内相关研究的观点启示

社会重构的理论借鉴可以在诸多中国经典著作中寻找到影子。如前

[①] 沈费伟、刘祖云：《西方"社会重建理论"研究的脉络与走向》，《延安大学学报》（社会科学版）2016年第6期。

[②] 沈费伟、刘祖云：《为自由而计划：曼海姆"社会重建理论"》，《国外理论动态》2016年第6期。

述费孝通的《江村经济》通过对一个江村经济体系与其社会结构的相互关系及其变迁的研究,发展出了经济生活与社会结构相互作用理论、乡村工业改革理论及城乡关系理论。[①] 王春光的调查发现:"浙江村"的结构性脱节和社会失范正是由于制度性整合弱化、认同性整合畸形化,对其进行社会重构,就是对解体和分化中的社会关系有条理地进行重组的过程,包括组织重构、身份体系的认同重构等。[②] 前述关于社会重构的研究涉及社会运行与发展的多个方面,从城市到农村、从产业到价值、从过去到现在,这进一步表明了社会重构内容"涉及面广"的特点。但依然可以发现,相关研究主要集中在了对社会进程影响较大的社会事件或历史时期,不管是历史的,还是现在的。虽然相关研究并不系且分散、多元,但为灾后重建视阈下的社会重构理论分析框架设计提供了思路借鉴,即社会重构与社会运行的体现基本一致,具有系统性、全面性、地域性、时代性的特点。而且,在研究方法的采用上,前述相关研究也提供了一定参考。

三 中国社会运行的实践需求

当前,中国正处于中国特色社会主义新时代,各项事业进入到崭新发展阶段。政治上,党的十八大以来,通过全面加强从严治党、着力推进反腐倡廉,政治生态大为改善,党内外对执政的满意度进一步提升。党的十九大以来,全面改革国家机构、扩大地方自主权,行政管理的效率进一步提升。经济上,深入推进供给侧结构性改革,大力促进智能化产业发展,积极推进乡村振兴战略、新型工业化和信息化以及城镇化快速发展,人民生活水平进一步提升、发展质量进一步提高。文化上,不断推进中国特色社会主义理论自信、制度自信、道路自信和文化自信,在人民生活水平提升上的文化艺术事业百花齐放、生机勃勃。社会上,城乡发展呈现新的特征,城乡融合向纵深推进,社会结构进一步细化、多元化,新的社会阶层进一步扩大。

---

① 汪和建:《社区经济社会学的建构——对费孝通〈江村经济〉的再探讨》,《江苏社会科学》2001年第6期。

② 王春光:《社会流动和社会重构——京城"浙江村"研究》,浙江人民出版社1995年版,第245—253页。

随着政治的进一步稳定，国家制度建设进入规范化发展时期，特别是以国家实力应对新风险、新挑战的能力进一步增强。随着经济进入高质量发展阶段，经济变革或转型对社会的深层次影响逐渐显现，尤其是以信息技术、智能技术为代表的现代生产力的发展正在推动生产关系以及上层建筑的进一步变革。科技管理领域、民营企业发展领域、社会治理领域、民生保障等领域同样正在发生深刻变化。当代中国的社会变迁正呈现出良性运行的阶段性特征。同时，仍然存在一些不可控的因素影响着社会变迁，在微观、中观乃至宏观层面酝酿着"解构—重构"过程。例如，城镇化的发展促使城乡人口流动和结构发生重要变化，城乡关系、社会关系、社会秩序、社会文化和社会治理等都有着深刻变化；新型产业的业态发展对所有制结构、经济管理方式等提出了新的挑战；社会风险进一步加大，国家组建了新的政府应急管理部门就是应对风险和各种灾害的最直接的体现。实践发展昭示，当代中国亟须特色化的、本土化的理论支撑，在社会发展领域的"社会重构"亟须本土化的理论指导，对于社会的解构、重组以及重构过程需在理论上进行提炼、总结以对实践发展给予符合实际的解释力和指导力。

第二节　框架内容体系

建构"灾后重建视阈下的社会重构研究"分析框架，具有指导性的理论和实践意义。国家实力增强虽然提升了应对各种风险灾害的能力，但与此同时，各种由于自然或社会原因引发的事故、灾难仍然不可避免，而且在某些领域甚至有蔓延、扩大趋势。特别是进入21世纪后的20年来，在重大应急事件方面，中国相继发生了2003年"SARS"疫情、2008年初南方雪灾、2008年5月12日汶川8.0级大地震、2010年4月14日玉树7.1级地震、2010年8月7日甘肃舟曲县特大山洪泥石流灾害、2013年4月20日四川雅安芦山7.0级地震、2014年2月12日新疆于田7.3级地震、2014年8月3日云南昭通鲁甸6.5级地震、2015年8月12日天津滨海新区大爆炸事件、2017年8月8日四川九寨沟7.0级地震等。2020年初，又发生了新型冠状病毒性肺炎特重大疫情。可以说，每一年中国都在遭受着地震、台风、泥石流、洪水、干旱等带来的自然灾害以及突发事件等人文因素造成的社会灾害。在这样的社会客观发展背景下，重视灾后重建视阈下的"社会重构分析框架"首先是因为灾害发生地的社会重构亟须理论上的提炼或指导；其次，受灾地的社会稳步发展亟须深刻研究社会重构问题；再次，灾后重建视阈下的"社会重构分析框架"是对国家宏观层面各个社会情境下建构社会重构理论体系的补充和丰富。

一　理论假设

本书结合上述分析提出三个命题阐释分析框架的基本逻辑。

命题Ⅰ：当特别重大自然灾害对受灾地域原有的社会系统造成破坏时，社会变迁在"解构"下发生。像"汶川大地震"这样的灾难不但毁坏了人们的生活家园，也使许许多多的人失去了自己的亲属和原有的社会关系纽带，使他们瞬间陷入了社会关系断裂之中。[1] 这意味着，特别重大自然灾害对社会造成的影响"已经达到对受灾地社会进行解构"的程度。特别重大自然灾害发生后，维持社会正常运行的秩序基础，原有的社会政策失去效用，社会突然间或一段时期处于失序状态。个体、家庭、邻里、社区、政府与群众之间的关系由于社会失序导致原有的社会稳定运行状态被打破，在新的社会运行规范尚未建立之前，社会处于失范状态。某些严重受灾地区，由于损毁或伤亡惨重，社会结构剧烈变动。原有社会系统中的社会秩序、社会关系、社会心态和社会结构等方面遭受冲击，被特别重大自然灾害所"解构"。对其进行"重构"不仅需要对物质层面的房屋、道路、产业等进行恢复和重建，而且需要结合灾前、灾害和灾后的内外驱动因素进行重新建构。

命题Ⅱ：受灾地域社会系统可以依靠自身要素实现修复和更新，但灾后重建政策作为主要的环境因素，通过资源、信息的交流，促进了受灾地社会系统的重构与发展。特别重大自然灾害对受灾地域社会进行的"解构"，只要不是摧毁性的，当地社会系统依然可以在力所能及的条件下维持或恢复，只不过可能需要更为长久的时间。在"系统/环境"

---

[1] 林聚任：《论社会关系重建在社会重建中的意义与途径》，《吉林大学社会科学学报》2008年第5期。

的划分下，国家政治体制、综合实力、灾后重建政策、国内外宏观形势、市场和产业发展水平、治理手段与方式等政治、经济、文化系统以及自然环境系统均是影响受灾地域社会系统的"环境因素"。受灾地域的社会虽具有一定"封闭性"，但上述外部环境变化时，受灾地域的社会系统受到"刺激、影响"，居民的生产、生活乃至社会关系、心态、文化等需要调整和更新。在官方主导下，通过制定灾后重建政策和外力援助可以有力地促进受灾地域物质层面的社会重建，如基础设施、房屋、产业等多个方面，促进其社会发展。

命题Ⅲ：灾后重建视阈下的社会重构不仅具有系统性和整体性，而且是一个长期的有机耦合过程。物质层面的重建可以在政策的积极干预下，使受灾地域在短期内实现恢复重建。然而，物质层面的重建必然影响到社会层面，有形的社会改变会影响到人与人、人与社会、人与国家等方面的认知、意识和观念，如此人们的社会关系、心态包括文化习俗等会在潜移默化中不断演变。这一过程并非外力干预会尽快转变，而是长期的过程。受灾地域社会系统更新与发展情况，会影响到中观层面的社会系统、宏观层面国家的灾害治理系统，这样的演变形成了事实上的有机耦合关系，"共同进化、相辅相成"。

二　内容体系

"灾后重建"是多种社会情境下的一种特殊情境。在人类社会对于自然灾害特别是特别重大自然灾害仍然无法防控的客观情况下，发生灾害并进行灾后恢复重建的过程不会停止。对于一个国家是如此，一个地方、一个村社的地域更是如此。基于前述理论假设，灾后重建视阈下的社会重构分析框架主要包括两大内容：环境因素和受灾地域的社会重构系统（见图3-1）。这一理论分析框架试图揭示的是，重构不是最终目的，更多的是一种促进社会发展的机制、手段或方式，最终目标是要实现社会向良性状态、稳定和谐秩序、治理高效的方向发展。但要达成这一"三角架构"体系目标的实现，需要社会系统各方面综合发挥作用。不仅需要社会机制的推动、催化、衔接，更需要主体力量形成合力，以符合灾后重建和社会重构规律的方式，实施适宜的社会生产方式以及社会政策以改善社会关系、优化社会结构、消解社会不良心理、丰富社会文化。

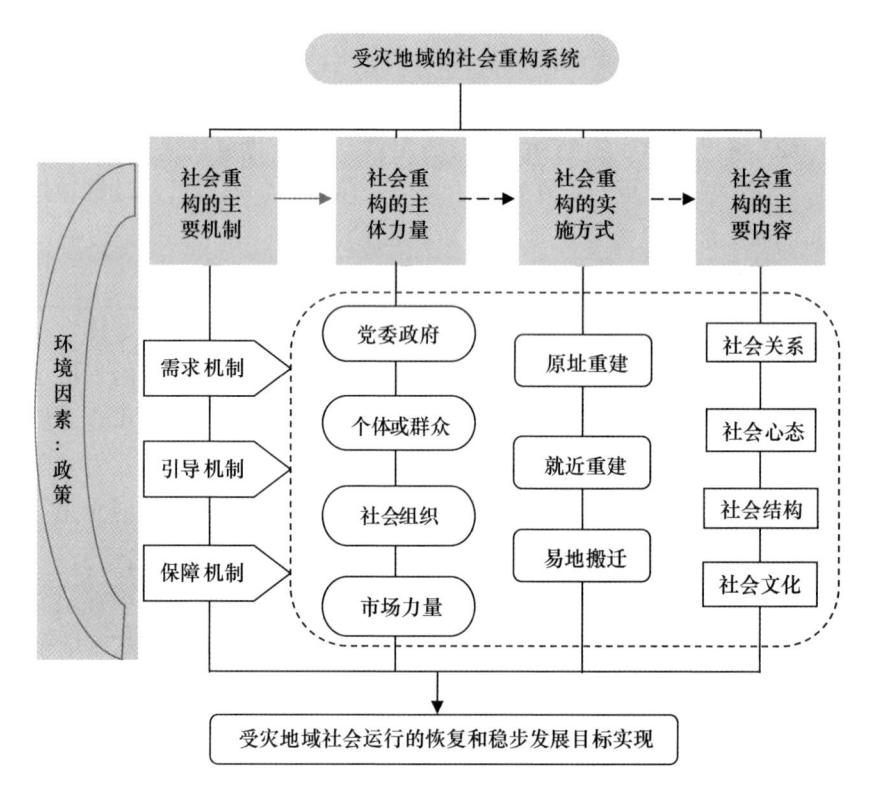

图 3-1 灾后重建视阈下社会重构理论框架的内容体系

（一）环境因素

某一受灾地域的社会系统具有客观性，因而，对外部环境因素的分析显得至关重要。在划分"系统/环境"的基础上，外部环境因素通过资源、信息等方面或强或弱的流入和流出，来影响受灾地域社会系统的更新和发展，实现其社会重构。如前所述，环境因素包括自然条件、人文环境、政策环境、生态环境等。其中，自然、人文、生态对于受灾地域的灾后重建及其社会演化来说，在一定时期内是客观存在的事物。尤其是在"强国家—弱社会"的治理格局下，政策因素，特别是灾后重建政策对于受灾地域的灾后重建及其社会重构起着主要作用。灾后重建政策主要依赖内嵌于受灾地域的社会治理主体，深刻影响其物质层面、物理空间和社会层面的社会重建与社会重构。

(二) 受灾地域的社会重构系统

基于前述理论基础、假设的分析，受灾地域的社会重构系统包括四大方面的内容：机制、主体、方式和内容。机制，包括社会机制、动力机制，对于受灾地域的社会重构系统运行有着基础性的重要作用，机制在主体的作用下运作并受制于社会主体力量之间的关系模式；社会重构的方式是灾后重建政策通过机制、主体落脚于受灾地域灾后重建的载体；内容则反映了社会重构的结果，同时也是机制、主体、方式共同作用的最终导向。受灾地域的社会重构系统具体包括三大主要机制、四个主体力量、三种实施方式和四大主要内容。

1. 三大主要机制

与制度、体制、政策不同，机制是组成事物各要素之间联结、制约等相互关系的总称。在社会发展和运行中，各要素之间会形成各种直接或间接的关系，从而影响着社会的变迁历程。倘若一个需要重建、重构或重组的社会没有内在的机制发挥作用，则社会重构就不能实现，也无所谓发展。从社会学的角度来看，社会机制是指某一社会组织中各主体之间的关系和作用，是社会组织和社会个人指导自己活动的利益调节原则。[1] 孙绵涛等认为，社会机制是社会各部分之间的相互关系及其运行方式，由社会的层次机制、社会的形式机制和社会的功能机制三种基本类型组成。[2] 杨信礼认为，社会发展的驱动力是综合的、多层次的，而不是单一的、平面的；探究社会发展的动力机制，是破译社会发展之谜的发展哲学的重要任务之一。[3] 董德刚指出，从主客体统一之历史过程的角度看，社会发展大体表现为"问题→不满→表达→改进"四个环节前后相继的周期，然后由改进再到新的"问题→不满→表达→改进"，这是一个循环往复、螺旋式上升的过程，也是社会发展的一个动力机制。[4] 李辛生认为，在社会与人的全面发展中需要有社会与人的发

---

[1] 于真、严家明：《湖北"社会机制"研讨会观点综述》，《社会学研究》1991年第2期。
[2] 孙绵涛、康翠萍：《社会机制论》，《南阳师范学院学报》2007年第10期。
[3] 杨信礼：《社会发展动力机制的结构、功能与运行过程》，《中共中央党校学报》2002年第4期。
[4] 董德刚：《谈社会发展的一个动力机制》，《北京日报》2013年8月5日。

展的动力机制，这一动力机制表现为社会革命、体制改革和政策的调整和更新，这是调动和发展人民群众创造性、积极性的最重要最有效的动力机制。①邱耕田等认为，人是社会发展的动力机制发生和维持的根本所在，作为发展主体的人实际上是在"需要"的作用下为社会发展提供着强大的、源源不断的、势不可当的推动力量。②杨平指出，改革开放以来，中国特色社会主义事业发展的动力主要来自党的领导、人民群众的要求和愿望、持续改革等重要因素，有明显的"组合动力"特点。③

上述理论分析表明，人的需要的满足、社会技术的进步、改革的推进、社会组织功能的发挥是社会发展动力的集中展现。这给予的启示是，社会重构的机制应囊括需求机制、引导机制以及保障机制。需求机制主要是为满足人的基本生产和发展的需求，抑或是人的欲望的满足的需要；引导机制是指引社会发展的主导力量，如政治团体、领袖人物等；保障机制则是为满足人的需要和主导力量作用的发挥而应该采取的社会行动。三者形成合力推动社会的发展与变迁。所以，灾后重建视阈下社会重构的主要机制一般包括：需求机制——遭遇灾害后最重要的需求是救援人员、解决受灾人群的生产和生活问题以及未来的发展问题；引导机制——官方的主导力量、民间自发的引导力量以及外来的援助力量会给予受灾地域不同程度的物质、精神层面的支持；保障机制——组织方面的力量、政策制度等的实施、社会层面的关爱都可纳入其中。上述机制不仅在灾后重建中发挥作用，而且同样是其社会重构中的主要机制所在。

2. 四个主体力量

主体对应的是客体，在哲学上指的是对客体有认识和实践能力的人。社会学、管理学等人文社科领域研究的主体，往往包括组成社会的人以及由人作为基本单位构成的家庭、组织、群体等等。在社会重构进程中，主体参与是基础，包括一地的个人和群体、官方组织、民间组织、市场组织等。在当代中国社会的重构过程中，主体主要由个体或群

---

① 李辛生：《人的全面发展与社会发展的动力机制》，《学术研究》2001年第12期。
② 邱耕田、唐爱军：《社会发展的三种机制》，《新华日报》2017年4月6日。
③ 杨平：《新时代中国发展的"组合动力机制"》，《中国社会科学报》2018年3月21日。

众、党委政府、社会组织和市场力量构成。

个体或群众：包括"微观个体"和"聚居群体"，涵盖居民个体、家庭或某一、某些社会群体。马克思主义的基本观点认为，人民群众是历史的创造者，是推动社会发展的决定性力量。社会重构亦是社会发展的一种类型，因此，个人、个体、群众的主体是必不可少甚至是最主要的。人类社会发展的目标和动力来自对物质生活和精神生活等更高水平的满足，无论是结构的变迁、关系的变化乃至生产方式的改进与创新，实现每个人自身的全面发展始终是人类社会孜孜以求的目标。在马克思关于人的全面发展的理论中，个人发展的最高阶段为"自由人的联合体"，每个人都是社会中的完整的个人，都能得到平等、自由、诚信、正直与和谐的发展，这是全面的发展，更是每个人占有自己全面本质的发展。[1] 在一地的社会重构过程中，个体的阅历、经历、社会关系及能力、性格等将成为推动当地社会变迁的一大因素，而且，群体的意识、心理、习惯、生产方式甚至主导当地社会的重塑与再造。

党委政府：中国语境下的各级政府受执政党的党委领导，涵盖中央、省市、区县以及乡镇等各个层级。在社会主义制度的中国，中央政府具有绝对的权威和统筹全国资源的强大能力。地方政府对所管辖区具有促进经济发展、维护社会稳定、保障和改善民生以及保护生态环境等职责和一定的自主权。在这一主体中，中央和地方的关系问题将是促进社会发展与社会治理的关键所在，不仅影响着国家治理体系与治理能力的现代化，而且成为制约地方经济社会发展的核心因素。特别是中央政府与地方政府在事权、财权方面的博弈边界，成为社会发展的关键指标。

社会组织：社会组织是社会力量的主体。现代治理视阈下的"社会组织"更多地被称为"非政府组织"或"NGO"（Non-Governmental Organizations），是一种民间的、非官方性质的、非营利性质的具有某一方面专业能力的组织。随着改革开放以来中国社会的转型与变迁，在官方的组织与市场主体之外，社会的力量不断增长，尤其是诸如基金会、环境保护组织、志愿者组织、心理健康或辅导等第三方的组织大量涌现。

---

[1] 李婷：《马克思人的全面发展理论的当代解读》，《人民论坛》2017年第17期。

这是中国社会结构变化和社会发育成长的典型体现，而且社会组织的出现本身即为社会重构的重要方面。体现最为典型的区域为社区层面的社区矫正组织、社区养老组织、社区托育组织、社区文化组织以及社区扶幼组织等，这些组织在社区层面发挥着提供社区社会服务、承接政府公共服务的功能，对于满足居民群众的服务需求起着官方和市场组织不能比拟的作用。需要指出的是，中国语境下的社会组织不同于西方，有外来的和本地培育的两种，有着各自的优势和特长，是完善和促进中国社会发展的重要功能补充，在党委、政府的领导和引导下开展一系列活动，是"一主多元"社会治理格局的主体之一。

市场力量：市场化的力量不可或缺，或可称为"市场主体"，具体包括国有企业、民营企业、微型企业、个体户等。当前中国的经济社会已经由依靠集中体制对资源进行垄断支配和生产的传统工业时代，逐步过渡到以网络化、智能化、数据化为特征的信息技术时代，市场力量尤其是企业主体在新的经济发展格局中的功能和地位发生着明显的变化。微博、微信、抖音、支付宝、淘宝、京东等现代媒介、企业以及购物平台深刻影响着人们的生产、生活方式，进而改变了城乡交往、沟通的方式，是对社会关系、社会心理以及社会秩序最大的影响和触动。其背后的"市场主体"即是华为、腾讯、阿里巴巴等这样的现代科技巨无霸企业来实现的。所以，当代中国的社会变迁，不可能离开市场主体的力量来谈论社会的转型、发展或是重构，而且，这是起着关键性作用的一股力量。

灾后重建视阈下的社会重构，执政党及政府的能力，包括救援能力、灾害治理能力以及理念，中央政府与地方政府的关系格局都将对社会重构产生重大影响；个体尤其是地方权威性人物以及不同群体的立场、利益、态度、思想也是社会重构的关键；社会组织，包括本地已有的社会组织、外来的社会组织，如心理干预、健康辅助、家庭支持、社区发展以及矛盾化解等方面的专业组织是不可忽视的力量；市场力量主要指的是企业，影响着受灾地域产业的格局与变化，进而改变受灾地域民众的社会生产方式。

3. 三种实施方式

社会重构必须依赖一定的附着体或附着在一定的方式上。比如，从单位空间向社会空间的转换，不仅仅是个体心理调适的问题，同时还包括一系列社会安排的转换，形成了制度安排和资源动员的路径依赖。[①] 龚维斌认为，社区公共场所是社区居民交往交流、参与公共事务、实现公私空间转化的重要载体，也是破解城市住宅封闭性、扩大社区开放性的重要手段。[②] 柳建文认为，宏观治理的载体是各级行政区域，在中国有省、市、县、区等不同层级；超大型城市在扩张和发展的过程中出现社会资本流失现象，导致人际关系疏离、社会排斥、社会冲突等一系列城市病发生，其和谐发展需要重构社会资本。[③] 显然，在社会变迁中，发挥载体作用的有诸多方式，如生活空间、制度、政策、文化、精神、社区、家庭、项目、城镇化、技术等不胜枚举。不同场景下的社会重构，承接载体构成的附着系统也是不同的，这样的载体是社会重构实施的主要方式。如城市化进程中，城市化本身即是一种载体；同时，产业、农村社区、城市新型社区、智慧城市、文化传承等合力构成城市化背景下的社会重构载体系统。自然灾害的恢复重建，其社会重构同样如此，有着符合自身规律的载体或具体方式。

灾后重建视阈下的社会重构载体或方式依赖于灾后恢复重建的方式。灾后重建，虽然物质层面如生产生活是主要的，但在发生灾害后进行重建的一个必须前提就是要避免造成以后可能发生的次生灾害。对于受灾地域而言，这中间最重要的莫过于对居住房屋的恢复重建。一般来讲有三种形式：原址重建，即在原有受损房屋上进行重建；就近重建，即在原有房屋附近选择安全区域进行重建；易地搬迁，即原有居住地已被破坏或有安全隐患，所以选择其他安全地方进行重建。居住地的恢复重建对于社会重构的进程影响重大，因为，人的所有活动必须依靠一定的空间和地域，因而灾后重建视阈下的社会重构载体及方式由上述三个方面延伸开来。

4. 四大主要内容

社会的核心要义是关系，因而社会重构的主要内容之一即是社会关系。

[①] 蒋平：《空间重构与社会再造——老工业基地社会建设的现实与指向》，《长白学刊》2009 年第 2 期。

[②] 龚维斌：《城市化：空间变化与社会重构》，《湖南社会科学》2012 年第 4 期。

[③] 柳建文：《超大型城市的微观治理与社会资本重构》，《社会科学战线》2016 年第 7 期。

此外，社会心态、社会结构、社会文化等均属于社会重构的主要内容。

社会关系：人类在认识自然、改造自然和社会的过程中形成了复杂的社会关系，如生产关系、物质关系、经济关系、个人与个人间关系、群体与群体间关系、国家与国家间关系，等等。恩格斯在《社会主义从空想到科学的发展》中指出，由于创立了唯物史观和剩余价值理论，马克思得以使社会主义从空想上升为科学，而社会关系正是唯物史观和剩余价值理论的核心范畴。① 所以，从马克思主义的观点出发，社会关系包含了物质关系和思想关系两大类别。前者是人们在生产活动中形成的、不依人的意识和意志为转移的必然联系，后者是通过人们的意识形成的关系，是物质关系的反映。在一个地方或区域的社会重构或变迁中，社会关系一般涵盖了亲属关系、邻里关系、居民与组织的关系、组织与组织的关系。具体到中国的地方基层区域，社会关系包括血缘关系（家庭关系）、地缘关系、业缘关系以及社区关系、干群关系、中央与地方的关系等。家庭关系是中国社会最主要的社会关系；而在现代社会变迁中，基于地域和经济基础而形成的邻里、社区等关系则是必然关注的重点。

社会心态：社会科学对心态问题的关注侧重于整体描述，比如社会的情绪、意识、心态、态度、情感或是印象，等等。换言之，社会心态更多的是对群体意识、群体心态、群体情绪的探究。在剧烈的社会变动中，比如战争、灾难、重大疾病等对每个群体造成的恐惧会带来整个社会的恐惧心理，进而引发社会心态的恶化，比如人生追求、社会价值、思想文化等发生明显改变。所以，社会心态与社会变动、转型、改革甚至是社会现象紧密相关，是社会意识的表现方式之一，直接影响着社会风气的形成。传统中国受儒家文化影响，家国、集体、重人情和家庭等意味突出，随着现代社会格局的形成，中国的社会心态有了巨大转变。当前中国社会心态从价值观多元化、幸福观本位化、人际观世俗化、群体观无序化等逐渐向和谐、公德、自愿、志愿等方向发展，其主要原因在于中国社会转型期的经济、社会和政治结构出现了变化。② 好的社会

---

① 刘兴盛：《社会关系：马克思科学社会主义理论的核心概念》，《当代世界与社会主义》2018 年第 6 期。
② 谢天、俞国良：《社会转型：当代中国社会心理特征嬗变及其走向》，《河北学刊》2016 年第 3 期。

心态与社会政策的实施、社会关系的融洽以及社会结构等的平衡相辅相成,在社会重构中缺一不可。

社会结构:社会结构不仅是社会关系的反映,同时也是支撑社会发展的关键。因此,从更广泛的意义上来讲,社会结构可以指政治、经济、文化、社会等诸多领域的结构情况,但从社会学的视角来看,社会结构一般指的是社会阶层结构。具体而言,对社会结构的分析一般会从城乡结构、家庭结构、职业结构、年龄结构、就业结构、收入分配结构、社会阶层结构等方面进行展示,在案例分析方面尤其如此。中国的社会结构分析有多种理论架构。1926年,毛泽东在其著作《中国社会各阶级的分析》一文中,将中国分为地主阶级和买办阶级、民族资产阶级和小资产阶级、自耕农、手工业主、小知识阶层、半无产阶级、无产阶级以及农村无产阶级等不同阶层;新中国成立后经过社会主义改造,中国形成了"两个阶级、一个阶层"[①]的社会结构;改革开放以后,中国的阶层流动现象加剧,阶层出现了多元化,社会结构发生了深刻变化。[②] 陆学艺的"十大阶层理论"、李强的"倒丁字形社会结构理论"、孙立平的"社会断裂论"都是中国场景下提出的学术理论。当代中国,伴随着城乡、区域、产业结构的深刻变迁,中产阶层不断壮大、人口老龄化趋势越发明显。在乡村社会,收入逐步分化、村庄逐渐空心化给基层治理带来极大挑战,给予社会的重构与发展提供了典型的实践素材。

社会文化:文化是人类在社会实践过程中创造的物质财富和精神财富的总和。文化是一个丰富而又庞大的概念体系,表现形式众多,有文字、流行语、建筑、习俗、风俗、制度、政策、社会规范、穿着、生活习惯、影视,等等。与社会组合在一起,文化就具有了社会的属性,即社会文化是具有地域性、生产性、生活气息以及民族特色的社会群体创造的一系列文化活动的总称,它对于一地社会的发展有着广泛而深远的影响。以社会的习俗和风俗习惯为例:在中国广袤的多民族地区,不同的民族不仅在婚丧嫁娶方面差异很大,而且少数民族节假日与汉族也不

---

① 即工人阶级、农民阶级和知识分子阶层。
② 龚维斌:《中国社会结构变迁及其风险》,《国家行政学院学报》2010年第5期。

同；生活方式同样如此。这与一个基层社会的物理格局、空间格局以及经济发展的水平息息相关。因此，社会文化是社会重构中不可或缺的重要组成部分。

在灾后重建视阈下，社会生产一般伴随着产业布局的调整、居民职业和收入结构的变化；社会政策更多指的是灾后恢复重建的政策，一般由官方机构主导和制定；社会关系有家庭关系、邻里亲朋关系、干部群众关系等；社会心态包括情绪上、心理上、思想上等在灾前灾后以及个体在社会重构进程不同阶段的不同变化；社会文化包括社会生活、居民恢复生产生活后的习惯变化、风俗变化、习俗等方面。

以上四个方面并不是各自独立的存在，而是有着渐次依赖关系。在社会机制的推动、保障和催化作用下，社会主体力量通过相关方式展开多方面内容重构，促进受灾地域社会状态的良性运行，实现社会重构目标，最终将受灾害影响的社会体系重新凝聚起来并使其持续发展，这是灾后重建视阈下社会变迁的有效路径选择。

第三节 典型案例选择

当代中国影响最大的特别重大自然灾害应属2008年发生的"汶川大地震"，无论在经济损失、伤亡人数、波及范围以及对国家治理的考验方面均是新中国成立以来少有的。对于受灾地域而言，这场灾害无疑是一场历史性的灾难，对整个区域乃至国家治理的进程影响都是前所未有的。除此之外，2013年同样发生在四川境内雅安市的"芦山强烈地震"虽然破坏力不及"汶川大地震"，但两者不仅在自然发生原因方面具有联系，而且在救灾、重建、重构等领域具有延续性，并且很大程度上左右了中国在防灾减灾、应对风险方面的体制、机制和制度。因此，本书选择以上述两个特别重大自然灾害为分析框架场域进行案例分析，并开展"全景式图像"的社会重构内容分析。

一 案例背景

（一）省域情况

四川古称为"天府之国"，沃野千里，是中国的资源大省、经济大省和人口大省。在产业发展方面，装备制造业、家电产业、科技软件产业等一直是其优势产业。以"汶川大地震"发生以前为例，2000—2007年，四川地区生产总值年均增长14%，高于全国4个百分点，2007年GDP为10505万亿元，在全国排名第10位；人均GDP该年度达到12893元，全国排名25位。成都、德阳、绵阳、泸州、攀枝花为经济、资源集聚区域，其中成都GDP占到全省的30%以上，也是全省人口密度最高的地区之一。四川可以说是中国经济社会发展的一个缩影，经济总量高居全国前列，但省内差异较大，城市和农村、省会城市与边远地区发展的不平衡、不均衡特征较为明显，比如阿坝、甘孜、凉山三地不仅是经济资源较为贫乏的地区，而且也是人口密度小、幅员辽阔、少数民族集聚和自然灾害频发的地区。

（二）地理情况

四川是中国地震多发、频发的代表性省份。地形复杂多样，全省横跨青藏高原、云贵高原、横断山脉、秦巴山地、四川盆地等地貌，海势西高东低，地形四周高、中间低，多样的地貌造就丰富的自然风光、蕴藏多样的自然资源，但地壳的活动使该区域始终遭遇着地震、泥石流、滑坡等自然灾害的侵蚀。历史上的四川，是中国地震频发的地区之一，主要原因在于四川的青藏高原和成都平原地形，受印度板块向亚欧板块俯冲挤压，导致青藏高原的物质向周边扩散，造成青藏高原的东侧和成都平原接触的地方大陆向东南方向运动，致使这一带成为中国的地震带。

据史料记载，四川历史上发生里氏7.0级或以上的地震有十余次，在唐朝、宋朝、明朝、清朝、民国以及新中国成立后均发生过（见表3-1），每一次特别重大地震都造成了难以挽回的灾难。近年来，四川的Y字形断裂带较为活跃。[①] 最近十余年间相继发生了2008年5月12日14时28分汶川8.0级大地震、2013年4月20日8时02分芦山7.0级地震、2014年11月22日16时55分和2014年11月

[①] 四川省地震带大多分布在东经104°以西地区，主要集中在鲜水河地震带、安宁河—则木河地震带、金沙江地震带、松潘—较场地震带、龙门山地震带、理塘地震带、木里—盐源地震区、名山—马边—昭通地震带等。

25日23时19分康定6.3级和5.8级地震、2015年1月14日13时21分乐山5.0级地震、2017年8月8日九寨沟县7.0级地震。受地理、经济、政策等因素影响，四川省的人口主要分布在成都、德阳、内江、绵阳、遂宁、广安等地市级区域。所以，以Y字形地震断裂带为界，人口主要集中在中部和东部区域，因而，震级较低的损失明显小于震级较大的损失。地理状况、自然灾害对于人类集聚的空间结构有着明显的影响。

表3-1　　四川历史上发生的里氏7.0级以上地震

时间（公元）	时期	震源地	震级	受灾
814年	唐朝	西昌	7.2	不详
1216年	南宋	马湖	7.0	山崩80里
1725年	明朝	康定	7.4	千余人死亡
1786年	清（乾隆）	泸定	7.3	不详
1816年	清（嘉庆）	炉霍	7.5	不详
1850年	清（道光）	西昌、普格	8.0	死亡2万余人，失踪万余人
1870年	清（同治）	巴塘	7.2	不详
1893年	清（光绪）	道孚、乾宁	7.1	不详
1904年	清（光绪）	道孚	7.0	不详
1933年	民国	茂县	7.5	2万多人死亡，失踪几千人
1976年	新中国	茂县、平武	7.2	死亡41人，伤750余人，受灾23.7万人

注：根据公开资料整理。

二　选择理由

在典型调研地选择上，一是选择了"汶川大地震"震中汶川县、两个典型村老人村和震源新村，以及阳光社区；二是选择了"芦山强烈地震"震中芦山县及两个典型村青龙场村和隆兴村。之所以选择这样的地域，有以下理由：

第一，两次地震及其灾后重建实践对当下中国防灾减灾救灾治理体制的形成具有重要影响。从宏观上看，2008年的"汶川大地震"是对中国执政党和中国政府应对突发事件的一个重大考验，也可以说是对改革开放以后中国综合国力发展的一个检验。2008年以后，中国的地震带进入了活跃期，相应区域不同程度地受到地震带来的灾害，这是对中国进入21世纪后灾害治理体制和治理能力的考验。这一地震所造成的事件必定在中国历史、世界历史上留下深刻记忆。这一新的历史时期发生的灾后重建实践具有广泛的理论和实践研究价值。

第二，"汶川大地震"造成的损失包括人员死亡、失踪以及经济社会损失，是新中国成立以来最为严重的，但灾后恢复重建工作取得了举世公认的巨大成功，是"跨越式重构"的典型体现。汶川水墨镇在地震中遭到重大损失，地震后重新建设，成为融合了羌、藏、回、汉多民族风格的旅游小镇，并且获得联合国"全球灾后重建最佳范例"称号。水墨镇正是调查区域中老人村的所在地。水墨镇老人村灾前、灾后的社会变迁历程似乎在表明，如果有强有力的灾后恢复重建效果，人类可以将灾害转化为社会发展的新机遇和新动力。震源新村同样具有特色，该村是原有两个分散的村聚居到一起的，之所以叫"震源新村"是因为这个新组合的村子旁边就是汶川地震震中心点"牛眠沟"，距离不足百米。在灾后10年这个时间点选择两个代表性村落进行社会变迁研究，既可展现灾害对社会发展的方方面面的影响，也可从中窥探不同情境下社会变迁的基本规律和特点。

第三，由于灾情差异、指导理念不同、灾害治理能力提升等多方面原因，芦山的灾后恢复重建采取了和汶川不同的方式，是"渐进式重构"的代表。汶川大地震发生5年后，不足100公里之外的芦山发生里氏7.0级以上地震。选择调研的两个村也同样具有典型性，一个是震源发生地青龙场村，另一个是距其不远的隆兴村。芦山灾后重建更多地采取了以地方为主和民众自建的方式，地方政府和受灾民众参与灾后恢复重建的深度、广度和力度都很大，这对其社会层面的影响更为深刻。芦山地震灾后重建模式甚至成为中国之后诸多灾害恢复重建的参照样本，并直接影响了中国防灾减灾救灾的指导思想和管理体制。此外，灾后重建方式不同、时序不同、社会状况不同造成的同类特别重大自然灾害后的社会情境不同，这样更有助于开展比较研究，进而探究灾后重建视阈下社会重构的内在机理和逻辑规律。

第四，乡村的社会重构较之城市社区，变迁幅度更为明显。城市社区原本就是陌生人组成的社会关系相对淡化的居住型社区。即便是发生特别重大自然灾害造成重大损失，其灾后重建的内容主要是社区基础设施和房屋，以及社区组织的重构，对于人际关系等影响相对较轻。中国的乡村社会则不同，"乡土性""伦理性""关系性""亲缘性"等特征明显。特别重大自然灾害对乡村社会的重构基于上述特征而夹杂着其中的利益关系，过程必然是复杂的，变化幅度也会是明显的。所以村社层面的样本选择以乡村社区为主，城市社区为辅。

此外，选择上述调研区域的其他因素还有笔者读书的学校长期关注和研究自然灾害及其灾后恢复重建工作，笔者所在的重庆地区与四川地域相近、经济相依、地域文化相连、交流联系紧密，在调研安排上具有一定优势。

第四节　本章小结

灾后重建视阈下社会重构研究的理论分析框架，是进行经验、实证以及案例分析的基本前提和依据。本章从既有研究理论、主要观点和中国的社会现实出发，在提出理论假设的同时，构建了一个系统性的理论分析框架，并从主要机制、主体力量、实施方式、主要内容等方面进行了阐释。这一理论分析框架要揭示的是，社会重构不是最终目的，更多的是一种促进社会发展的机制、手段或者方式，终极目标是要实现社会向良性运行的状态、稳定和谐的秩序、高效治理的水平提升。但要达成这一综合性、长远性的目的，需要社会系统各方面发挥复合型作用，不仅需要社会机制的推动、催化、衔接，更需要主体力量形成合力，以符合灾后重建与社会重构规律的方式选择和实施适宜的社会生产方式以及社会政策，改善社会关系、优化社会结构、消解社会不良心态、丰富社会文化。

此外，本章简要说明了选择案例的背景及理由。新中国成立以来，发生在中国的代表性的特别重大自然灾害有"唐山大地震""汶川大地震""芦山强烈地震",因"唐山大地震"距今时间较远,而后两者距今时间很近,尤其是其灾后恢复重建的治理探索与实践对于国家治理和社会治理有着重要影响,因此确定"汶川大地震"和"芦山强烈地震"灾后重建的典型地域作为分析框架的场域案例。

第四章　跨越式重构：举国援建模式下的汶川案例

中国虽然地处环太平洋、喜马拉雅横断山脉两大地震活跃带，但新中国成立以来，特别是自1976年唐山大地震以后的30余年中，虽然小的地震没间断，但大的地震自然灾害没有发生过。2008年"汶川大地震"给处于历史发展新时期的中国在应对自然灾害和风险方面敲响了警钟。这一次堪称新中国成立以来破坏性最大的特别重大自然灾害，不仅标志着地震带的重新活跃，更为重要的是深刻地影响着中国灾害治理进程和受灾地域经济社会的全面发展。"汶川大地震"的灾后重建是典型的举国体制模式。[①] 中国与其他国家在治理领域最重要的区别之一即是"举国体制"特色，这一特色具有"集中力量办大事"的制度优势。从中国集中党政军力量的救援、集中国家各个方面的优势以及充分发挥"全国一盘棋"的作用和调动社会力量援助来看，在中国历史上都是史无前例的。迄今为止，距离汶川地震已经过去了10多年，中国官方已于2009年开始确定每年5月12日为全国"防灾减灾日"，使得中国人能够世世代代不仅要记得这场灾难，而且更要重视和关注防灾减灾的问题。这是在国家层面，特别重大自然灾害对社会发展带来的深远影响。本章以前述构建的理论分析框架为基本逻辑，首先，分析"汶川大地震"发生的背景和举国援建模式下的灾后重建政策；其次，探究"汶川大地震"灾后重建中社会重构的主要机制；再次，以汶川县及其老

[①] "模式"是一种操作标准、执行规程以及管理方式等形成的体系结构，是可以被用来借鉴和采用的方法论。"汶川大地震"和"芦山强烈地震"后的重建实践，不仅有理念指导，而且有为了完成理念目标的政策、制度、机制、资金等各方面的体系保障，可以以"模式"提法来概括。

人村和震源新村为调查样本，探究其灾后重建视阈下 10 年社会重构的"全景式图景"；最后，总结受灾地域社会系统在举国援建模式下的重构逻辑。

第一节 "汶川大地震"发生的背景

"汶川大地震"是一次波及范围最广、救灾难度和灾后重建难度最大的破坏性地震。受灾面积上，四川、陕西、甘肃等 10 余个省市约 50 万平方公里的范围受灾，波及人口 1986.7 万人。人员伤亡上，由于震中汶川距离人口密度高的地区较近，造成近 7 万人遇难、1.7 万余人失踪、30 多万人受伤。经济损失上，造成直接经济损失 8400 多亿元；其中，绵竹、北川等工业全被摧毁。另外，城乡公共服务设施和基础设施更是大面积损毁，受灾地域生态环境和人文遗产被严重破坏、潜在地质灾害风险加大、次生灾害如滑坡和泥石流等增多。

"汶川大地震"发生的 2008 年，在宏观发展形势上，中国于蓬勃发展中经受着来自内外的双重考验。自 1978 年改革开放以后，中国经济高速发展，年均增长率达到 9.5%，高于世界平均增速 6.6 个百分点，国内生产总值从 1979 年的 1782.81 亿美元增长到 2007 年的 3.55 万亿美元、2017 年的 12.24 万亿美元，并在 2010 年一举超越日本成为世界第二大经济体。2008 年前后，从外部看，由于美国的"次贷危机"引发了全球性的金融危机，世界经济大幅下滑、国际市场需求严重萎缩。从内部看，由于长期对外贸的依赖，中国经济发展遭遇考验，尤其是沿海省份，下行压力加大，企业倒闭潮和失业潮大量出现。虽然经济增长受世界形势影响，但人民生活逐步改善、综合国力不断提升的趋势依然持续。中国社会面貌发生重大变化，城乡结构、就业结构、社会结构、需求结构、人口结构呈现新的特点。例如，城乡二元结构的矛盾越来越凸显，社会事业发展滞后的问题越来越突出，人们对住房、教育、医疗、社会保障的需求日益提升，尤其是 2003 年非典型肺炎带来的危机、教育产业化和住房带来的问题逐渐增多。2008 年中国首次举办"奥运会"。各方因素复杂交织，决定灾后重建工作需要及时、有效、高效推进。

第二节 "汶川大地震"后的重建政策

一 制定主体

举国援建模式下,中央政府及其主要部门是灾后重建政策的制定主体。震后不到1个月,国务院公布施行了《汶川地震灾后恢复重建条例》,这是中国首个专门针对一个地方实施灾后恢复重建的一次特例立法。[①] 这一条例对灾后重建的原则、评估、规划、资金筹集、政策扶持、监督管理等方面做了具体规定,为重建工作的开展提供了法律依据。2008年6月11日,国务院办公厅印发《汶川地震灾后恢复重建对口支援方案》,对对口支援的原则、安排、内容、方式、任务等做了部署;6月29日国务院下发《关于支持汶川地震灾后恢复重建政策措施的意见》,7月4日又出台《国务院关于做好汶川地震灾后恢复重建工作的指导意见》,提出了"用三年左右时间完成灾后恢复重建主要任务"的目标;9月19日《汶川地震灾后恢复重建总体规划》公布实施,提出要"使灾区人民在恢复重建中赢得新的发展机遇,与全国人民一道全面建设小康社会"。此外,财政部、海关总署等部委、四川省政府相继出台了灾后恢复重建的专项配套规划。可以看出,从条例、方案、意见、规划等方面形成了"1+3+N"的灾后重建政策体系。

二 主要内容

一是明确"举国援建"的灾后重建指导理念,包括"以人为本""科学重建、民生优先""一方有难、八方支援"等。2008年6月5日,中共中央政治局常委会研究部署了灾后恢复重建的对口支援工作,指出必须充分发挥社会主义制度能够集中力量办大事的政治优势,举全国之力支援灾后恢复重建,坚持"自力更生、艰苦奋斗,一方有难、八方支援"的基本原则。二是中央财政直接支持灾后重新建设。投入3026亿元建立地震灾后恢复重建基金,支持受灾地域恢复重建。三是把修复重建城乡居民损毁住房摆在突出和优先的位置。住房建设采取"统规

---

① 廖钧权:《一次特例立法的示范意义》,《人民之声》2009年第6期。

统建为主、统规自建为辅"方式。四是支持社会力量参与灾后恢复重建。如"社工百人计划"志愿者在北川雷鼓镇、安县桑枣镇等地开展社工服务，"新家园计划"在龙门山镇开展的参与式发展策略[1]等，2008年也被称为"中国公益社会组织建立的元年"。[2] 在此过程中贯彻了"以人为本""着眼发展""资金严审"等政策。

三　实施过程

灾后重建任务"三年完成"的时间目标对政策执行的效率、资源调动能力、执行主体协调能力提出很高要求。虽然《汶川地震灾后恢复重建条例》确立了"自力更生"方针，但恢复重建所需物资地方政府基本负担不了，因为四川省当时的重建资金需求是其当年度地区生产总值的1.7倍。地震造成地方政府机构几近瘫痪，如北川、汶川、什邡、绵竹等地基层"遭到毁灭性打击，行政机构和事业单位等基层组织体系受到严重破坏，人员、财产、房屋损失惨重，教育、卫生等公共服务设施建设以及道路、交通等公共基础设施损毁严重，导致灾区原有的政策执行体系遭到严重破坏"[3]。因此，汶川地震灾后重建的政策实施主体包括：中央政府——国务院成立了以国家发展和改革委员会为组长，四川省人民政府、住房和城乡建设部为副组长的"国务院抗震救灾总指挥部灾后重建规划组"，成员包括陕西、甘肃省政府和相关国家部委及直属单位；而且，国务院明确要求受灾省份对本辖区内的灾后恢复重建工作负主体责任，四川、甘肃、陕西等均成立了由省一级政府及其机构组成的灾后重建机构。

"汶川大地震"灾后恢复重建原本确定的"三年左右时间完成恢复重建主要任务"目标，实际仅用了两年即基本完成，这是举国援建体制下发挥"国家动员与统一领导"作用创造出的"历史性奇迹"。2011年1月18日，时任四川省长蒋巨峰在该省《政府工作报告》中宣告，

---

[1] 朱健刚、羡晓曼：《参与与权威：灾后社区重建中的两种发展道路——对5·12地震灾后重建中龙门山镇的民族志研究》，《华人应用人类学学刊》2013年第1期。
[2] 汤敏：《灾后重建是社会组织的重活》，《环球时报》2013年5月4日。
[3] 钟开斌：《汶川地震灾后恢复重建政策执行：主要困境和对策建议》，《中国软科学》2008年第12期。

"汶川地震灾后恢复重建已基本完成,中央'三年目标任务两年基本完成'的要求如期实现"。时任国务院总理温家宝在 2011 年 5 月 9 日汶川地震灾后恢复重建座谈会上指出,"三年来,恢复重建工作进展顺利,灾区面貌发生了翻天覆地的变化,是脱胎换骨的巨变"[1]。其中,城乡住房条件得到显著改善,一些地方的居住环境甚至超过震前水平,如整体搬迁的北川新县城成为"灾后恢复重建的标志性工程";公共服务水平大幅度提升,尤其是学校、医院等设施的抗震设防标准由 7 度提高到 8 度;产业获得恢复,借助恢复重建,一些受灾地区还发展了特色旅游业,如映秀镇抗震旅游遗址区、北川震后遗址纪念区等。

四 主要特点

一是"集中力量办大事"的制度优势得到极大发挥。中国与其他国家在治理领域最重要的区别之一即是"举国体制"特色,这一特色具有"集中力量办大事"的制度特点,充分发挥了社会主义的体制优势以及中央政府统一领导的作用。在中国执政党的领导下,中央政府利用统筹调度全国资源等方面的政治能力,使受灾地域物质层面的重建效率大大提高,为稳定当地社会秩序、居民安居乐业提供了重要的物质保障和前提。

二是灾后重建的效率高、成效显著。令世界震惊的"汶川大地震"造成的破坏中国在三年之内即完成了物质层面的灾后重建任务,这不仅显示了中国综合国力的提高,也极大地提升了受灾地域民众的生产生活信心和全国人民对执政党、政府的满意度。汶川大地震灾后恢复重建的"举国体制"探索出了特重大自然灾害灾后恢复重建的"中国模式"。[2]这一典型中国特色的恢复重建方式对后续"玉树地震""甘肃舟曲泥石流"的灾后恢复重建产生了显著影响。

三是形成以"党委政府"为核心主导的灾后重建治理格局。在党委、政府的统一领导和指挥下,受灾群众、涉及大型基础设施的国

---

[1] 《温家宝在汶川地震灾后恢复重建座谈会上的讲话》,中国政府网,http://www.gov.cn/ldhd/2011-05/10/content_ 1860613.htm(最后访问时间:2019 年 2 月 26 日)。

[2] 张常珊、夏丹:《四川汶川大地震灾后恢复重建的"中国模式"探讨》,《前线》2010年第 10 期。

有企业直接参与到了灾后重建中。在"一方有难、八方支援"的号召下，不仅对口援建工作及时推进，而且全国人民包括个人、企业、社会组织也积极参与进来，通过捐款、捐物、发挥专业优势等多种方式展开。

四是灾后重建在多种方式下进行。包括原址重建，如成都周边的德阳、绵阳等地；就近重建，如较多村庄就近安置到较为安全的区域；"易地搬迁"，如北川县城等地。多种灾后重建方式不仅是政策要求的结果，而且改变了当地群众原有的生活空间和居住格局，形成了受灾地域的社会空间重构。

第三节 举国援建模式下的社会重构机制

如前文所述，社会重构贯穿于灾后重建的整个过程并延续下来。所以，灾后重建视阈下的社会重构机制与灾后恢复重建过程中的机制在逻辑脉络上基本一致。"举国援建模式"下社会重构的主要机制有以下三个方面。

一 及时回应受灾群众需求的反应机制

在抗震救灾阶段救人，在灾后重建阶段尽快恢复生产生活和社会秩序，是受灾群众最现实的需求，也是考研执政党执政能力、检验政府灾后治理能力的重要体现。中国执政党——中国共产党以"为人民服务"为宗旨，视"国家复兴、民族兴亡"为己任，延续了"民本思想"，形塑了"以人为本"的执政理念。"汶川大地震"发生后，时任中共中央总书记、中央军委主席胡锦涛赶赴灾区指导抗震救灾、看望慰问干部群众。时任国务院总理温家宝指示"只要有一线生机，就要用百倍努力"，其他常委也不同时间赶赴灾区慰问灾区百姓。震后24天内中央政治局常委会4次开会研究部署抗震救灾及灾后恢复重建工作。在受灾地政府无法履职的情况下，中央政府承担起了救灾、恢复重建以保证受灾地人民生产、生活、发展的职责和任务。在举国体制的作用下，调动起了全国力量来支援灾区的恢复重建。及时、超预期地回应了受灾群众恢复生产生活的现实需求。

二 中央支持下的对口援建与合作机制

"汶川大地震"造成的破坏,如果没有强有力的中央政府支持,仅靠受灾地自身的力量,是很难恢复重建起来的。在灾后重建过程中,国务院进行集中统一领导,在全国统筹配置资源。据统计,"汶川大地震"后中央政府累计下达1500多亿元的灾后恢复重建资金,2008年实施的4万亿元扩大内需投资中接近25%投向了受灾地域;确定的一省对口支援一个受灾地级市的援建机制,3年投入825亿元(见表4-1)。在对口援建过程中,援建省份发挥资金、技术、管理等方面的优势与受灾地域的人力、资源结合,不仅采取"交钥匙"和"交支票"①、"统规统建"等主要方式直接参与受灾地域的道路交通、公共服务设施、居民房屋等建设,而且与受灾地域在灾害管理、产业发展、社会治理等领域开展了长期合作。灾后重建期间,援建省份先后派出3万多人次到受灾地域开展服务工作,有力地推进了灾后恢复重建工作顺利开展。

表4-1　汶川灾后重建全国对口支援对应地及援建资金

序号	援建省(市)	被援建地	援建资金(亿元)
1	山东省	四川省北川县	120
2	广东省	四川省汶川县	112
3	浙江省	四川省青川县	85
4	江苏省	四川省绵竹市	110
5	北京市	四川省什邡市	70
6	上海市	四川省都江堰市	82.5
7	河北省	四川省平武县	28
8	辽宁省	四川省安县	40.27

---

① "交钥匙"即援建方在对口援建过程中,全额拨付建设资金,负责全部建设项目的设计、建设和监理,全部竣工、验收合格后交给受援方。"交支票"即援建方出资金、监督整个工程,受援方主要负责设计施工和监理等工作,有更多的自主权,可以结合自身实际开展工作。

续表

序号	援建省（市）	被援建地	援建资金（亿元）
9	河南省	四川省江油市	30
10	福建省	四川省彭州市	33.39
11	山西省	四川省茂县	21.5
12	湖南省	四川省理县	20.1
13	吉林省	四川省黑水县	8.2
14	安徽省	四川省松潘县	21.3
15	江西省	四川省小金县	13
16	湖北省	四川省汉源县	21.15
17	重庆市	四川省崇州市	17
18	黑龙江省	四川省剑阁县	15.5
19	广东省深圳市	甘肃省重灾区	25
20	天津市	陕西省重灾区	20.37

注：根据相关资料整理而成。

三 多方面举措保障下的组织管理机制

为保障灾后重建工作的高效推进，从中央到地方，采取了多方面的举措。一是通过对基层政府授权的方式，调动和激发其结合本地实际参与灾后重建的积极性和主动性；并且，调动受灾群众力量，参与灾后重建，让利益相关群体全程介入。二是把灾后重建视为"扩大内需"的重要举措之一。中央政府相关部门、国有企业通过项目投资、税收优惠等方式，开展灾后重建项目建设，促进受灾地经济的恢复和发展。三是国务院及受灾省份出台一系列相关措施，稳定灾后重建项目所需材料、原料的价格，保障建材的供应。

第四节 调查的典型地域

一 基本情况

（一）汶川县

汶川县地处四川省的西北部和阿坝藏族羌族自治州东南部，面积有

4084平方公里。距离四川省会成都132公里,距离阿坝州府马尔康202公里。区位优势比较明显,是到九寨沟、卧龙自然保护区、黄龙等世界级景区和大草原必经之路。传说汶川是中华始祖大禹出生的地方,进入汶川县城,首先可以看到大禹的雕塑站立在县城旁边,古老而又现代、庄严而又肃穆。汶川是全国四大羌族聚居县之一,县域内处处可见羌族服饰和建筑标志。汶川县历史久远,在西汉公元前67年即两千多年前就已经设立为汶山郡,蜀汉名将姜维即为羌族,曾在汶川一带屯兵驻防,现存有古城墙被称为"姜维城"。汶川人称其有烟雨三江、丹青水磨、天地映秀、熊猫家园、大禹故里、古韵羌山"汶川六景",甜樱桃、脆李子、香杏子"三宝",以及治水文化、羌藏文化、熊猫文化、大爱文化四大文化。数据显示,2016年末,全县户籍人口97615人,其中,男性50625人、女性46990人、藏族19741人、羌族37210人、汉族39183人、回族1124人、其他民族357人。[①] 羌族人数占到总人口的40%,仅次于汉族,是中国多民族融合的县域之一。汶川县在2008年大地震中共罹难15941人,受伤34584人,县城成为"站立的废墟"。震中的映秀镇被夷为平地,罹难6650多人。全县直接经济损失643亿元,为2007年地区生产总值30.36亿元的21倍,2008年地区生产总值同比断崖式下降55.2%。灾后恢复重建,百废待兴。

(二) 老人村

汶川县水墨镇老人村历史悠久,是远近闻名的长寿之村,老人村因此而得名。现今的老人村位于水墨镇镇中心,岷江河支流寿溪河畔,距汶川县城82公里,距都江堰市34公里,距"5·12"震中15公里。老人村行政区域面积3.19平方公里,现有耕地面积60亩,山林面积3000亩,其中退耕还林面积400亩。辖区内有水墨中学、八一小学、汶川县第二幼儿园、西羌汇、羌城和禅寿老街。老人村共4个生产小组,共计农户280户,在户总人口910人,年满18周岁的劳动力608人,五保户4户,低保户5户8人,残疾人19人,专业退伍军人7人,村民兵78人,60岁至100岁老人91人,占比10%。2015年,老人村

---

① 《汶川概况》,http://www.wenchuan.gov.cn/NewsDefault.aspx? TabId = www_1 (最后访问时间:2019年2月9日)。

被评为"全国文明村镇",2016 年老人村被评为汶川县文明四风建设"四好"村。

(三) 震源新村

汶川县漩口镇震源新村是该县仅有的一个异地重建村,由原蔡家杠村和响黄沟村避灾安置组成,是当地政府出资 270 余万元购置映秀镇土地而组建的。震源新村现址地处半高山,在岷江河右岸,与映秀镇的张家坪村交界,距两个村原址位置约有 10 公里,距汶川县城 60 公里,距都江堰市 35 公里。震源新村因安置点处于"5·12"特大地震震源点——牛圈沟莲花心而得名。震源新村总面积 542.1 亩,60 岁以上老人 83 人,城乡医疗基本保险 438 人,新农保 160 人。种植业以魔芋为主,养殖业以养猪为主,年出栏 5200 头。4 个专业合作社,4 个村民小组;农户 140 户,人口 445 人。2017 年度人均收入 16848 元。除此之外,由于毗邻阿坝铝厂和汶川县漩口镇工业园区,村子里 80% 左右的劳动力在农闲时会到铝厂和园区打工赚取收入。"汶川大地震"曾造成两个村 1182 间住房全部毁坏,有 19 位村民遇难(其中 16 位在校学生),交通、通信、水电等基础设施全被破坏。灾后恢复重建按照"就地、就近、分散安置"原则,以"安全、经济、实用、省地、特色"为标准,除了国家补贴和贷款外,还有来源于特殊党费渠道的资金给予每户补助 3000 元、广东中山援建"侨心居"每户房屋每平方米 300 元补助、某基金补助每户的 1 万元。2010 年春节,由蔡家杠村和响黄沟村合成的震源新村 131 户村民全部搬入新居。"震源新村"以川西民居风格为主,红白相间、依山就势、错落有致,村内"感恩巷"的牌坊上写着醒目的"感恩天下"几个大字。连接到村子的有 4.5 米宽、3.1 公里长的通村公路,水、电、通信覆盖全村。

需要说明的是,由于汶川当地城乡关系变化显著,基于调查的全面性考虑,在调研期间随机选择了阳光社区作为补充调查样本。阳光社区地处汶川县城岷江河畔西南,是在原来阿坝师范专科学校(现为阿坝师范学院)旧址上修建的,是汶川县城灾后重建居民安置新型社区。2009 年下半年开始安置居民,2010 年基本安置完毕。辖区占地面积 23.38 万平方米,现有居民 1930 户,6000 余人,社区居委会下设 4 个居民小组。居民结构主要是机关、学校、企事业单位工作人员、城镇居民和失地农民。民族成分有藏、羌、回、汉等组成，其中少数民族占50%左右。辖区内有汶川县人民医院、县文广新局、县林业局、县住建局、县旅游局等20多个机关单位。社区配套有超市、幼儿园、居家养老日间照料中心、群众文化广场、新建篮球场等公共设施。辖区内有大禹雕像广场、广州援建记忆林园、钟楼地震遗址广场、爱心园林等占地面积6.25万平方米，是汶川县灾后重建居民安置小区建设、县城公园绿地建设、大禹文化、感恩文化、地震遗址纪念参观等结合一体的综合示范社区。

二 产业发展

产业是区域发展经济的根本，是当地居民维持生计和促进社会生产发展的基础，也是社会重建和重构的物质基础。

（一）借灾后重建之"势"走康养旅游之路

汶川县灾前灾后在产业发展方面的变化可以用"翻天覆地"来形容。地震以前，汶川由于电力资源丰富，工业发展以高耗能、高污染的电解铝产业为主，工业总量占到阿坝州[①]的70%—75%。另外，由于汶川县是到九寨沟、青海等地旅游风景区的必经之地，因此县城的第三产业、服务业比较发达，人流量大。然而，灾后重建以后，在产业的选择上，汶川走向了一条以康养业、旅游业和第一产业为主的发展路径。其中，最为典型的场域代表即是映秀镇打造抗震旅游景区和爱国主义教育基地、老人村发展休闲旅游。主要原因如下：

第一，规避地震等自然灾害再次造成损失，因此，工业发展让位于生态和地质灾害保护。在20世纪八九十年代，为了促进经济发展，整个中国开启了资源掠夺型的产业发展模式，高耗能、高污染、高成本的产业发展模式虽然在一段时期推动了中国经济和地方经济的发展，但是也产生了很大的沉没成本。所以进入21世纪以后，在中国政府理念的改变之下，推动人与自然和谐共生的科学发展成为主流，但在实践领域尤其是地方、基层区域，产业的转型升级往往在地方GDP导向的考核模式下艰难起步。汶川借灾后重建这一契机实现了产业结构的大调整和

---

① 阿坝藏族羌族自治州，简称阿坝州，是四川省的一个民族自治州，首府马尔康。

产业发展的"腾笼换鸟",称得上利用"时机"、乘势而上的一次科学合理的重建之路。生态发展,正好是当前中国倡导的理念之一。尤其是汶川处于长江经济带的上游区域,保护长江水域和水质成为重要任务之一,选择生态保护的发展之路顺理成章。所以,汶川重建后的产业发展,将高污染、高耗能、高成本的企业大部分搬迁(目前域内企业剩下阿坝矿有限公司和阿坝铝厂),致力于构建绿色环保的产业体系。实际上,地震的灾后重建给汶川经济提供了一次彻底转型的契机,即建构真正符合区位特点的产业发展模式。

第二,羌族、藏族的民族特色资源集聚为第一、第三产业的发展奠定了基础。汶川海拔较高、气候适宜,尤其是多年经营的甜樱桃产业,每年产值10亿元左右,对于农民而言,是很好的增收致富产业。另外,旅游资源相对丰富,有龙溪阿尔沟、漩口赵公山、水墨寨子坪、雁门借山居等旅游资源。更为重要的是,在"汶川大地震"以前,相信对于全国、全世界来说很少有人知道汶川这个地方,但"地震"使汶川"声名远播",这也是汶川发展旅游的一个优势。由于汶川在人才等资源方面相对匮乏,因此,发展科学、环保、绿色的现代产业不具备优势。再加上自然灾害因素的影响,招商引资成为最大难题。从这一方面看,灾后重建的汶川再走以前的工业发展道路也不具有现实基础。

第三,"民生优先"的灾后恢复重建理念和原则在"三年任务两年基本完成"的目标要求下使得产业的重建在一定程度上被忽视和弱化。调研资料显示:整个"汶川大地震"受灾地区的灾后恢复重建诸多区域中,在恢复重建阶段仅有三个地区有涉及产业方面的重建:一是汶川和成都建立的"飞地经济"工业园区;二是山东援建北川县建立了部分产业;三是江油市重建过程中在产业方面开展了部分工作。大多区域的产业发展或产业重构是发生在恢复重建阶段以后,在此之前,一方面由于灾后恢复重建的项目多、时间紧、任务重,在灾后的2008年至2010年,基层干部往往是"5+2""白+黑"的工作模式,很多基层干部累倒在灾后恢复重建阶段,而且精神、身体面临着各方面的压力,该时期的很多新闻媒体报道对这一判断是很好的验证。另一方面,重点保障住房、公共基础设施项目的推进以及民众的生活安置问题,毕竟产业的重建和发展涉及更为长远的问题,所以地方政府在短期内一时也无暇顾及。

村域层面，乡村产业重构由于资源禀赋不同而差异明显。以调查的老人村和震源新村为例：老人村由于处于水磨镇政府所在地，区位优势突出。地震之前该村村民收入主要依赖当地大量的高污染、高耗能、高耗水企业，灾后重建中这些"三高企业"全部搬迁。由于当地城镇化的发展，该村村民失地后的人均耕地占有量普遍减少，在此背景下，该村在政府集中打造下，借助较为独特的人文资源优势和公共基础设施水平的提升，积极发展乡村休闲旅游业。震源新村属于易地搬迁，原有的两个村的土地仍然在耕种，但以种植药材、果类和农副产品为主，同时该村发展生猪产业提高村民收入。在农业之外，该村村民利用毗邻漩口工业园区的优势，就近务工，提高了收入，可以说震源新村的产业是第一、第二产业有机结合的复合型产业发展类型。在村民收入上，2017年两村村民人均收入基本持平，都实现了资源的最大化利用。

（二）借"飞地经济"之力补政府财力不足

地方政府的财政收入主要来自工业经济等的税收收入。在产业重构过程中，由于工业发展空间不足，当地政府创新性地走出了一条灾后重建的经济发展新模式——"飞地经济"。所谓"飞地经济"，就是借助于经济资源较好地区的一块区域，由借助方进行招商引资等工作，承助方提供服务管理等工业发展服务，飞地经济享受优惠政策，以发展产业经济的新方式。通俗讲，就是不适宜发展经济的地方借助适合经济发展地方的工业园区进行经济合作，最后对工业经济的财税进行分成的行为。发展"飞地经济"主要是解决不适宜发展经济地方的财政不足问题。汶川与成都、德阳分别建立了这一新的经济发展模式，在一定程度上弥补了产业结构调整后的财政不足问题。

（三）产业重构存在的问题及未来影响

即便如此，也并不说明汶川的产业发展是完美的，从图4-1可见，近年来汶川经济发展的速度明显下降，其中关键原因之一是投资不足。产业发展主管部门对于投资经济何时能够触底反弹态度谨慎。从经济数据看，2007—2017年的10年间，汶川县地区生产总值呈大幅波动趋势，大致可以分为三个阶段：第一个阶段为2007—2011年，这一阶段受地震和灾后重建双重影响，经济增速"大落大起"，且在2010年经济总量恢复到震前水平。第二个阶段为 2011—2014 年，这一时期呈现较为稳定的增长势头。第三个阶段为 2014—2017 年，地区生产总值增速下滑，发展动力不足、后劲乏力。汶川县发展与改革委员会的一位干部谈道：

> 经济和产业重构最大的问题在于如何认识和处理好"生态与发展的矛盾问题"。地方经济社会发展需要资金，更需要支持，对于偏远的没有资源的山区地方更是如此。不能说为了保护生态就不发展经济，也不能说为了发展经济就忽视了生态的保护，如何处理好这一对矛盾是汶川未来经济发展的关键。因此，是否在更高层面建立一种生态补偿的机制，因为对于汶川而言，地质灾害治理、水源地保护、生态环境保护等都需要资金的投入，而且汶川年年都有大大小小的自然灾害发生，这些都需要更多的人财物投入。（访谈记录 2018082201）

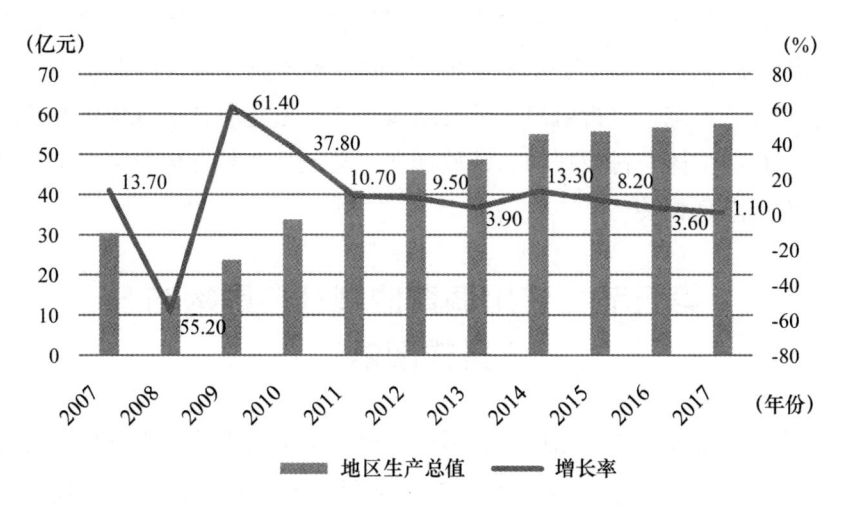

图 4-1　汶川县 2007—2017 年地区生产总值及增长率

虽然在经济发展领域面临上述问题，但是震前震后的产业结构调整，带来了当地发展观念上的明显变化。汶川县经济和信息化委员会的一位干部认为：

地震对于汶川造成了毁灭性的打击。但是，要"一分为二"地看待这个问题，在一定意义上，也可以认为汶川是"因祸得福"的。灾害只是破坏了原有的基础。以前的产业发展没有规划，什么赚钱发展什么。灾后重建，就是在一张白纸上进行产业发展，有科学的规划，就能建立科学、合理的发展模式。就我个人来看，汶川的发展速度在以前的发展基础上发展得很慢，现在发展速度很快，主要是发展的平台有了很大程度的提升。更主要的是，发展的理念有了明显的转变，现在的发展更注重人、社会、经济与自然等各个方面，重构了社会经济发展的人文观念。（访谈记录2018082201）

由此可见，产业的重构道路虽然符合了地方发展的特点，走了一条相对比较科学、合理的发展路径，但这并不是尽善尽美的。"生态保护与经济发展问题"实际上在中国更大范围内存在，其背后隐藏的是要"填饱肚子"还是要"呼吸新鲜空气"的基本矛盾。这一问题虽然不是本书探讨的重点，但折射出了受灾地域在灾后重建的社会重构中并不是孤立存在的个体，村域社会、镇域社会、县域社会与省域和国家宏观领域的发展息息相关。

第五节 汶川调查地域社会重构的"全景式图像"

社会重构领域的变化过程，不仅体现在国家治理的宏观领域，更重要的是涵盖了灾后重建及其"后重建时期"的所有方面。选择汶川县及其典型社区作为具体场域，考察社会重构分析框架的具体内容，有助于集中展现灾后重建视阈下受灾地域社会变迁的"全景式图像"。

一 社会关系上的变迁

社会关系层面的变化从亲属关系、邻里关系、干群关系和城乡关系四个方面呈现。

第四章　跨越式重构：举国援建模式下的汶川案例　93

（一）亲属关系

1. 受灾时期（2008年5—8月），亲属关系表现为相互照应的紧密化特征

"汶川大地震"发生后，对于家庭而言，地震发生的时候不仅想到自己，更会想到对家人和亲人的担忧。在当时情况下，地震中幸存下来的人虽然有某种程度的恐惧，但亲情会让人们冲破这种恐惧直面自然灾害带来的风险，即便是危害来临也会首先关照亲人。

> 当地震发生的时候，我和我老公正在都江堰办事情，应该是去医院看病。发生了地震后，我们两个就赶快往家里边赶。当时车也不通了，路上到处是乱石，有些过路的车也散乱地停在路上。当时也顾不到那么多了，电话打不通，所以就徒步回家，应该是走了七八个小时吧，很多人往家里走，我们一个地方的有十几个人一起，都是走着回来的。到了家里，房子垮了，但发现人都没事，也就心安了。（访谈记录2018082205）

2. 灾后恢复重建时期（2008年8月至2011年5月），亲属关系因房屋补助利益走向分化

举国援建模式下的灾后重建政策，给予受灾地域以极大的人力、物力和财力的支持。受灾地域民众大多在灾难发生时及抗震救灾阶段，没有预料到会得到国家、社会各个层面如此大的支持和照顾。随着灾后救援的结束，当受灾地域社会秩序恢复正常，进入灾后恢复重建阶段以后，灾后恢复重建政策对于社会层面的影响开始凸显。分户和离婚是最为突出的两大影响。在老人村调查中发现，灾后重建政策对乡村地区的分户产生了明显的影响。因为灾后重建中对于当地农户的重建补助是以"户"为单位的（见表4-2）。①

---

① 根据《四川省人民政府关于印发四川省"5·12"汶川地震灾后农房重建工作方案的通知》（川府发电〔2008〕96号）规定：全省平均补助标准为每户2万元，根据受灾农户的经济状况和家庭人数实行分类分档补助。对不同人口家庭予以适当区别，对建卡绝对贫困户和低保户两类困难农户给予适当照顾。在上述补助标准中，对农户家庭人数的认定，一律以2008年5月11日户口为准；对建卡绝对贫困户和低保户两类困难农户的认定，一律以2008年5月11日的档案记载为准。

表4-2　　　　　　　　　汶川县农户补助标准

类型	1—3人家庭	4—5人家庭	6人及以上家庭
一般农户	1.6万元	1.9万元	2.1万元
困难农户	2万元	2.3万元	2.6万元

在老人村，地震以前是基本上不分家的。地震以后，在农户房屋重建补助政策的利诱下，很多农户想分家，但是分不了。即便是正常的要分家，一是父母必须要有儿女赡养，二是要经过比以前更为复杂的程序。

离婚同样受到了灾后重建政策的影响。离婚之后的房屋财产无法分割，因为是灾后安置的房屋，只有土地使用证，没有产权证。背后的担心是，如果援建的房屋办理了产权证可以交易的话，很多人就可以将安置房屋卖了之后再去向政府申请安置房。所以在汶川，援建的房屋办理不了产权证，交易是很困难的。而且，以"户"为单位的灾后重建政策一定程度上引致了"离婚现象"的产生。夫妻两个人可以"假离婚"的名义单独成户，进而获取最大化补助政策。在对水墨镇当地政府部分工作人员的访谈中有这样的记录：

地震之后想分家的有，但分不了。因为灾后重建享受的政策是录入系统，分不开的。现在分家父母有兄弟姊妹，父母必须有儿女赡养，必须有住房，楼梯，照了照片，公示出去，大家证明你可以分家。比如说你一家有三口人，必须有三个人口的照片。我们也不敢乱放（公示），因为享受的灾后重建的东西都是按照户来的。政府签了字，才能拿到派出所去分家、分户。都不敢乱分。以前分家简单得很，村里面知道就分开了。地震以后因为和补助有关，所以分家变得困难了。以前嘛，我们这个地方农村，家族很大，没有那个意识去分家。就是地震以后大家感觉，一个户享受这样或那样的标准，大家就觉得那个户越多越好。以前我们这个农村，他们一大家族，是不愿意分开的。

"夫妻离婚"现在我们这边根本分不开，因为没有房产证。户

第四章 跨越式重构：举国援建模式下的汶川案例

口本可以分，但房产证只有一本，没办法分。婚可以离，但房屋财产分不了。名义上可以离婚了，但户口本还是在一起的。没有靠山的时候女的比较麻烦。除非嫁了人，买了房，才可以落户。灾后重建的安置房也是办不了房产证的，所以离婚的话分户，县里就专门讨论过。公安和地方上的政策有些不一样，配合不了。全县都解决不了。

当初考虑的一件事情就是，灾后重建，建了房屋，保证民生安置了，他就怕证办齐了，进行交易、买卖，一买卖没住的地方，农村的就找政府，没房子，就去要；没宅基地，也去要。所以你说两口子，为了享受国家的一些政策，假离婚，假离婚的时候她又没房，我们一旦把户给她分开，她就没住的地方，她就找政府，就是这样的。所以整个汶川假离婚的，没有房产。除非你再结婚。而且，不止他们农村，我们机关单位也有假离婚的，他离婚之后，争取廉租房、公租房，其实他们两口子就没有分开，他把廉租房、公租房拿到以后，就把原来的房子卖掉去住公租房了。（访谈记录2018082106）

李路路等对汶川大地震后S村社会关系的调查分析发现，"在得知政府的补助政策以后，很多人家开始'拆户'，通过增加户数来获得更多建房补助。普遍的拆分办法是把父母和子女户口拆分，各自独立成户。正是父母的这份建房补助，成了不少家庭破裂的导火索"[1]。可能基于灾后房屋重建阶段已经过去时间较久的原因，在笔者的访谈中尚未发现村民由于补助而出现家庭关系破裂的情况，但并不排除调查的两个村存在上述情况。

在老人村的调查中，了解到对于分户的实际做法是，在户口本上，独立成家的儿子单独成户、父母和未婚的子女成户来领取补助。如老人村老余家，是一个大家庭，总共13口人，父母、三姊妹两兄弟和他们的几个孩子。这一家当时是按照三户来领取农房重建补助的——兄弟两

---

[1] 李路路、李睿婕、赵延东：《自然灾害与农村社会关系结构的变革——对汶川地震灾区一个村庄的个案研究》，《社会科学战线》2015年第1期。

个已经成家，各自单独成为一户；父母和三个妹妹是一户。但实际在灾后重建以后，一家人十几个人是住在一起的，即形式上分户但实际上并没有分家，分户是为了获取更多的补助款。此外，调查发现，灾后重建过程中，如果家庭在遇到经济等方面的困难时，80%的农户最先想到的是找亲戚借钱渡过难关，其次才是贷款或其他途径。背后暗含的逻辑是，"差序格局"仍然在乡土社会发挥着作用。这反过来强化了亲属关系的紧密性。

从上述分析可以判断出，进入灾后恢复重建阶段，无论再紧密的家庭关系在房屋重建的利益面前均会受到或多或少的影响。抗震救灾时期相互关照形成的紧密关系，使得家庭关系在利益面前，可能走向两条道路：一个是一些家庭在灾后房屋重建中关系更加紧密融洽，另外一个是一些家庭由于农房补助款的问题而关系破裂。

3. "后重建时期"（2011年5月至2018年8月），亲子关系成为家庭重心

一是教育问题受到当地家庭的普遍重视。在汶川县调研时发现，当地无论乡村居民抑或是城镇居民，近年来均有强烈的意愿，将家中的适龄儿童送到汶川县城第一小学读书。主要原因有二：其一，该小学是广东省援建的建筑，安全性能非常好；其二，该小学师资力量相对较强。2018年秋季有400名适龄儿童申请入读县城一小，但该小学仅能接纳100名左右的学生。县城的其他幼儿园、小学面临类似情况。随着汶川农民收入的提升，农村民众均试图将家中适龄儿童送到县城读书，导致县城小学供不应求。从表面上看，这反映出汶川民众对教育以及学生安全的重视，因为"汶川大地震"中学生伤亡的人员是比较多的。从根本上看，这一新的城乡教育资源不均衡问题不仅受灾害影响，体现了民众对民生服务需求的重视和提升，而且，从家庭关系角度，实质上反映出父母对亲子关系的重视和寄予厚望。

二是在家庭发展上，有条件的家庭会鼓励家中有能力的孩子到县外寻求更好发展。在震源新村访谈的一户中，有两个儿子，大儿子刚读大学，父亲就一直鼓励最好在成都就业，寻求好的谋生手段，不希望儿子再待在这个发生地震的地方。

三是"分户不分家"。在老人村，每户之间基本上都有沾亲带故关

系，如老人村郭某，其姑姑是前述老余的母亲；村里的会计姓宿，有两姊妹在这个村子里住，宿会计在家排行老七，也是郭某的亲舅舅。宗族关系在这里得到重视和传承，老余家是典型代表。虽然分为三户，但是一家13口人至今住在一起；虽然"分家难"有客观上的宅基地少、程序烦琐等情况存在，但这一家还是不愿意分家。这一现象在老人村较为普遍，折射了当地对家庭亲子关系的重视，反映出了家庭关系的和谐与融洽。

（二）邻里关系

"受灾时期"与"灾后恢复重建时期"的邻里关系是团结、紧密、相互帮助，形成了暂时的"生活共同体"。家庭与家庭之间相互帮助、照应，包括在食物、衣物分享方面，共渡难关。汶川当地政府部门的某负责人回忆当时的情境时谈道：

> 在重大灾难发生的时候，老百姓之间可以实现"战时的共产主义"。这一点是最深的感受。平常都很计较，你们去他家里拿点东西，你拿不到。但是在地震发生的时候，老百姓可以做到，他会把家里的粮食拿来给大家共用，拿家里的肉来跟大家共用，更可以把自己家孩子的衣服拿来给别的孩子共享。所以"战时的共产主义"在灾难的时候，焕发出人性的光芒。我有时候觉得，我们在教育人的时候，没有发生灾难的时候，我们为什么没做到这一点，那是因为我们有一种自我为中心的东西在作怪。但是灾难发生的时候，他懂得了"抱团"，才能共渡灾难。但是平常我们就有各自的利益追求的时候，很少想到他人。（访谈记录2018082103）

"后重建时期"，邻里关系由于生产状况、生活习惯、思想认识不同呈现出"融合趋势下的利益冲突"特征。在老人村，每家每户基本上都经营住宿、餐饮、茶楼等与休闲旅游相关的店面生意。访谈发现，一些店面的生意好、一些店面的生意不好，虽然这是市场行为的结果，但生意不好的店面由于收入少了，对生意好的会有羡慕、嫉妒等复杂心态。

(三) 干部和群众关系

干部和群众的关系在灾后至今经历了有起有伏的波折变化过程。"受灾时期",当地干部、党员带领民众共渡难关,起到了"主心骨"作用。"灾后恢复重建时期",分补助、房屋建设、征地、拆迁、项目推进等涉及民众切身利益的工作均需要当地政府工作人员、基层干部居中协调、组织、沟通。这一时期,基层干部由于需要协调各方利益,与民众的关系由最初的"友好、团结、凝聚"转化为"矛盾、冲突"增加。老人村的某村干部谈道:

> 当时援建的时候做工作很难。我以前是生产队队长,20多岁就当生产队队长。大家选的,有干劲、年轻人。整个灾后重建最大的难度就是自己建房建在前面,佛山规划在后面,是要拆掉灾后重建房,来建佛山援建的规划房。等于建了两次,很多村民都不乐意。第一次重建是自己花钱,也有补助。补助是根据人口来补,平均一户2万元。广东每个市对口援建的补助不一样,有的5000元,有的1万元。地震以前7个人8个人一家,不愿意分家。但是地震过后,他就按照户口本领这个钱。地震以后每天分粮食,都是按户分的。如果每次按照人口来分补助的话,他就一点矛盾都没有。
>
> 现在群众之间的矛盾问题,除非有吵架的我们村上才出面来处理,我们有专门的调解委员会,只要有矛盾,我们都要出马。比如两口子离婚这种,也要去分家,一个洗衣机、热水器都争来争去,我们都要去调解。(访谈记录2018082202)

"后重建时期",当地政府从社区阵地建设、组织建设、制度建设、社区服务、文化娱乐活动等多方面入手,推进社区治理水平的完善和提高,灾后恢复重建时期的突出利益矛盾随着重建工作的结束逐步消解,乡村干部的威信逐步建立起来。对老人村、震源新村、阳光社区三个具体场域的问卷调查显示,88%的访谈户对社区服务持"满意"态度,81%的访谈户认为与社区干部的关系"良好"。

(四) 城乡关系

汶川当地农村居民养老保障、收入方面优于城市居民的现象使城乡

第四章 跨越式重构：举国援建模式下的汶川案例

关系发生了微妙的变化。一般认为，由于城乡二元的结构性差异，中国场景中的城乡养老保障往往是城市的养老保障要好于农村的养老保障。这也一直是中国城镇化发展的一大障碍，农村人或者是进城务工的农民在城市一般很难享受到当地的养老保障。在汶川灾后重建以后，农村居民享受的养老保障好于城市居民。主要原因在于：一是政府进行公共基础设施建设，征用了农民的土地，给予了很好的优惠政策，失地农民购买有"失地农民养老保险"，每月领到 800 元至 2000 元不等的"工资"；二是农民地震以前的土地在地震以后退耕还林，享受优惠政策。而且，年龄越大的人享受的养老保障即每个月领到的钱越多。城乡之间在养老保障方面的差异一定程度上造成了城乡居民间利益上的冲突。访谈中阳光社区的一位居民说：

> 我们这里以前住的都是单位里的人，大家都是在单位上班的人，关系处的不一样（后来提到，都是在单位上班的人一起住，还是安逸些，四川重庆这边的话，意思是舒服）。现在我们住的那栋楼，有 72 家房客，有来自农村的、来自单位的，各个单位都有，但是我们邻里关系处得比较好。农村来的，个人跟个人比素质不一样，农村来的捡瓶瓶罐罐的捡习惯了，都在那里堆起去卖，但是也卖不了多少钱，他就是要在那里堆起来。你跟他说堆在楼道、楼角上挡路，他就是不听。如果比较的话，以前住的地方邻里关系比较好，现在住的这个地方环境、绿化、空气都比较好，适合养老。只是交通现在不大方便，因为前面在修路。现在这个小区是在原来阿坝师院的地盘上建的。路修好之后交通就会很方便，有公交车，2 块钱就行了。
>
> 下岗工人最恼火，农民有地，就非常好、非常值钱。人家在山上有地，种李子、种水果，有钱了，就到这里买个房子住，主要是为了娃娃的教育问题，在这里到城市上学方便。我们小区里边的农民（户口）比城市（户口）的人还有钱，人家一年卖水果至少几十万元，高的有五六十万元；城市里都是死工资，一个月就那几千块钱。所以我们这里城市居民尤其是贫困居民比农村的农民生活还要困难。他们只是把房子买到这里，肯定是不愿意把自己户口迁过

来的。

  农村的优惠政策要好些。农村买养老保险只要一万多块，城里面比如我们买养老保险都要十多万块，至少要十万块钱你才能拿得到退休工资。地震过后，国家给农村政策，他们只要12800元就可以买养老保险。我二爸今年已经94岁了，他就经过两次地震，他就说国家对他们是最好的。他现在是失地农民，国家把他的土地给占了。他花了12800元买了养老保险，国家对老年人有几十块钱的补助，现在一个月拿2000块。你看我们现在一年要交8000元，交了十多年才能拿得到退休工资。我二爸一个月养老保险拿2000元，国家占了地又赔他大几万块。（访谈记录2018082101）

更为重要的是，由于农业、林业、水果产品的兴旺发达以及旅游业的兴起，在汶川当地城乡居民收入甚至出现"倒挂"现象，汶川当地的农民外出务工的比较少，这可能更多地与当地农村水果产业发展的好有关。对于种植甜樱桃的普通农户来说，年收入好的高达60万元，低的也有二三十万元；在老人村的调查中，每户家庭年收入在10万元左右。这样的收入水平比县城普通工薪家庭的收入高，由于工资水平较低，城镇普通家庭年收入在五六万元左右。在汶川田野调查过程中发现，接触到的城镇居民较多地谈到了当地农民"有钱、收入高、保障好"的社会现象，反映了城乡关系的变化。

二　社会心态上的变化

（一）灾难记忆

"汶川大地震"可以说是中国历史上乃至全人类历史上的一次灾难。整个中国和大多数中国人对于"汶川大地震"的灾难记忆至少应该有三个方面：一是国家将每年的5月12日定为"国家防灾减灾日"；二是对于灾后重建，很多人都或多或少地有捐款捐物的志愿行为；三是经历过2008年5月12日当时地震的晃动，以及被灾后铺天盖地的新闻报道和感人事迹所感动。以笔者为例，至今依稀记得的是：

  我当时正在重庆大学读大三，至今记得当日中午是午睡时间，

第四章　跨越式重构：举国援建模式下的汶川案例　　101

我还在宿舍上铺休息。突然感到剧烈的晃动，以为是哪位同学在晃我的床，准备起来发火。但醒了一看，没有人晃床，听到宿舍楼外很乱的跑动声音，出来一看，有人在喊"地震了！"于是我对宿舍还在睡的同学喊了一声："地震了，快起来！"我也就跑出宿舍楼了。当天晚上整个学校里的人都待在学校操场上，然后是铺天盖地的新闻媒体报道，国家很重视、总理亲自到现场。后来，班级捐款的时候，我捐了100元。虽然现在看起来不多，但对当时还是穷学生的我来说，应该已经是很多了，因为我当时一个月总共五六百块的花费。

如今的汶川，在保留灾难记忆方面有很明显的三个标志：一是在地震最惨重的一个地方——映秀镇建立了特别旅游地，每年来此参观的人不计其数。二是建立了抗震救灾纪念馆，详细记录了"汶川大地震"及其灾后重建的过程。三是基本上在每个重建的村（社）都有感恩的相关标识，如阳光社区有广州援建记忆林园、震源新村"感恩巷"牌坊等。这些标志的背后显然都是当地政府所为，意图将这里打造为"重要的爱国主义教育基地"①。在地震中失去亲人的家庭对于那场灾难带来的伤痛始终伴随着，但生活还是要继续向前走，对于悲伤也只能自己默默承受。即使地震没有造成家庭人员的伤亡，即便已经过去10年有余，但每一个经历过地震的汶川人至今仍然记忆尤深。汶川当地某政府部门的一位负责人谈道：

"遮天蔽日"这个词，在以前我对它是想象的，但是在汶川还是出现了"遮天蔽日"的现象。就是2008年5月12日的14点28分发生地震以后，过了大概两分钟，还不到三分钟的时间，本来汶川是一个艳阳天，突然有一分钟两分钟的时间，出现了一个"遮天蔽日"的现象。我就觉得怎么这个世界末日来得这么快。我当初为

---

① 《习近平在汶川映秀考察 亲身体验当地"带劲"生活》，新华网，http://www.xinhuanet.com/politics/leaders/2018-02/12/c_1122410463.htm（最后访问时间：2019年2月25日）。

什么有这个想法呢？因为天象突然转变人是会产生恐惧心理的。我以前没有经历过，我就觉得是不是吹得过了一点儿，但是当自己亲身经历过就知道，是什么原因导致的。就是因为我们这个山区，它在整个山体崩塌以后，它的那个扬尘的厚度，确实达到了整个阳光都不能射入，就真出现了遮天蔽日的现象。而且那个时候我为什么说科学它有局限性呢？战时卫星、电话这些可以用，当地震发生的时候我就用我这个手机报告我们这边发生了重大灾害，手机打不通了，旁边人的手机都打不通了。马上就打座机，座机也打不通。我就知道我们那个海事还有农业部门都有卫星电话，我们有几个卫星电话，但卫星电话完全没用。为什么没用呢？也跟这个扬尘有关系，扬尘达到一定厚度之后，它的那个磁场是产生不了的。我们就是三天以后才跟外地联系上的。所以当时中央跟国务院是很着急的，汶川到底什么样，不知道呀。

所以老百姓在这个当中也明白了一个道理，人应该敬畏自然。那个时候就是包括我们的震源点，牛眠沟那个地方，它是从十四公里远处的那个岩石迸发出来的，然后把两座山的距离缩短了50—100（米）的距离，整个沟壑填了几百米，所以一个村子就没了。那个时候什么挖掘机、什么装卸车，你那个地质灾害治理的工具，在那些面前算啥？！人类真应该去敬畏自然。所以老百姓在发生地震的时候马上就意识到这个东西。（访谈记录2018082103）

当然，地震也会让人感到无奈。如访谈中有的人表示"地震的时候有点悲痛，但是，天灾人祸，谁也没有办法"。可见，不同的人对于"汶川大地震"的灾难感受和记忆是不一样的。而且，对于地震造成的灾难，在政府主导下建构了一种以地震警示后人、教育后人的社会制度体系和社会情境教育，是灾难对于社会变化最为明显的积极体现（如"5·12"汶川大地震震中纪念馆），即便是这种社会教育具有某种政治和经济上的含义。

（二）重建之争

是"易地搬迁"还是"原址重建"？汶川地处龙门山地震断裂带，历史上这一区域曾多次发生强烈地震。根据汶川县规划局提供的资料显示，新中国成立以来四川境内发生6级以上地震10次，而有3次发生在阿坝州松潘—平武地震带。汶川大地震以后，汶川人心有余悸，外地人也有担心，能不能、要不要以及如何在这样一个已经发生了特别重大地震的地区恢复重建，众说纷纭。曾经在汶川，有过"10万汶川人大转移"的民众提议，各方面对于灾后重建意见不一。其中最典型的代表为北京清华城市规划设计研究院院长尹稚和中国科学院水利部成都山地灾害与环境研究所研究员张信宝之间"针锋相对"的争论。尹稚认为：汶川县城不宜原址重建，原因在于汶川县的全部地区均为次生灾害的极度危险区域。①张信宝则认为：县城的选址是历史经验和祖先智慧积累下来的，符合经验科学，已有的次生灾害也仅是滑坡、泥石流，因此力主原址重建。②两方观点引来了汶川民众当时的剧烈反应。据汶川相关人士回忆，当时汶川有很多老百姓集结到成都去找相关专家"理论"，最后在政府的方案出来以后，得以平息。后来的事实是，汶川县城采取了原址重建的方式，而对于地震中的另外一个县——北川县，则采取了异地重建的方式。目前汶川全域有地质灾害点1121处，每年都要投入相应的财政经费进行灾害隐患治理。而且，对于汶川县城来说，地震以前的人口容量有五六万人，而现在人口总量三万多人，县城人口结构和居住空间结构发生了较大变化。房屋建筑在科学选址的基础上将县城保留了下来，并缩减了人口规模。

　　从这样一个争议可以看出，灾后重建本身就是一个具有风险性的战略选择，人们对于灾害的规避是建立在人类认识灾害并把握灾害规律的基础之上的。如果科学技术达到了可以精准预测和测量地震等特重大自然灾害的发生的话，就可以及时做好防灾减灾的措施，减少伤亡损失，那么特重大自然灾害就可能变为低级别的自然灾害。而且，如果人类能够规避所有的灾害的话，就不会存在灾害这一概念了。更进一步，对于灾后重建方式的争议，也是人类接受"与灾害共生"观念的一个过程。如果能够在有限理性的范围之内，认识灾害、把握灾害、减少灾害，那

---

① 尹稚：《撤出汶川并不是一种失败》，京华时报网，http://news.hexun.com/2008-07-12/107375238.html（最后访问时间：2019年3月4日）。
② 《专家力主汶川县城原址重建引发网友激辩》，西部网，http://news.sina.com.cn/c/2008-07-16/012514168190s.shtml（最后访问时间：2019年3月4日）。

么人类就可以和灾害和谐共生，所谓的灾害就不会对人类造成更大程度的损失。在人类的后续生产、生活活动中就会更加重视人与自然、自然与社会的协调共存发展的客观事实。

（三）当地官员的心态变化

从灾害管理的阶段性特征推论，灾后重建及其过程中的社会重构同样应具有阶段性。如，当地主要社会群体个人心态和社会心态的变化。不同阶层、不同群体的心态变化同样表现出差异性。在特别重大的、事先没有预警没有任何防备的情况下发生自然灾害，害怕、恐惧的心理萦绕着每一个人，这样的心理来自人的本能反应。灾害发生后，活下来的人会有庆幸、幸运的心理感受，中国古人的"大难不死、必有后福"是对此最贴切的刻画。进入灾后恢复重建阶段，"百废待兴"，对于个体、家庭以及群体而言，最主要的问题是生存下来、活下去，解决吃、穿、住、用、行等基本需求，寻求相互帮助和相互抱团存活的心理是占主导地位的。这类似于人类社会早期的发展历程，文明社会的起始就源自人的组织化和社会化。马克思也曾指出，劳动、分工和协作是人类需要的本性体现。在没有外力援助的情况下，原有的生存环境遭受致命性打击或毁灭，如果靠受灾地自身力量很难生存和发展下去的话，个体会感受到孤独，群体将走向"流离失所"，受灾的社会将最终走向溃败。这在中国历史上有很多的事例可以证明，如民国时期黄河发大水，几十万人远走他乡。如果有外力帮助，受灾地域的人们会本能地感受到温暖并有感恩心态。上述基于常理的阶段性分析大致反映了人们在灾后重建时期的心态变化。但实际情况会因社会存在的众多因素产生具体的复杂心理。汶川当地政府部门某负责人的谈话完整地反映了个体的心路历程：

> 最初发生地震的时候，我们是非常悲伤的，而且刚发生的时候，没有外援的情况下，（外面的人）进不来，那个时候又恐惧，又担忧，甚至还有那种孤独的感觉。当时觉得，我们经过几十年建立起来的家园毁于一旦，我们还能不能走回去？有种怀疑。
>
> 当源源不断的救援力量来的时候，那是一种感动、感恩的心态更多一些。懂得了感恩国家、感恩自己的兄弟姐妹。

第四章 跨越式重构：举国援建模式下的汶川案例

但是当这个救援完了之后，转入灾后恢复重建的时候，困难和矛盾又来了。那个时候包括老百姓的心路历程也发生了一些变化。他当初第一时间得到救援的时候，他也懂得感恩，但是后来他要重新修房造屋的时候，包括国家要征用他的土地的时候，他要为他自己去争取利益。所以在涉及利益的时候，各个方面的博弈，我们要重新进行各个方面的调整，在这个过程当中，我们所经历的心路历程，那就是各种矛盾、困难、利益交织在一块。你要去克服这些困难，还是要作出很多的努力。

在灾后重建的过程当中，国家有国家的想法、对口援建方有对口援建方的想法、老百姓有老百姓的想法，所以在那个时候各个阶层、各个层次的预期是有差异的，说他们的预期一致的话实际上是不客观的。所以要统一各个阶层、各个层次的预期是不容易的，这个过程需要不断的博弈，解决矛盾和困难的过程非常的不容易。比如说他有一个很好的房子在那个地方，后来考虑到公共安全，你要把它征收了修学校、修路。可能政府第一考虑的是公共利益，然后才是民众，最后才是政府机关，肯定是按这个需求顺序。结果在这个过程中，老百姓在黄金地段做生意的地方，他得让出来呀。在这个心路历程过程中，你要不断地让自己保持政治定力，自己跟自己斗争：坚持还是放弃？矛盾很多，在那个时候心里是很纠结的。尤其作为主要领导，那个时候压力很大。

进入产业发展阶段，又是一个心态。那个时候你没有经历大地震，你会觉得，我应该很快地把灾后重建的成果呈现给全国人民，这样我可以有政绩，升得快一点儿。如果没有经历过大地震的人，他来之后，可能他这个考虑要多一点儿。但是我们经历过这场灾难的人就觉得，已经从死亡线上走过来了，我们就应该好好去珍惜它。我们应该让老百姓过上一个幸福的生活，还是让我们的政绩凸显出来？要做灾后重建的产业布局是很艰难的选择。后来我们还是选择了一个对老百姓负责任的路，就是老百姓的未来发展得有一个持续的成长力。汶川布局的南林北果，都是地震以后大力搞的。汶川三宝，其中车厘子已经进入了中南海，成为"特供"水果，汶川甜樱桃"潇洒闯北京"；北部已经发展了6.3万亩。每个老百姓获益几千元，每户收益不等，最高收益有 60 万元。选择直接决定老百姓的发展。可持续、既生态又环保。搞工业不现实。灾后重建是一个过程，也是一种成长的力量。（访谈记录 2018082103）

上述访谈记录完整地反映出作为汶川地方官员，在灾后 10 年过程中的个体心态起伏变化。大致来讲，可以分为四个阶段：地震发生时候："悲伤、恐惧、担忧、孤独、怀疑"心理——灾后救援阶段："感动、感恩"心理——灾后恢复重建阶段："矛盾、挣扎、坚持"心理——产业发展阶段：矛盾的选择心理。可以看出，这是"社会存在决定社会意识"的典型体现，个体在急剧的社会变迁过程中，情绪、心理、心性都会产生波动的、跟随环境变化的心理特征。

（四）普通民众的心态变化

民众的心态同样呈现"阶段性"，但在具体反映上与上述官员的心态有着明显的区别。费孝通在《乡土中国》中讲中国的农民具有"私"的观念，"无利不起早"。对于普通老百姓尤其是乡村的民众来讲，困难时期的"守望相助"并不一定能够维持到长期，因为每个个体、每个家庭都要生存和发展，在资源有限的情况下或者资源充裕的阶段，会去争取自己利益的最大化。无论在道义上还是理性上，"私欲"的产生都是一种社会发展的必然。汶川当地政府部门的另外一位负责人对老百姓的心态有这样的描述：

地震来了之后，老百姓最开始是非常恐惧的，到最后基本上稳定下来。到重建的资金、人员等过来之后，老百姓的私欲就膨胀了，因为给老百姓的补助太多了，导致灾后重建的过程并不顺利。举个例子：假设我有一块地在这个地方，这一次重建占了我一尺，你要赔给他钱，下一次搞重建修路占了他的地盘，你还要赔给他一次钱。你必须无数次地赔，他就无数次地想要钱。国家灾后重建给了老百姓那么多钱，但也培育了他们的私欲，有的人变的贪得无厌起来。所以你现在搞个灾后重建项目，跟老百姓打交道很难协调，不正常的心态起着很大的作用。（访谈记录 2018082101）

第四章 跨越式重构：举国援建模式下的汶川案例

阳光社区一位普通居民持相似的看法，他在访谈中提到：

> 地震以前因为住的都是单位上的人，大家互相帮助。地震以后的那几年，大家的心态还要好些，互相帮助。大难不死，逃出来的，利益就会看得很淡。但是从最近几年来看，自私的人越来越多。现在政府就讲要懂得感恩，社区每次开会都跟他们说要懂得感恩。为什么自私的人会这么多？可能是政府对他们太好了吧。
>
> 我们老家的队上就有一个精准扶贫户，有两个儿子，他的困难就是因为懒造成的那种困难，地震以前他不是像现在这种懒。现在一天就在耍、玩儿，才五十几岁，两个儿子挣钱给他。后来打工脚瘸了，干脆什么事情都不干了。精准扶贫以后，政府、村里过年过节就会给他买米、买菜。我侄儿是村长，所以我知道这个事情。有次过节回去，他就说过节了，为什么还不给我送米、送东西呢？我就觉得太过分了。
>
> 地震刚发生那几年，大家把亲情看得很浓，相互帮助。但是最近几年，有一些人，就发生了变化。我们这代人把亲情看得重要，现在的年轻人把钱看得重要。（访谈记录2018082101）

个体的访谈样本目前尚不能完全代表整体的社会心态变化。在老人村的调查中，一户居民谈及地震前后思想上的变化：

> 地震后，思想发生了变化，原来的想法是娃还小，想办法挣钱，一切都往好的方面想，现在觉得生命那么脆弱，没啥想法了，健康就好。啥也不做了，在家闲着吧，打打麻将看看电视。旺季就开开旅馆，淡季就关门在家玩。（访谈记录2018082107）

上述心态变化过程中呈现的新情况从正反两个方面说明了人在利益面前的"趋利化心态"。思想上的变化从实质上折射出民众的心态，从灾害困难面前"守望相助"的"情感型心态"转向了受现实影响的

"利益化心态"。① 在地震发生时：恐惧心理成为主体特征——灾后：相互帮助、分享、共享、患难与共的心理成为主体特征——灾后重建阶段：注重私利成为主体特征——后重建时代：利益相争社会心态形成。

（五）安全和保险意识显著增强

安全和保险意识的增强是自然灾害对民众最显著的影响之一，实质上，这也是人们对风险防范和风险规避的典型体现。从三个方面的社会现象可以看出来：一是县城有能力的会到邻近的都江堰或是成都安家，将在汶川的房屋售卖；或者是在汶川上班的话，也在都江堰买房子，周末和假期在都江堰生活，上班时间在汶川。二是汶川在吸引人才方面，明显不足，特别是教育、医疗人才较为缺乏。调研资料显示：汶川县在2009年政府公开招聘200余人，但截至2018年剩下的人已经不足20人，90%招来的人通过各种途径离开了汶川。三是在乡村，农民基本上都购买了房屋保险。在老人村的调查中，该村利用集体经济收入在2017年给村民购买了房屋保险。该村某村干部谈道：

> 我们老人村有集体经济，有个林山流转，有一个停车场，还有三间铺面。停车场也不多，租给我们自己的村民，承包给他，一年交一万多块钱，林山收入一万多块钱；几间铺面一般的时候每年也要收两万多块钱，一年有几万块钱的集体经济。我们这个集体经济一般三年给大家分一次，如果没分的话，比如去年，这个钱拿来给每户买房屋保险，因为汶川要求每户必须买保险，政府补贴30元、村里交20元。我们开了会的，反正这个钱要分给大家，统一买保险，是这样的。（访谈记录2018082201）

三 社会结构上的演化

社会结构的演化主要发生于国家（政府）主导下的灾后重建行动及其机制运行过程中。一方面，在这样大规模、系统化的社会行动中，国家与个人、国家与市场、国家与社会、市场与社会以及人与人、人与

---

① 李路路、李睿婕、赵延东：《自然灾害与农村关系结构的变革——对汶川地震灾区一个村庄的个案研究》，《社会科学战线》2015年第1期。

群体之间的社会关系必然产生新的互动和联系，产业结构、就业结构乃至受灾地域民众收入结构的变化即是突出表现。譬如：

> 地震以前老人村所在的水墨镇，有66家高污染、高耗能的企业，老人村的村民也主要在当地的企业打工，然后自己种地。地震以后，水墨镇的污染企业全部搬走，目前该地主要发展旅游业，是典型的"周末经济"。居民就业方式、收入有了大幅度的变化和提高。老人村2007年人均纯收入2300元，2017年17000多元，10年间人均纯收入翻了七八倍。（访谈记录2018082102）

另一方面，当地居民的居住空间结构也发生了变化。在汶川，出于安全考虑的县城人口规模缩减和原来散居的两个村组合成一个新的聚居村"震源新村"，在人口结构、生活空间、居住空间上发生了最为明显的转变。这样的变化对于社会关系方面的影响是积极的。比如虽然在阳光社区中原来的城市人和新来的乡村人生活习惯有差异，但随着时间的推移、人际交往的增多、社区治理的不断推进，习惯上的差异会慢慢转变。组成"震源新村"的原来两个村在集体经济方面仍然是各自分开的。这说明，在形式上、生活空间上的重组已经完成的基础上，实现真正的村组重构与社会合并非一朝一夕可以实现的。而且，"震源新村"，由于离中心镇远，集体产业和经济有限，仅通过发展种植业、养殖业等方式实现乡村振兴任重道远。随着城镇化的推进，青壮劳动力进入城镇、"乡村衰落"的"空心化"等治理难题将接踵而至，而这应属于乡村振兴道路上的一大障碍。

体现社会结构明显变化的另外一点是：如前所述，汶川县城在地震以前的人口数量有五六万人，地震以后，考虑到县城地域的安全性，目前的人口数量缩减到三万人左右，比如阿坝师范学院外迁到了水墨镇，县城的人口数量发生了变化。

四　社会文化上的影响

社会文化是一个民族习俗和规范发展的重要体现。灾后重建对汶川当地社会文化最明显的影响体现在三个方面：

第一，广东省援建的部分公共服务建筑在一定程度上体现了羌族的特色，这也是为了适应当地民族文化的一种创新。

第二，当地政府致力于"后重建时期"的"感恩文化"建设。尤其是在思想和文化领域，通过引导民众对于国家、民族、政府治理的认同，来疏导灾后重建中产生的不良情绪。文化重构方面主要是融合与发展问题，汶川是羌族、藏族、汉族融合区域，集多种文化于一体，在基础设施建设已经取得成效的基础上，如何打造多民族共同繁荣发展的示范区成为一大课题。汶川的解决措施之一是在政府主导下提倡"家国情怀"的感恩精神，进行思想和文化方面的重构。

> 灾难发生的时候，我们老百姓最深的感受是什么？就是我们的"家国情怀"。当国外都说我们中国人没有信仰的时候，其实我们中国人在灾难发生的时候，我们都明白我们是中国人，我们有这么好一个国家、我们有这个好一个政党、我们有这么好的"手足之情"，我们是不会被抛弃的。
>
> 这就是我们的老百姓在地震以前和地震以后最深的感受。一切都在印证，我们的文化基因里边我们的信仰里边的"家国情怀"有强大的力量。在那一刻我也知道了什么叫"国"。那个时候我们中国变成了一个"中国爱"的地图，所有人都关心你、为你捐钱捐物，大家都不认识，这就是信仰的力量，家国情怀的体现。当初不敢想象，是祖国母亲给了我们第二次生命，是全国人民给了我们汶川人力量。（访谈记录2018082103）

民众的感恩心理在多个方面有展示，其中更多的是发自内心的体现，同时当地民众的国家意识进一步增强。其中最主要的是解决了住房的问题。当地一位居民谈道：

> 地震的时候我是住在单位的，住在县城建局的房子里。地震后房子虽然没有毁，但是震的比较烂，第一时间政府就给了我们安置，在生活上，食物、蔬菜之类的，每天我们都有保障。我自己的感受是，政府把我们当成自己的娃娃一样，没有亏待我们。我已经

是60岁的人了,还是很感恩的,经常教育娃娃要感恩,他写一篇日记,我跟他说:"你写日记你就写一个灾后重建,我们这个房子是咋来的,广东人给我们修建的,我们以前住的是破烂房子,木板房。你爸爸妈妈如果奋斗十年,也不会买到这么好的房子,你看现在这个房子多漂亮。"我孙子今年8岁了,小孩子他这个理念不一样。这个房子是哪个的呀,他就会问你。我就会跟他说这个房子是国家给我们修的。

我们现在住的这个房子国家给了补贴,自己掏了两万多块钱。全部下来五六万块钱。五六万块钱对于一个单亲家庭、下岗工人来说,绝对是拿不出来的。当时我儿子刚出社会,没有钱。找工作的时候,政府给了很大的帮助,儿子才就业。虽然工资不高,但政府帮忙解决就业,关心你,没有说扔下你不管。我儿子的媳妇自谋生路,做美甲生意,免税。地震之后,几乎是全免,都不交什么税收。

国家对我们太好了,包括这公路修得也太好了。以前从汶川到成都,要走好几天,提前要准备,现在到成都四个小时,很快的。城市里的房屋按照面积的1∶2比例进行补助,不足的部分要补够。国家按照重新造价的价格补贴一半,不会让老百姓多出一分钱,让老百姓住到满意的房子。

我现在的房子八十七点几个平方,三室一厅、四个人住,儿子、儿媳、孙子和我一块住。如果让我们去买,肯定是买不起的。现在市场价涨价了,35万元现在。以前更便宜,二十几万元。今年成都限购,导致汶川房价上涨。还有我们的小区从去年到今年,社区把绿化搞得比较好。这个地方适合老年人居住。以前有污染,现在没污染,环境比较好。也没有噪声,所以今年房价涨得比较高。有些人都把房子卖了,到都江堰去住。(访谈记录2018082101)

第三,随着城乡社区基础设施条件的完善,社区治理的能力和水平不断提升,社区文化活动增多。如阳光社区的老年人比较多,所以社区会经常组织一些旅游活动、文娱活动丰富社区文化。在老人村、震源新村的调查中同样如此。而且，当地政府、村委会为了吸引游客，活跃旅游经济，经常组织一些节日活动、娱乐活动。尤其是发展羌寨旅游的老人村，文化活动变得丰富多彩起来。

汶川作为多民族融合的代表性区域，在社会风俗和文化方面具有地域性和特色性。

一是除了建筑特色以外，羌族有自己特色的服饰。在汶川县城的大街上和羌族集聚的乡村，随处可见穿着羌族服饰的女性。

二是婚事彩礼方面，羌族有当地的特色。在汶川当地，正常的分家遵循着"嫁出去的女儿泼出去的水"的传统，也就是说，一家之中，如果女儿嫁出去的话，分家就没有她的份儿。父母往往会跟着小儿子，当地称为"幺儿"，然后父母的财产也会分给小儿子，因为小儿子要为老两口养老送终。没有儿子的话，小女儿可以招亲、入赘，这样父母可以跟着小女儿生活。阳光社区的访谈中记录了另一位居民的类似说法：

> 我们羌族的风俗就是只要你嫁出去，就是有你的地也没得你的份了，啥子都没有了。土地是三十年不变，我嫁出来之后，哪个孩子跟着老人，土地就给哪个。如果（是女儿招亲）招一个回来的话，像我们那边的风俗是，上门的，小伙子嫁到我们那个队（村民大队），姓都要跟着我们这边的姓。如果家里的孩子是儿子的，他就要始终把这个儿子守到（川渝方言，意思是跟着一起住或生活）。如果是四个儿子的话，大的全部要分出去，他就守着这个小的（儿子），幺儿子。大的最先独立生活出去了，喜欢小儿子，最终家产就是幺儿子的。其实真正（父母）守到幺儿子，幺儿子还是累。幺儿子要管到老的，要把他送终。现在嘛，国家政策很好，有养老保险，一千多块（一个月）。我们那边几乎都买了养老保险。
>
> 我们老家的情况是：以前我三姐，就是给她招（亲）了一个回来，招了一个回来就是我们那个姐夫，他的娃娃现在都不跟着他的姓，全部跟着我三姐的姓。我三姐就守着我二爸他们，她就继承家产。她还有一个哥哥在教书，单位里上班，他就说，他在单位上班，放弃继承权，全部给我三姐继承，我三姐就是现在要管两个老

第四章 跨越式重构：举国援建模式下的汶川案例

人，下面最小的孩子也是跟着他们生活。（访谈记录2018082103）

上面的分家习俗是一般情况下的风俗习惯，与中国汉族大部分地区的情况类似。但是近年来受到部分地域风俗的影响，当地婚娶中彩礼变得越来越多。

以前羌族没有彩礼。结婚的话，最先要订婚，订婚那天，女方的亲戚，最多就是给瓶酒、给把挂面。羌族的彩礼风俗是：长兄当父，父母没有了的话。配个兜兜，两把挂面，两瓶酒，四块腊肉，就接上媳妇了。那是地震以前，好长时间我们羌族的风俗习惯就是这样。现在必须要房子、车子、彩礼钱这些。风俗都变了，都是外面传过来的。有些没钱（结婚）就出去打工挣钱了。现在起码就是三金，金项链、金耳环、金镯子，至少要花四万到五万块钱去买。汶川收入低，但是房子价格也高，吃了饭就没有剩多少了，哪有钱买房子？

现在羌族，不光说羌族，我们现在这个地方的过礼钱（彩礼）都有10万块钱，上哪里去拿嘛？先不说彩礼，首先说房子要有、车子要买，现在都是这样要求的。城里面虽然彩礼要求不是很高，但是房子、车子要有，如果没有七八十万块钱，现在是不行的。但是还要看女方家人的情况，我们这个儿媳妇当时就一分钱没要我们家的。原先我们这边没有这些要求的，现在都是南充那边传过来的。就是这几年才兴起来的。县城房价上涨，这个也是最主要的原因，不是说他非要想买，好多人买了之后就出去打工，其实也并没有住。（访谈记录2018082101）

三是羌族和藏族每年要过羌历年和藏历年，所以当地政府在这两个年也要放假，比汉族多过一个节日。羌历年是每年农历的十月初一，在阳历11月中旬左右，特色就是烤羊子、烤鸡、跳歌子、舞起，喝杂酒。在机关工作的羌族、藏族人过春节，过了正月十五才上班。藏历年、羌历年的时候整个阿坝藏族羌族自治州地区都要放假，当地的民族院校放假要更多。

五 发展阶段上的跨越

（一）公共基础设施的领先

在举国援建的民生优先理念指导下，公共基础建设如高速公路、道路、乡村道路等交通领域以及公共建筑设施如医院、学校、图书馆、体育馆、社区建设等方面以抗震为目的建立了高标准、高质量的公共设施和建筑。而且，民众的房屋建设以"统规统建为主、统规自建为辅"的规划和"交钥匙"的方式进行，这给予了汶川极大的帮助。在2018年8月22日的调研笔记中，笔者曾这样描述调研的直观感受：

> 几天高密度和高强度的调研下来，整个课题组最直观的感受是，汶川的社会发展水平甚至能够媲美东部发达地区的县域。尤其是公共建筑的打造如汶川县会议中心、威州镇阳光社区、县城的公路、汶川县医院和第一小学等建筑物，设施水平都很现代化，也很先进。很难想象我的老家河南的一个小县城到未来的哪一年才能发展到这样的水平，至少到三四十年以后吧。这样的感受不是我一个人，课题组都有此感受。（访谈笔记2018082601）

在对县上政府部门公务人员、镇上工作人员以及乡村普通农户的访谈中，对于社会发展水平进步的结论都持认同态度，只不过在进步多少年上不一样，如有的认为进步了20年，有的认为进步了50年，有的认为进步了30年。汶川县2017年地方公共财政收入3.16亿元，城镇居民人均可支配收入29472元、农村居民人均可支配收入12243元，前者低于同年度全国城镇居民人均可支配收入的中位数33834元，后者略高于同年度全国农村居民人均可支配收入的中位数11969元。汶川灾后重建总投资118亿元，是2007年该县公共财政收入1.23亿元的96倍。如果仅以其自身力量恢复重建，达到目前水平按照每年投入2亿元来计算的话，至少需要60年时间。因此，对于目前的汶川而言，一个基本的特征是：经济发展、基础设施水平跨越了几十年，但在社会层面的发育却较为滞后。这一现象曾引发国外人士关于中国在灾后恢复重建中是否是"大跃进"的质疑。汶川当地政府部门某负责人对此的回答是：

汶川灾后重建的机制好处就是在于可以把发达地区、先进地区的经验项目、管理的理念和落后地区很好地结合起来。关键时刻发挥特殊作用。我觉得汶川这块整体还是体现了一个科学重建。有两个典型的事例可以印证当初国际上的一种声音：汶川的灾后重建是否意味着中国政府和汶川不讲科学、不讲规律？一个是奥巴马时代派他的全球大使来参观，讲了三句话：中国真了不起、汶川建设得真好、美国和日本真的应该向中国好好学习。就是说，"三年任务两年基本完成"是否包含着大跃进的思想？还有一种就是是否符合灾后重建的规律。灾后重建的成果，后来联合国授予我们全球灾后重建的"最佳范例"，这就颠覆了他们当初对我们的怀疑。还有就是印度总理莫迪，那个时候还不是总理，是一个邦的首脑。他来的时候双手一直揣在兜里。他看完之后，他就觉得中国这个动员力量非常了不起！（访谈记录2018082103）

（二）居民对医疗保障的满意度很高

医疗保障是民生保障的重要内容之一。在国家医疗保障的基础上，汶川充分利用灾后恢复重建的各种资金支持，建立了相对完备的医疗保障体系，包括新型农村合作医疗、商业保险、大病救助、一些扶持性的基金救助等等。调研中了解和观察到的是，无论是政府，抑或是普通民众，在政策制度上给予充分重视和保障的前提下，对医疗保障的满意度是较高的。在辅助性的问卷调查中，对"医疗卫生"政策方面的满意度达到93.6%。在阳光社区访谈中记录的这段对话充分印证了上述判断：

问：您现在身体看起比较好呀？

答：我的身体还可以，只是有点小病。娃娃上班、孙子上学了，我一天没有事情干，就给他们社区打扫卫生，赚点小钱嘛。儿子、儿媳一天上班，一个月工资最多就是三千多、四千块钱，供娃娃上学，我就做一点，给他们分担点嘛。我当时由于家庭的原因，养老保险没有买。虽然没有买，但国家对我还是相当的照顾，政府、社区经常问候、关心我们,我自己打工,虽然60岁了,但是身体还可以。我给社区打扫卫生,一个月有一千块钱。

问:很多人经历过地震,精神状态不太好,您还是可以的?

答:我觉得无所谓,首先是心态放平、心态要好。不要跟人家比,人家有车子、有房子,不要去这样想,我现在就是想,我比任何人过得好,我就足够了。虽然没有固定工资,但是我比人家过得还幸福。国家管你,又不是没得吃的。我说我现在是吃了上午不管下午。有时候打点小牌,因为有孙子要带,所以也不怎么打。

问:生病等医疗方面有没有报销?

答:有报销。买的有城乡统一的医疗保险。门诊上报不到,住院的话大部分是报完了的。比如住院3000多块钱,自己可能就拿800多块钱。一年交300块钱保险,可以报80%—85%。一些精准扶贫户,自己负担的不到10%,有些钱都不用交的。医疗保障在我们这个地方应该比其他任何地方都好。新农合、商业保险、大病救助,还有医疗基金救助。基金救助报的比例还是很高的,基本上住院是报完了的。如果是10万块钱,你自己最多拿几千块钱。这块针对的主要是农村和城镇贫困家庭。阳光社区今年这里有一个癌症病人,花了一万多块钱,最后报了九千多块钱,剩下几百块钱自己负担。灾后重建各方面的保障政策体现在老百姓这里,实惠还是很大的。我们孙子去年住了个院,花了3200块钱,报了2200块钱,剩了1000块钱。我们孙子又在学校买了保险,剩下的1000块钱就(用学校买的这个保险)给全部报完了。相当于花的3200块钱我们自己最后一分钱都没有出。医疗保险国家对我们还是非常的好。(访谈记录2018082101)

(三)社区治理水平明显提升

在阳光社区成立之初,因灾后重建安置的情况和条件有所不同,居民结构复杂,家庭经济收入差距较大,老年人多,少数民族比例高,灾后安置遗留问题多、信访事件多。居民之间不团结,邻里不和谐,居民与物业公司矛盾多,入室盗窃等不安全事件时有发生,社区缺少相关文化体育设施等诸多矛盾和问题。通过发挥社区党组织和党员作用、法治和文化宣传教育、网格化管理、督导物业公司、着力解决民生问题以及发挥群团和其他社会组织作用，社区管理水平得到极大程度的提升。在老人村，村委会建立了专门的矛盾调解委员会，对于家庭、利益产生的矛盾由矛盾调解委员会的调解员进行专门调解。在震源新村，村民反映，"邻里关系、干群关系都挺和睦，以前个人种个人的地没人管，现在村干部会经常过问一些事情，嘘寒问暖的"。城乡社区治理体系的完善和水平的提升改善了邻里关系、干群关系，很大程度上促进了社区和谐，这也是社会发展水平在短期内实现跨越的一大体现。

六　重建遗留问题诊断

第一，举国援建的灾后重建模式使灾后的居民住房、公共服务设施、产业恢复发展及生态等方面的恢复重建效率大大提高，为稳定社会秩序、居民安居乐业提供了重要的物质保障和前提。然而，这一政策模式在执行过程中相应地会产生一些值得关注的问题：一是地方政府"依赖心理"。一旦发生突发事件，地方政府主动性能动性不足，主要寄希望于上级政府或中央政府主导灾后恢复重建工作。二是"统规统建"住房居住率并不高。虽然城乡住房恢复重建被排在突出位置，但并不是所有的灾民都完全接受，灾民入住新居后返回原房居住的现象多有发生，造成了一定程度上的"资源浪费"。

第二，相对完备的医疗保障政策在政策执行和实施过程中产生了一些问题，一些人钻制度漏洞，利用条块化管理的不足，通过报销医药费"赚钱"。汶川当地政府部门的一位负责人在访谈中讲道：

赚钱的都有。因为民政方面有救助，卫生上也有救助，有的（病人）把这张支票复印一下，这边报了又到那边去报。最后总共花了两三万块钱，报销都报了四万多块钱。我们现在清理，让这些病人退钱。所以医疗保障这方面我们这里不存在哪个看不起病的情况。财政、两个医疗基金是支撑这些的最大保障，每年投入300多万元，人口少。得了重大疾病我们这边基本上是给报完了的。还有，教育有"两免一补"，医疗也城乡一体化了。（访谈记录2018082101）

第三，在灾后重建的住房安置过程中，可能存在着政策执行上的不公平问题。在涉及"您对灾后恢复重建实施中的保障性住房政策实施是否满意"的问卷调查中，样本调查中有8.5%的比例选择了"非常不满意"的选项。如前所述，一些人为了得到政府分配的公租房，存在"假离婚"的现象。"假离婚"的现象不止在城市出现，农村有的人为了享受到更多的灾后重建优惠政策，也出现了"假离婚"的现象。这是灾后重建对社会层面影响的典型体现之一。

第四，社会力量持续参与有限。社会力量主要包括社会组织和个人。社会组织目前的范围较为广泛，在官方的概念中，体制内的工会、团委、妇联等都被涵盖在内。所以，在汶川官方的统计中，当地社会组织有53个，其中，社团37个，民办非企业单位16个。这些社会组织以社工机构为主，通过社会工作服务的方式介入到灾后恢复重建中。早在2008年5月底，包括外来的社会组织在内，社会力量广泛投入到了映秀、水墨、绵虒、威州等重灾乡镇，对灾情和民众需求进行实地评估，对受到地震创伤的人们进行情绪疏导和心理支持。在一些小学也设立了相应的工作站，为在板房中复课的学生、教师提供相应服务。2009年2月，在明爱基金支持下，社会组织中的社工机构启动了"萌芽计划"，继续以汶川八一小学为驻点，为学校师生开展服务，并拓展到相关社区。

虽然抗震救灾过程中，社会组织在协助救灾、服务学校、心理疏导等方面发挥了一定的作用，但是，灾后重建以后，外来的社会组织基本撤走，目前在汶川仅剩下一家社会组织——汶川县大同社会工作服务中心。该社会组织是为了顺应灾区恢复重建需要，在广东援建工作组、汶川县政府的支持下，由广东工业大学和广州大同等单位提供技术支持，在汶川县民政局注册成立（汶川）广东社工站/汶川县大同社会工作服务中心。目前共有专业社工8名，主要通过政府购买服务、资源整合和链接参与灾后重建及汶川的社会发展工作。累计承接了当地政府、基金会的项目55个，服务6.3万人次。政府的支持是汶川县大同社会工作服务中心能够扎根汶川持续开展服务的主要原因。对该社会组织工作人员的访谈，较为清晰地展现了社会力量参与灾后重建所发挥的作用及目

第四章 跨越式重构：举国援建模式下的汶川案例

前现状：

> 问：作为社会组织，参与汶川灾后重建有哪些感受？
>
> 答：通过将社会工作纳入到广东对口援建的规划中，推行政府购买服务，为后续社工机构的扎根和专业化转型奠定了基础，也让社会工作这个职业得到大家的认同。当地群众也认识到了社工、志愿者的服务。"有问题找社工，有时间找志愿者"是当时灾后重建时常听到的一句话。最初的时候，语言成为外来社工面临的重要难题，当时汶川县大同社会工作服务中心积极培养本地社工，实行"1+1+1+N"的人才队伍模式。直到灾后重建结束后，外来社工纷纷离开，导致我们社会组织专业性的社工人员不足，后来通过外出学习、锻炼等多种方式，提升本地社工的能力，在8名社会工作者中，其中7名持有社工证。将广东的社会工作引入汶川，并且至今能够保持以政府购买服务的方式在财政经费中留有预算，这是难能可贵的。
>
> 问：目前你们采取了哪些方式参与到汶川当地的社会发展中？
>
> 答：通过面向老人、妇女、儿童等弱势群体开展以居民环境适应、单亲家庭支持网络建设、干群矛盾关系调解、社区生计发展和社区志愿者队伍孵化与培育、社区融合、家庭矛盾化解服务。从微观、中观、宏观层面着重建构起群众在新环境下的社会支持网络，增强群众在新环境中的适应能力和社区归属感。但是目前在社会组织发展过程中，遇到了一些困难和问题，比如专业社工人才培养不足，部分当地领导认为社工和志愿者一样，是免费的劳动力，对于社会工作的社会认知还有待于进一步提升。另外就是，虽然目前在社区治理中建立了以社会组织、社工和社区志愿者的"三社联动"机制，群众的参与和自治热情非常大，但是参与的方式和能力有待于进一步提升。（访谈记录2018082103）

从社会组织发展的一般规律看，发达地区、社会化程度高的区域社会组织孵化、培育和发展得较快。对于汶川这样一个处于西部较为偏远的欠发达地区而言，依靠自身的培育建立符合现代社会治理的社会组织较为困难。尽管在城市和乡村社区有一些老人志愿团体，但社会力量参与到灾后重建治理以及后续的社会治理，在人财物等力量上的投入仍然不足。这一方面与当地社会的思想观念和认识有关，另一方面也与社会的发展阶段和程度紧密相关。得益于对口援建的官方力量支持，汶川县大同社会工作服务中心能够一直存在并扎根在汶川，持续发挥参与当地社会治理的作用，这正是灾后重建给予受灾地域带来的又一个明显变化。并且，客观上促进了东部发达地区与西部欠发达地区在社会治理理念、方式、手段等方面的交流融合，进而促进受灾地域社会的发展。

第五，对地域和民族文化的展示不够到位。虽然灾后重建中藏族和羌族传统建筑风貌的继承和发扬得到重视，但是对于地域文化和民族文化的具体表达方式仍然值得探讨。部分新建建筑直接将沿海或大城市的建筑形式搬到地震灾区，这些建筑虽然带来了"现代化"的城市风貌，然而由于缺乏对少数民族文化的传承和尊重、缺乏对当地地域环境的协调和呼应，民族和区域特色彰显不足。部分新建或改造建筑虽然考虑了地域和民族文化的表达，但流于形式，直接表现为藏式、羌式传统建筑符号的生硬堆砌与拼贴，例如羌绣符号不分建筑功能、建筑形式的大量堆砌等。灾后重建过程中虽然也建有将传统风貌和现代风格结合较好的"样板建筑"，但建筑风貌雷同和相似，多样性与丰富性不足。汶川当地政府相关部门试图开展风貌整治工作，但受困于资金等多方面因素，进展缓慢。社会文化方面的重构问题任重而道远。

第六，公共设施的管理和后期维护困难。现代化的公共服务设施，如医院设备、学校、图书馆、社区服务中心建筑等，在长期的维护和管理方面，由于要投入较多的维护和管理资金，加上当地财政能力有限和专业人才缺乏，给使用和管理带来困难，一定程度上造成资源的浪费。尤其是一些现代化的高精尖仪器和设备，由于使用效率低而只能被闲置。

第七，房屋产权和宅基地问题亟待寻找破解方案。虽然为了规避政策执行的漏洞，在重建房屋产权证办理方面设置了"障碍"，能够在一定范围保证政策的公平性，但从长远来看，这只是应景之计。所以，需要在更高层级从顶层设计、全局性、系统性的角度进行更好的制度和政策设计。农村宅基地同样面临类似问题，农户如果再多建房屋或是人口增加需要房屋的拓展和建设，在退耕还林等政策下，现有乡村农户很难申请到宅基地或买卖到宅基地，从而给当地社会治理埋下隐患。

第六节 举国援建模式下的社会重构逻辑

综上可知，举国援建模式下的灾后重建，从政策制定维度回应了特别重大自然灾害后的社会需求，到政策实施中以党委政府为主导，通过社会重建的需求、引导和保障机制运行，在社会多元主体的综合参与下，达到了灾后恢复重建目标。这一重建模式对于受灾地域产业上的重塑、社会关系变迁、社会心态变化、社会文化特色等方面有着持续的深刻影响。

一 "汶川大地震"致重灾区社会系统基本瘫痪

"汶川大地震"造成汶川、绵竹、北川、什邡等重灾地域工业全被摧毁，城乡公共服务设施和基础设施大面积损毁，生态环境和人文遗产被严重破坏、潜在地质灾害风险加大、次生灾害如滑坡和泥石流等增多。一些村庄甚至被掩埋、消失，这导致了当地的社会系统处于瘫痪的状态。而基于对"举国援建模式"下的社会重构"全景式图像"分析，亦可以判断的是，当此堪称"巨灾"的特别重大自然灾害发生后，不仅受灾地域物质生活的场所被摧毁，而且个体心理、群体心态呈现出恐惧、无助状态，原有的社会治理秩序被冲击，重灾区的社会发展停滞甚至倒退，原有正常的社会变迁被阻断，从而验证了前文理论假设中的"命题Ⅰ"。

二 强力政策支持下的资源投入使重建速度加快

"汶川大地震"的巨大灾害损失、受灾地域灾害应对能力的被摧毁、2008年国内面临金融危机冲击的宏观形势、中国发展壮大累积的综合实力以及"集中力量办大事"的制度和体制优势，使得灾后重建采取了"举国援建模式"。灾后重建的宏观政策、机制及其运行过程、结果的实践证明，这一模式使受灾地域在短期内完成了物质建设层面的重建工作，中国政府也赢得了普遍赞誉，国家灾害治理能力经受住了考验。这一模式下，中央政府主要通过其强大的动员能力、协调调动能力，借助政策的支持与倾斜，集中了全国的力量将重建资源大量地投入到了受灾地域。

在高效率的行政管理保障机制运转下，受灾地域在短期内便实现了物质层面的"跨域式"重建。在此进程中，受灾地域社会系统发生了激进的、大幅度的更新和发展（见图4-2）。

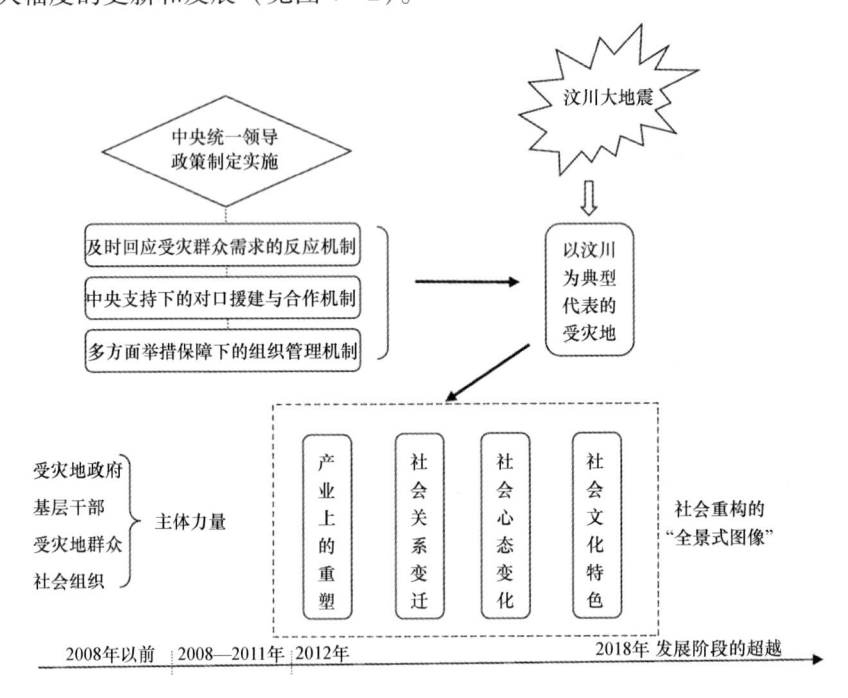

图4-2 "举国援建模式"下的社会重构逻辑

三 举国援建模式下的社会重构有典型的阶段性特征

对汶川典型地域的调查分析，可以发现：当地的社会重构呈现出典型的阶段性特征，这一点在社会关系和社会心态方面表现得最为显著（见表4-3）。社会关系的变化本质上受到"经济利益"的影响，如亲属关系会因为房屋建筑的补助利益而走向分化、邻里关系会因为利益而产生冲突、干群关系更因为利益协调不当导致矛盾、城乡关系也会因为社会保障利益而产生微妙变化。社会心态的变化则随着灾后重建的逐步推进，生产生活的外部环境变好而从消极心态为主导转向了积极心态为主导。在社会重构系统的各方面，产业发展走了一条创新性的路径，感恩文化形成并且文娱活动随着灾后重建水平的显著提升而变得丰富多彩，社会治理水平也有了明显提升，但依然存在着一些问题需要解决。

表 4-3　　　　　汶川调查地域的社会重构阶段性特征

受灾地域	社会重构内容		受灾时期 2008年5—8月	灾后重建时期 2008年8月至2011年5月	后重建时期 2011年6月至2018年8月
汶川及其典型地域	产业发展		—	"飞地经济"	康养旅游、休闲；种植、养殖、就近务工等
	社会关系	亲属关系	相互照应紧密化	因房屋建筑补助走向分化	亲子关系成为家庭重心
		邻里关系	团结、紧密、相互帮助		融合趋势下的利益冲突
		干群关系	带领民众渡难关，起"主心骨"作用	因协调利益"矛盾、冲突"增加	干群关系融洽、村干部威信逐步建立
		城乡关系	因农村居民收入和养老保障优于城市而出现微妙变化		
	社会结构		旅游业发展改变了典型地域村民的收入和就业结构、易地搬迁重组村改变了村民的空间结构、县城人口规模缩减		
	社会心态	主政者	恐惧、害怕、孤立无援、怀疑	感恩，挣扎，压力重重、坚持	矛盾的发展选择
		普通民众	恐惧、害怕；守望相助、患难与共	感恩；私利增加	利益相争；安全、保险、国家意识增强
	社会文化			—	感恩文化、社区文娱活动丰富
	社会治理		—	逐步恢复	水平提升；一些领域仍然存在问题

四　社会重构受益于举国援建模式但遵循着自身规律

举国援建模式对社会重构内容的各个方面作用深刻。一是汶川当地产业的转型发展改变了民众的生产方式、就业结构，促进了乡村居民收入水平的提升。这是建立在当地社会重建完成的基础上的。举国援建模式下的政策支持，为受灾地域的基础设施建设奠定了雄厚的物质基础。二是社会关系的动态变化与自然灾害的冲击等多种因素有关，更主要的是受灾后重建补助政策的影响，使得社会关系呈现利益化的态势。三是社会空间结构的变化显著受灾后重建政策影响。四是社会心态变化受社会存在影响，其中最主要的因素是国家给予强有力资源支持，使民众的利益不仅有了保障，而且获得极大提升，民众的"国家意识"得以重塑。五是社会文化方面的影响虽然并不突出，但依然可以发现随着社会整体层面的跨越式发展，现代社会的治理方式被更多地采用，民众的文化活动得到丰富。这一模式在提高受灾地域物质重建效率的同时，为社会重构提供了坚实的发展基础。然而，社会重构的发展与变迁历时比灾后重建期更为长久，遵循着自身的演变规律——即对于社会资本的改善、社会治理的提升等方面重构目标的实现，需要在社会秩序稳定后结合受灾地域实际，长期稳步推进。

第七节　本章小结

从灾后重建政策、主要机制以及县域和乡村社会层面对"汶川大地震"后十余年社会重构的"全景式图景"分析表明：

第一，举国援建模式实施后的十余年间，在社会关系、社会结构以及社会生产等综合作用下，汶川实现了社会秩序恢复和发展的同时，社会资本获得积极改善，社会治理水平获得有效提升。这是一种典型的"跨越式"社会重构，鲜明地体现了举国援建模式具有的"集中力量办大事"的制度优势。中央政府组织调度各方资源，通过灾后重建政策的制定、实施与主要机制的顺畅运行，极大地提高了受灾地域居民住房、公共服务设施、产业恢复发展及生态等方面的恢复重建效率，为稳定社会秩序、居民安居乐业提供了重要的物质保障和前提。

第二，产业发展方面最典型的转变就是产业的重构带来产业结构类型、居民就业方式、收入结构的巨大转变。举国体制的灾后援建模式，强有力的外部支援，使受灾地域在房屋安置、公共基础设施建设、民生保障方面获得巨大帮助，受灾地域短期内实现了物质文明的跨越式发展。然而，以第一产业和第三产业为主的"产业重构"对当地政府财税收入造成一定程度的负担，因为缺乏强有力的工业支撑，财税收入减少了。从汶川当地资源优势分析，现有的产业发展是多方面客观因素综合决定的结果,但建构更为科学的产业发展道路仍需在更高层面处理好"生态保护"与"地方发展"的矛盾问题。

第三,社会关系整体和谐、融洽,凝聚力提升,在灾后重建视阈下的变迁呈现阶段化特征。家庭关系进一步凝聚的原动力,来自灾后重建过程中的共同遭遇和相互照应促成的紧密化增强。灾后重建视阈下,家庭关系分化发展,一方面由于农房补助、房屋产权、城乡社会保障差异、农村宅基地等方面利益差异使社会关系呈现"趋利化"特征;另一方面亲子关系在"后重建时期"成为家庭关系重心。邻里关系虽然紧密性、和谐性、融合性增强,但隐藏的不和谐因素逐步增加,相互之间在生活、收入、发展上的攀比折射了背后隐藏的利益对比。干部和群众之间的关系在十年变迁中虽然经历波折,但在此过程中基层干部在群众中的威信逐步增加,随着社区治理水平的提升,民众对基层干部的认可度和满意度增强,极大地树立了国家、政府在民众间的威信,一定程度上促进了多民族融合关系的和谐发展。城乡关系在灾后重建政策享受不同、社会保障政策不同以及当地第一产业发展起来后导致了部分城乡居民收入"倒挂"下的心态失衡,在一定程度上反映了这一关系的微妙变化。分家、离婚、宅基地受灾后重建政策影响至今,成为当地社会重构中最显著的变化和影响,寻找破解之策成为治理难题。

第四,社会结构的最显著变化主要体现在除了产业结构带来的就业结构和居民收入结构变化之外,灾后重建的社会行动同样带来了居民生活空间结构的变化。此外,出于对汶川县城安全性的考量,县城的人口数量与震前相比大大减少,人口的数量结构亦发生了明显变化。

第五,社会心态的变化在灾后重建十年间呈现典型的阶段性特征。从灾害发生时的害怕、恐惧、担忧,到救灾阶段的相互帮助、共享,灾后恢复重建阶段的"私利"产生以及"后重建时期"对感恩文化的培养、塑造,诠释了社会存在决定社会意识的马克思主义基本观点。

第六,当地社会风俗文化在多民族的融合发展中进一步汉化,羌族、藏族的特色习俗悄然发生着转变。但在文化融合发展形势下,由于受制于灾后重建时间紧、任务重和对受灾地域特色文化继承与发展方面展示的不足,在文化重构和发展方面依然任重而道远。

第七,在社区治理水平提升并跨越式地向现代化、社会化、共享化的格局发展支撑下,民众不仅文化活动形式开始变得多样化、现代化、丰富化,并且在社会组织——汶川县大同社会工作服务中心的持续影响下,民众参与社会治理的意识提升,对社会组织的认识也有了不同程度的转变。

  基于理论分析框架下的社会重构逻辑总结可知:"汶川大地震"对于受灾地域尤其是重灾区的社会系统破坏是摧毁性的,导致其社会运行基本瘫痪;举国援建模式下,中央政府强力政策支持下的资源投入使受灾地域的灾后重建速度加快。对汶川典型地域的调查分析,可以发现,当地的社会重构呈现出典型的阶段性特征,这一点在社会关系和社会心态方面表现得最为显著;社会层面的重构虽然受益于举国援建模式,但仍然遵循着自身的规律,需要长时期的稳步推进才能实现。

第五章　渐进式重构：地方为主模式下的芦山案例

特别重大自然灾害治理是长期的国家系统工程。改革开放后，中国逐步建立健全特别重大自然灾害管理体制，建构了高效应对机制。在历次特别重大自然灾害面前，中国执政党和政府从来不缺乏运筹帷幄和果断行动的能力，同时也积累了丰富的抗灾救灾经验。然而，需要理性认识到，作为世界上自然灾害最严重的国家之一，"举国援建的灾后重建模式"不可持续，必须寻找更加科学合理的符合长远发展的灾后恢复重建新思路、新模式。从2013年"芦山强烈地震"开始，中国的灾后重建采取了不同的治理思路。本章同样以前述构建的理论分析框架为基本逻辑，首先分析"芦山强烈地震"发生的背景和"中央统筹指导、地方作为主体"模式（简称"地方为主模式"）下的灾后重建政策；其次，阐释"芦山强烈地震"灾后重建中社会重构的主要机制；再次，以芦山县及老人村和震源新村为调查样本，探究其灾后重建视阈下5年社会重构的"全景式图景"；最后，总结受灾地域社会系统在地方为主模式下的社会重构逻辑。

第一节　"芦山强烈地震"发生的背景

2013年4月20日，四川省雅安市芦山县遭遇里氏7.0级强烈地震，这是当地在2008年遭受"5·12"汶川大地震短短5年之后，遭遇的又一次特别重大自然灾害。地震波及四川省雅安市、成都市、乐山市、眉山市等所辖的32个县（市、区），受灾人口约218.4万人，受灾面积12500平方公里，直接经济损失达8840多亿元；地震造成

196 人死亡，失踪 21 人，11470 人受伤。"芦山强烈地震"在波及范围、人财物损失、破坏程度等方面虽然不及"汶川大地震"，但是由于两次地震间隔时间短、震级强烈，受灾区基本是五年内两次受到冲击，灾后重建不仅难度极大，而且面临着与"汶川大地震"时期不一样的综合因素。

宏观方面：2012 年中国共产党第十八次全国代表大会以后，中国开启"新时代"发展时期。国家机构换届完成，全面深化改革酝酿实施，反腐败治理大力推进，经济运行面临新的机遇和挑战。宏观经济增长放缓，外需乏力、内需不足的形势突出。2010 年至 2013 年，中国GDP 增速分别为 10.6%、9.6%、7.9%、7.8%，逐年递减。中央和地方各级政府财政收入减缓，产业发展面临转型升级压力。

受灾地域方面：一是重灾区域经济发展水平较低、城镇化水平低；二是 90% 以上为山地，平原面积不足 6%；三是生态环境经两次地震冲击更加脆弱，泥石流、滑坡、崩塌等次生灾害点增多，生态修复压力大；四是芦山地震区域地处川西盆地与青藏高原过渡交汇地带，东靠成都、西连甘孜、南临凉山、北接阿坝，也是汉族、藏族、羌族和彝族杂居的地方，多民族聚居给灾后重建增加了客观上的难度；五是"汶川大地震"灾后恢复重建工作在中央政府主导下基本结束，以四川省为代表的地方政府经受了特别重大自然灾害的考验，在灾后重建中提升了治理能力、积累了丰富经验。

灾情大小、受灾地域的自然和人文环境、国内外形势等综合因素，决定了"芦山强烈地震"的灾后重建已不具备"举国援建模式"的客观实际。在此背景下，中国政府提出并实行了以"地方作为主体"的灾后重建模式。

第二节 "芦山强烈地震"后的重建政策

一 制定主体

在政策制定方面，一方面，国务院于 2013 年 7 月 6 日、7 月 15 日分别公布了《国务院关于支持芦山地震灾后恢复重建政策措施的意见》《国务院关于印发芦山地震灾后恢复重建总体规划的通知》两个政策文件，对灾后恢复重建的指导思想、原则、支持政策等做了规定。另一方面，四川省委、省政府于5月14日、7月30日分别出台《中共四川省委关于推进芦山地震灾区科学重建跨越发展 加快建设幸福美丽新家园的决定》《四川省人民政府关于支持芦山地震灾后恢复重建政策措施的意见》等主要政策文件。与"汶川大地震"相比，"芦山强烈地震"灾后恢复重建政策不仅以国务院名义出台的恢复重建政策文件数量相对减少，而且强化了地方政府作为灾后重建政策制定主体的突出地位；作为重灾区的地级市雅安同时出台有《"4·20"芦山强烈地震灾后恢复重建项目管理办法》等配套落实文件，建立"一项政策、一名市领导、一个工作专门班子"落实机制；芦山出台《芦山县"4·20"强烈地震灾后农村过渡安置实施方案》等政策文件。

二 主要内容

一是灾后重建中树立新理念，如"以人为本、尊重自然、统筹兼顾、立足当前、着眼长远"；"绿色发展、可持续发展、人与自然和谐发展"新理念；"中央统筹、分级负责"。与"汶川大地震"灾后恢复重建相比，灾后重建的思想理念既一脉相承，又有创新。二是增加地质灾害防治和生态修复政策。灾后重建资金扶持上，中央和省级财政安排资金560亿元，占灾后恢复重建规划投资的65%以上[1]，其中，中央财政安排生态修复、地质灾害防治和产业发展专项支持资金150亿元。三是村民住房建设有更多"自主权"。灾区232个居民新村组建"自主建设委员会"，协商、讨论以及与施工队谈判重建房屋。四是鼓励社会组织发挥积极作用。[2] 民政部出台《关于支持引导社会力量参与救灾工作的指导意见》，当地建立统一的社会组织平台——抗震救灾社会组织和志愿者服务中心，整合社会力量支持恢复重建；社会力量参与的内容包括居民住房、学校、医院等民生重建项目，以及参与社区重建、生计恢复、心理康复和防灾减灾等领域。五是强化

---

[1] 《10大类政策措施支持芦山地震灾区灾后恢复重建》，四川日报网，http://epaper.scdaily.cn/shtml/scrb/20130801/32102.shtml（最后访问时间：2019年2月27日）。

[2] 龚维斌：《社会组织：灾后恢复重建的重要力量——雅安的经验与反思》，《学习时报》2016年4月18日。

产业重建和基本民生类保障。在灾后重建中注重受灾地域恢复功能和"自我造血"功能的提升,"民生优先"保障的内容是把重建和改善学校、医院等公共服务设施作为重点。这是"芦山强烈地震"与"汶川大地震"的重要不同。

其他方面,受灾地域各级政府在用好用足中央补助资金和支持政策的基础上,减免部分政府性基金和行政事业收费,对符合规定条件的企业减征所得税,允许企业延期申报纳税,批准因灾停业的单位缓缴社会保险。对符合规定条件的房产、土地,免征重建期年度房产税和城镇土地使用税。采用行政划拨和协议出让供地政策,调整地价标准降低出让地价。增加灾区信贷投放量,实行倾斜的准备金政策,强化重建要素保障。优先安排灾区用地指标,支持开展城乡建设用地增减挂钩试点,允许用地边建边报批。对灾区急需的煤炭、砂石、砖瓦、建筑类矿产资源矿业权等,实施阶段性特殊政策。

三 实施过程

政策实施上,成立由国家发展和改革委员会为组长,四川省政府、财政部、住房和城乡建设部为副组长,相关部委为成员的"国务院芦山地震灾后恢复重建指导协调小组",编制灾后恢复重建总体规划。中央政府及相关部门发挥统筹协调指导作用,对在国家层面的相关事宜给予地方政府支持和协助。具体操作上,作为地方省一级政府的四川省"负总责":一是建立灾后重建领导机构。成立"芦山地震灾后恢复重建委员会",时任省委书记王东明任主任,统一领导指挥重建工作,灾区市(州)县建立网络化、下沉式的重建实施组织体系。雅安市成立"重建委员会",监督检查恢复重建落实情况,芦山县成立"4·20"强烈地震抗震指挥救灾指挥部。二是赋予地方自主权,提升项目建设效率。把99%以上重建项目的审批、核准和备案权,下放给灾区市、县政府。资金管理和项目审核权一放到底,并且允许地方政府根据情况适当动态调整项目。[①] 灾后重建项目的执行中,由于客观条件制约或相关

---

① 李明:《我国特重大灾害灾后恢复重建财政事权与支出责任变迁》,《经济研究参考》2017年第40期。

因素未考虑到位，需要调整规划、重新配置资金，地方政府即可快速反应，及时调整，而不用再上报中央政府。三是借鉴汶川地震的灾害重建经验，实行省内对口支援。"一地级市援建一受灾地"（见表5-1），各援建市对口援建实物总量按本市2012年地方公共财政收入的5‰掌握。

表5-1　芦山灾后重建四川省内对口支援对应地及援建资金

序号	援建市	被援建地	援建资金（万元）
1	德阳市	雅安市芦山县	5596
2	成都市	雅安市芦山县龙门乡	—
3	绵阳市	雅安市雨城区	5880
4	南充市	雅安市天全县	6700
5	攀枝花市	雅安市名山区	2860
6	自贡市	雅安市荥经县	2032
7	泸州市	雅安市宝兴县	5200
8	成都市	邛崃市的6个重灾乡镇	—

注：根据相关资料整理而成。

芦山地震恢复重建取得重大成就。2016年7月，总体规划中由地方承担的2419个项目完工2382个，完工率达到98.47%；完成投资781.99亿元，投资完成率达到98.76%，基本完成三年灾后重建目标。[1] 农村、城市住房建设分别于2014年年底和2015年年底全部建成。公共服务体系得到完善、基础设施水平得到提升，学校、医院等民生事业优先获得重建。建成了一批产业园区、生态示范园区以及农业特色产业，带动了当地经济发展和居民就业。生态环境得到修复，形成了"先治坡，后置窝"的灾后恢复重建治理经验；其中，恢复震损的林地植被40.6万亩，整理复垦严重损毁农用地59处，治理水土流失418.7

---

[1]　刘裕国、王明峰：《芦山地震灾后恢复重建基本完成》，《人民日报》2016年7月20日第1版。

万亩，恢复大熊猫栖息地21.7万亩。[①] 恢复重建资金使用率高；根据审计机关跟踪审计，芦山地震灾后重建资金管理使用和项目建设总体情况是好的。[②]

四 主要特点

一是主要通过调动地方政府积极性、主动性和能动性主导灾后重建工作。中央政府依据灾情大小给予必要的支持，国务院相关部门有针对性地在宏观项目、行业领域给予统筹指导，并发挥监督审计作用。更多的灾后重建工作需要地方政府主导，特别是省一级政府统一领导和指挥。地方政府运用其对辖区行政资源的调度、协调、统筹能力，从管理机构、政策扶持、制度创新等多个方面发挥积极性、主动性和能动性，对受灾地域进行产业、公共基础设施、居民房屋等方面的重建支持。

二是突出专业人才的保障作用。一方面，配齐配强受灾地方党政干部。将"汶川大地震"中有经验的干部调到雅安，如现任芦山县委书记是由江油市调任过来的；大胆提拔灾后重建中表现突出的干部；全省选派优秀干部到受灾一线任职；实行"一包二挂六联三帮"[③]制度。另一方面，引导、支持、培育专业技术人才到受灾地域发挥作用。与汶川实行"交钥匙"工程不同，芦山地震灾区恢复重建面临着规划设计、投资评审、项目招标、工程管理等多方面的具体工作亟须自身力量来解决，专业人才不足成为主要矛盾。为此，四川通过组织抽调、合作帮扶、"工匠培训"等多种方式，缓解灾后重建过程中的人才不足问题。

三是在灾后重建中强化"治理思维"运用。"地方为主模式"下，

[①] 李晓东、危兆盖：《芦山地震灾后恢复重建基本完成：又见芦山的幸福容颜》，光明日报网，http://www.beiww.com/szzg/2016/0721/article_3275.html（最后访问时间：2019年2月27日）。

[②] 《四川：芦山地震灾后重建取得重大成就 跟踪审计发挥重要保障和推动作用》，审计署网，http://www.audit.gov.cn/n4/n19/c86998/content.html（最后访问时间：2019年2月27日）。

[③] 即固定包县（区），动态挂帮重大项目、重点工作，长期联系乡（镇）、村（社区）、企业、人才、"两代表一委员"、群众等，集中帮扶边远落后乡镇、后进村（社区）、困难群众等。

党委、政府依然在灾后重建中通过政策等途径发挥主导作用。与此同时，受灾群众参与灾后重建的积极性被调动起来，乡村居民在统一规划的前提下，可以自主参与房屋建设；专业社会组织的力量如外来的、本土培育的也被调动起来共同致力于灾区的重建工作。"中央统筹指导、地方作为主体、灾区群众广泛参与"的新路从理念变成了现实。

第三节 地方为主模式下的社会重构机制

"地方为主模式"下的社会重构机制与其灾后重建的主要机制逻辑脉络基本一致，包括以下几个方面。

一 回应受灾群众需求的反应机制

"芦山强烈地震"发生后，中共中央总书记、国家主席、中央军委主席习近平高度重视，多次作出重要指示、批示，强调要"探索出一条中央统筹指导、地方作为主体、灾区群众广泛参与的恢复重建新路子"。中共中央政治局常委会召开会议指导抗震救灾工作。2013年5月21—23日，中央主要领导赴芦山地震灾区考察受灾情况并指导灾后重建工作。四川省委、省政府主要领导相继赴灾区，在传达中央领导指示精神的同时，指导灾区重建。在回应受灾群众生产生活恢复的现实需求方面，中国政府的反应如"汶川大地震"一样及时。所不同的是，在灾后重建的政策支持上，中国政府并没有选择举国援建模式，而是主要采取地方政府主导和群众参与的方式推进。这是基于综合考量后的有效尝试，试图通过划分中央政府与地方政府的责权边界，探索完善重大自然灾害重建的应对体系。

二 地方作为主体力量的责任机制

中央和地方的关系问题历来是中国行政体制变迁的关键问题，本质上反映的是中央政府与地方政府在事权、财权、监督权方面的职能职责分工与调整。"汶川大地震"的灾后重建模式，充分发挥了中央政府在灾后重建工作中的统一领导、统筹协调的主导作用，地方政府起的主要作用是执行中央政策、推进灾后重建规划项目的实施。"芦山强烈地震"发生后,中国提出要探索一条"中央统筹指导、地方为主体、灾区群众广泛参与的恢复重建新路子"。明确地方作为主体,实际上就是由地方承担主体责任,实行"地方主体责任制"。[1] 这一新的责任机制下,中央政府及相关部门发挥统筹协调指导作用,对在国家层面的相关事宜给予地方政府以支持和协助,实质是意在通过赋予地方政府更大的自主权,调动地方政府在灾后重建中的积极性并发挥主体作用。

三 调动社会力量参与的作用机制

一方面,借助社会组织的专业优势,参与灾后重建工作。引导省内外社会组织和志愿者在受灾地域开展专业服务,积极调动受灾地本土社会组织的力量发挥自身优势提供灾后重建相关服务,促进灾后需求与社会组织服务供给的均衡。另一方面,通过灾后重建相关政策以及制度方面的创新调动群众力量。采取"统规自建"方式,在农房重建中成立"自主建设委员会",调动广大受灾群众参与建设自家房屋的积极性、能动性。"地方作为主体"的重建模式不仅体现"中央统筹、地方为主"的鲜明特点,而且彰显出"一主多元"——"党委、政府主导,社会力量广泛参与"的治理格局在灾后重建工作中的作用。

第四节 调查的典型地域

按照政府的目标设定,"芦山强烈地震"灾后恢复重建实现"三年基本完成、五年整体跨越、七年同步小康"[2]。截至笔者2018年8月最后一次调研时期,"芦山强烈地震"灾后重建已有5年时间,政府投入的灾后恢复重建投资项目在2016年已经完工。在社会重构层面,当地的社会变迁始终受到灾后重建的多方面影响,甚至在某些方面,灾后重建激化了社会层面的矛盾和问题。而且,由于震中是在乡村区域,乡村

---

[1] 李志明:《芦山地震灾后恢复重建的三条基本经验》,《中国减灾》2016年第19期。
[2] 《芦山地震三年重建任务基本完成》,人民网—人民日报,http://bj.people.com.cn/n2/2016/0421/c233086-28190725.html(最后访问时间:2019年3月16日)。

损失一方面比城镇严重；另一方面，城镇的灾后恢复重建更多是房屋加固、维修以及购买房屋的价格优惠等措施，乡村则不同，采取就近重建方式，将原有比较分散的农村小散居状态集聚起来，使得受灾地域乡村居民的居住方式和形态发生较大变化，所以农村的社会变化更为广泛。这也是在芦山的调查区域主要选择乡村的主要原因所在。

一 基本情况

（一）芦山县

芦山县位于四川盆地西缘，雅安市东北部，青衣江上游，距成都市156公里、距汶川县160公里。芦山县面积共有1166平方公里，辖区内有6镇2乡1街道，包括47个村（社区）256个村民小组。总人口13万，其中，农村居民9万人，城镇居民4万人。芦山县是2013年"4·20"芦山强烈地震震中和唯一极重灾县，地震震中位于芦山县龙门乡，波及范围4000平方公里。按照"地方作为主体"的灾后重建新模式，芦山县圆满完成灾后恢复重建任务，为芦山同步奔小康奠定了坚实基础。截至2016年7月20日，芦山县灾后恢复重建项目全面完工。2016年实现地区生产总值35.5亿元，是震前的1.56倍；一般公共预算收入1.37亿元，是震前的2.28倍；城镇居民人均可支配收入达到24858元，农村居民人均可支配收入10287万元，实现了较大幅度提升。主要经济指标连续三年位居雅安市前列，补上了灾害造成的发展"欠账"。

（二）青龙场村

芦山县龙门乡青龙场村是2013年"芦山强烈地震"震中所在地。地震发生后，中共中央总书记、国家主席、中央军委主席习近平曾到此考察受灾情况。青龙场村总面积有24.8平方公里，有9个村民小组1800多户5000余人，耕地面积3136.7亩、田地3800亩、退耕还林面积3088.5亩。同时，该村也是龙门乡政府所在地，距芦山县城18公里。

青龙场村的灾后重建采取"统规自建"的方式进行。在建设模式上创建由12名群众代表组成的"自建委员会"，按照"统一规划设计、统一集中自建、统一产业配套、统一自主管理"的方式，由"自建委员会"牵头，通过全体村民商定之后再统一实施，从选房址到谈价格、从管理资金到监管质量、从集中建议到处理纠纷，都是群众自己做主，这调动了群众参与重建的积极性。在此过程中，县里专门抽调工作经验丰富、工作责任感强的优秀干部下沉到一线，与乡村组干部一道走村入户，做好协调服务工作。在房屋重建过程中，以村民小组为单位，互帮互助，一家人建房、全体村民齐上阵。全村重建后形成了以白伙聚居点、河心聚居点为代表的7个聚居点，并实现了由震前的居民散居向居民聚居的居住方式改变。

青龙场村旅游资源丰富，有国家重点文物保护单位元代建筑青龙寺大殿、世界上最大的砾岩溶洞（龙门溶洞）、国家4A级景区龙门古镇。借助灾后重建公共交通基础设施的契机，在产业发展上，青龙场村一方面以龙门古镇为核心，规划打造商贸、居住、旅游融合的城镇中心，比如震中旅游纪念地、风情旅游小镇，辐射和带动周边村的发展。另外，以药材、茶叶、猕猴桃、特色果蔬等生态旅游观光农业为重点，探索"龙头企业＋合作社＋家庭农场＋银行＋农户＋互联网"的乡村产业发展模式。2017年青龙场村人均收入14206元，入选了"四川百强名村"，居第54位。

（三）隆兴村

隆兴村位于芦山县龙门镇，距县城12公里，辖区面积11.8平方公里，耕地面积1530亩，退耕还林面积4254亩。全村共有6个村民小组764户，常住人口2284人。隆兴村距青龙场村只有5分钟的车程。在产业发展上主要通过土地流转方式种植猕猴桃。2018年隆兴村被列为芦山县"乡村振兴示范村"。青龙场村因为是震中所在地，所以在灾后恢复重建中被作为示范村打造，隆兴村与青龙场村不同的是：在房屋重建中，截至笔者最后一次调研时，并不是每一户的房屋都完全建成，有些只打了地基，没有建成；有些只是半成品，调研的时候正在依靠自己的力量建；房屋的类型也不是统一的。这在灾后重建村中有一定代表性。

二 产业发展

"产业重建"是芦山灾后重建不同于汶川的显著特点之一。一方面，芦山县按照"两核心一驱动、组团生态发展"① 产业布局，新建产业园区集中规划区 5 平方公里，在恢复重建中集中建成灾后高水平示范产业集中区和产城一体化的现代生态产业新城。以此为载体，强化招商引资，并在与德阳、成都市的省内对口援建中增强经济合作，拓展产业发展项目。另一方面，在规划引领下，建设生态农业示范园，发展优质的猕猴桃、高山生态茶、高山生态蔬菜、珍稀林木、林下养殖等特色产业，相继引进了钱记鸡业、淮南堂食品在农业园区投产。灾后重建过程中，通过土地流转，芦山县新种植猕猴桃 1.76 万亩、高山生态茶 4.03 万亩、珍稀苗木 1.6 万亩。此外，推动根雕艺术城、龙门飞仙、汉姜古城等文化与旅游融合发展，打造乡村旅游产业。

产业重建促进了当地产业结构的进一步调整优化，三大产业比由 2012 年的 17.3∶61.7∶21 调整为 2017 年的 14.4∶53.4∶32.2。2013 年，芦山县地区生产总值为 25.62 亿元，较 2012 年仅增长 0.5%，随着灾后恢复重建的进行，从 2014 年开始，地区生产总值稳步增长（见图 5-1）。经济总量实现跨越发展，2012 年 GDP 仅为 25.35 亿元，2017 年接近 40 亿元，后者为前者的 1.6 倍，年均增速 9.5%；2012 年

图 5-1 芦山县 2012—2017 年地区生产总值及增长率

---

① 以东、西区为园区"两核"，以龙尾山为园区绿化带发展工业产业。东区重点发展新材料等产业，西区重点发展根雕等产业，结合生态文化旅游，沿芦山河整体打造商业休闲带。

芦山县人均GDP为23096元，2017年人均GDP超过3.58万元，后者为前者的1.6倍，年均增长9.2%。受宏观经济形势影响，虽然近几年芦山县地区生产总值增长率呈下降趋势，但产业重建为其未来的经济发展奠定了坚实基础。

第五节　芦山调查地域社会重构的"全景式图像"

一　社会关系上的变迁

（一）亲属关系与邻里关系

从上述调查看，家庭关系在灾后重建不同时期表现出与汶川相似的特征。"受灾时期"（2013年4—10月）亲属之间相互照应、相互帮衬，关系紧密化；"灾后重建时期"（2013年10月至2016年7月）在统一规划下自建自家房屋，按照户籍人口领取政府的补助，此过程中由于涉及具体利益等，家庭关系出现了变化；"后重建时期"（2016年8月以来），家庭中的亲情关系进一步凝聚，亲子关系逐渐成为主导。

邻里关系、亲戚关系在整个灾后重建过程中得到强化。调查发现，97%的访谈对象认为邻里关系非常好；92%的访谈对象愿意从散居搬到聚居的环境居住，认为大家住在一起相处很融洽；81%的访谈对象认为亲戚之间关系非常好，在遇到财务等方面的困难时首先会想到找亲戚、邻居帮忙，其次找金融机构贷款。从"小散居"到"小聚居"的重建方式虽然改变了以前的生活空间，但灾后重建中的相互帮助以及相互交往，强化了亲朋和邻里的亲密关系，促进了社会和谐。

（二）干部和群众关系

在对两个村的干群关系调查中，89%的农户认为干群关系"一般"。深度访谈中了解到，干群关系之间的矛盾主要源于四个方面：

一是政府补助没发完或农民交的"预付款"没退。在《芦山县人民政府办公室关于印发芦山县"4·20"强烈地震灾后农村居民住房重建实施意见的通知》的文件中，对于房屋重建农户的补助发放有明确的规定，即，按照四次分批发放，每一次发放需要满足一定的条件。为了保证补助款项用于房屋重建，在自建过程中，当地农村引入了特殊的机制设计——每户需要缴纳1万元的房屋"预付款",有的叫"建房报名费",实际上是保证金,缴完了才能够进行房屋重建,房屋建好了就将这笔钱退给农户,但部分农户的这笔钱并没有退还。在隆兴村的田野调查中,30%左右的访谈对象反映了这一问题。如一位户主谈道:

> 我家现在住的是楼房,两层,每层3大间,每层有118平方米,共计236平方米左右。盖房用了30万元,其中贷款8万元,已经于2017年还清。政府补贴3.2万元,到目前只拿到2.9万元,因为原来的猪圈还没有拆。1万元建房报名费,小区有45户共收缴45万元,到目前还没有退给我们(注:据了解,是因为村里很多家没有严格按照设计的标准而是超标准建房)。(访谈记录2018082501)

这一机制设计出发点是好的:为了防止农户领取了政府补贴不建房或将房屋补贴款用到其他地方,以达到专款专用的目的。这样的问题折射出基层在政策执行和宣传上的不到位,实质上反映了基层治理能力不足。当然,农户之所以有这样的认识,也可能源于乡村治理中,一些村干部的不作为、乱作为以及"寻租"现象的存在。

二是认为灾后重建政策没有完全兑现。24%的调查对象反映了这一问题,其中一户谈道:

> 对于干部选举,态度没有用,想选的人上不去。我们对于自建委的态度就是:有这个组织,但没发挥什么作用。国家补贴的2.9万元,还有12%的尾款没拿到手,建的房子还没住就漏水了。国家的好政策,到了下面就不行了。对于村里发展不抱什么期望了。我们作为贫困户,家里的大女儿虽然出嫁了,但户口还在这里,享受不到贫困补贴,在婆家也享受不到,这很不公平。(访谈记录2018082503)

上述态度直接反映了该村民对村干部的不满和怨言。典型地体现了在灾后重建政策实施和重建过程中,干群之间矛盾问题的激化。

三是部分农户享受不到补贴的政策。对于不需要重建的农户来讲，根据政策规定只需要加固维修的，就不能被认定成"重建户"。这样的农户房屋只能领取到当地政府补贴的5000元。但实际情况是，为了安全考虑，这样的农户最后都会重建自己的房屋。农户房屋是否是重建户的认定权力，也由"自建委员会"决定。而自建委员会的成员一般都是村组干部，当然，也有的自建委员会成员不是村干部。如果没有被认定成"重建户"的话，补助就少了2万多元，这对于熟人社会的乡村而言，伦理的感情关系让位于利益关系，从而对村干部和自建委成员产生怨言。[①] 隆兴村访谈中的一户即是这样的态度：

> 我们家房子从建到装修好，总共花了30多万元。我们家五口人，当时没有算成重建户，给了5000元加固费。一楼花了十几万元，二楼花了7万元。我们不能贷款。找别人帮着贷款，贷了5万元。找亲戚朋友借了10万元。我爸兄弟姊妹四个。村上的干部我觉得他们要带动老百姓一起致富。村上干部和老百姓之间的关系有些好，有些不好，也习惯了（态度无奈，言谈中不想提及村干部）。有些土地纠纷问题，把土地租了，一直也没给钱。还有农村人喜欢贪占小便宜，不想付出，还想回报。但我们这里应该没有贪污的。我们这边年轻人都出去打工了。我觉得灾后重建有些不公平。有些路都没通，怎么致富？先把路通了嘛。青龙场村和岷山那边都比我们这边好，但确实那边发展空间大，我们这边落后太多了。（访谈记录2018082509）

四是认为村干部在政策执行上存在不公平。访谈中发现的这一问题主要集中在距离中心村组稍远的边缘村组。隆兴村满堰口组是一个只有11户的村组，距隆兴村支部和村中心有500米左右。11户以前是散居在附近的山上，地震后聚居在一起。访谈中的一户反映：

[①] 访谈中了解到，村民代表组成的"自建委员会"没有活动经费，基本上是免费为村民服务的。

第五章　渐进式重构：地方为主模式下的芦山案例　　141

　　我们这个房子地震当年就盖好了。我们这几户是原址重建。当年的房子就在这。与地震之前相比，还是比较好的。但还是有些不公平。比如我们这个地方就没有一个贫困户。虽然每一个人有1000元的社保，但是我们自己买的。当时占了我们两亩地，又还给了我们两亩地，我们建了这个房子。邻居之间关系挺好的。村干部对我们不太公平。村干部都在隆兴场。我们这边满堰口组的就管得少。啥好的他们隆兴那边村干部就占完，我们都占不到。（访谈记录20180825011）

而对于干群之间的关系，基层干部也有自己的态度和看法。主要体现为：基层干部认为灾后重建的体制机制需要完善，尤其对干部，要宽容，建立容错纠错机制。芦山县某乡干部认为：

　　在灾后恢复重建时，三年灾后重建，我们五加二、白加黑加班。来不及反腐从严，虽然说按程序走，但程序不少，时间缩短，那干部只能加班。一些干部不休息，一直加班。但是在后期，参加过灾后重建的人懂得这份感情。没参加过灾后重建的干部体会不到灾后重建的难处，感觉很平常。我们倒过来看，从各方面的干部检查来看，有些干部存在一些小过失，但没有为自己谋私利，一心为公，但没有经历过灾后重建的干部一直觉得这些干部谋私了。缺少纠错容错机制。当时有些工人不能按时拿到工资，干部就要受到处分，谁都不能过春节。这样后面如果有灾，我建议要有相应的机制，否则有担当的干部就没有了，干部都不出来，敢于冲锋的干部没有了。因此，我们必须要建立容错纠错机制。现在没有哪一级能说清楚，大多靠一把手，完全靠自己，取决于自己的修养。以后救灾的干部如何保护，还没有实质性的东西。一是只要一心为公，二是没有私利，三是最开始与最终落脚点出发点都是从大众从国家来考虑，都应该有相应的保护机制。否则大家都不愿意作出牺牲。还有就是，要加强干部的培训，尤其是重要的干部，支部书记、村长等。让他们掌握知识，提升各方面能力。否则他们自己的知识与能力都不足，怎么有担当？（访谈记录20180824003）

上述发言代表了当地基层干部的心声。在灾后重建过程中，当地处理了一批干部，虽然对于具体原因，接受访谈的干部不愿意谈及，但从多方面反馈的情况看，贪污、不作为或是乱作为的问题在被处理的干部中明显存在，这也是干部和群众产生矛盾的根源之一。在隆兴村访谈中，该村村长谈到分户时，承认灾后重建过程中对干部进行了处理。而青龙场村原负责人的发言是当地干部情绪和心态的一个典型反映，在访谈中他讲道：

> 当然，在灾后重建过程中也受了一些委屈，一些老百姓不理解，不支持你。老百姓心里想的就是：你给他办了十件事情，一件事情没办好，老百姓就忘了之前干的九件好的事情。所以我们在这个过程当中，都按照程序来做的，严格要求自己。我心中想的就是你打我可以，骂我也可以，但是不能冤枉我。（访谈记录2018082401）

显而易见的是，灾后重建过程中，乡村老百姓和基层干部尤其是村干部之间积累了矛盾，导致群众对干部评价不高。透视这一现象，可以推断，在乡村社会治理体系和治理能力尚不完备的情况下赋予基层更多的自主权，无疑为干群关系的和谐发展埋下隐患。但是，如前所述，不同方面有着各自的利益诉求，如何正确、巧妙并合理地化解各方利益冲突和诉求，对基层干部能力提出了更高的要求。

二 社会心态上的变化

相较于"汶川大地震"，"芦山强烈地震"在人员伤亡、波及范围以及震级方面都次之。"芦山强烈地震"对受灾地域的破坏更多的是物质方面，比如房屋损毁、道路破坏、公共基础设施瘫痪等。社会心态方面的变化在不同阶段也有不同。

（一）受灾时期

对于"微观个体"而言，虽然经历地震的每个人都有害怕、恐惧的心态，但86%的访谈对象认为，地震对个人现在身体和心理方面的

"影响较少"。如访谈的农户中，有一家的家人受了伤，但是觉得问题不大。14%的调查对象认为有一定影响，如有两位年纪较大的访谈对象表示，地震对她们心理层面产生的影响至今仍在：

> 2013年"4·20"地震时，我家房子没有倒，因为"5·12"地震后我修过一次。地震时，我在睡觉，受点伤。地震把我吓倒了，现在一有风吹草动，就感觉是地震，心里有阴影。（访谈记录2018082406）

> 感觉地震太凶了，房子都没了，有时候害怕地震，睡不好，一有动静就觉得是不是地震来了。（访谈记录2018082407）

由于与"汶川大地震"采取不一样的重建模式，所以民众的社会心态在灾后初期阶段存在"攀比心态"。在2016年11月对雅安市当地政府部门某负责人的访谈中谈到了这一点：

> 第一，"攀比"心态。这一心态主要来源于与汶川灾后重建的对比。在芦山地震灾后重建过程中，部分民众寄希望于政府包揽灾后重建的一切。老百姓都希望像汶川一样，等待救助和救援。让老百姓自己掏钱来建的工作，在灾后重建的最初阶段确实遭遇了心理上的抵触，所以老百姓对政府的期望值过高，也影响了基层干部和群众的关系。第二，尽早恢复正常生活的迫切心情。尽管有着对政府过高的期望，但随着灾后重建的进行，民众接受了这一事实之后，特别是在统规自建，自己的房屋自己建的调动下，房屋重建很快就推动了。在各方面政策推动下，统规自建的灾后重建模式得到了广泛的推广和成功实施。（访谈记录2016011501）

(二) 灾后重建时期

农房重建所耗费的经济成本对受灾居民造成的思想压力增大。在调查的农户中，一般的住房重建花费最少的也有11万元，最高的有39万元（含装修），大多数农户重建房屋的总花费在20万元左右。实际上，在农户房屋重建政策中，政府对于重建户的房屋建设除了根据家庭人口的补助之外，还有金融机构的贷款优惠。根据2013年8月26日印发的《芦山县人民政府办公室关于印发芦山县"4·20"强烈地震灾后农村居民住房重建实施意见的通知》规定，农房重建分为统规自建、统规联建、货币补助安置三种方式。① 在补助上，将农户分为一般农户和困难农户两类，每类根据人口分三档（见表5-2）。

表5-2　　　　　　　　芦山县农户补助标准

类型	1—3人家庭	4—5人家庭	6人及以上家庭
一般农户	2.6万元	2.9万元	3.2万元
困难农户	3万元	3.3万元	3.6万元

对于户数的认定，上述文件规定"家庭人口数的认定：一律以2013年4月19日前的户口为准"。即一律以发生地震以前的户籍为准。但在具体补助发放过程中，并不是所有的农村家庭都有资格领取。如果房屋受损不严重，只需要加固维修的，如前所述，政府只给予5000元的补助。并且，补助的发放并不是一次性的，而是要分四次，在达到了相关要求后，政府才给予全部发放。② 根据《国务院关于支持芦山地震灾后恢复重建政策措施的意见》《四川省关于"4.20"芦山强烈地震城镇住房重建工作方案》两个文件的规定，农村住房重建相关的税收和政府基金、行政事业收费给予减免；符合条件的重建户可向当地金融机构申请享受8万元以内的优惠利息贷款，利息可以优惠五年：第一年利

---

① 统规自建：在符合灾后重建规划及相关技术规范要求的前提下，由政府统一规划、统一设计，重建户按程序报批后自主建房，具体包括原址重建和异址重建两种方式。统规联建：根据聚居点（含场镇）灾后重建规划，在尊重群众意愿的基础上，按照因地制宜、适度集中的原则，由政府统一选址、统一规划、统一设计、统一建筑风貌、统一配套基础设施，重建户成立联建委员会按规定建房。货币补助安置：自愿放弃原有宅基地，不再重建住房，且通过异地购买商品房或其他合法房源实现安居的重建户，享受农户重建补助政策，其原宅基地依法复耕。

② 统规自建、统规联建：补助资金分四次发放，具体为：重建户提出建房申请经审批后，发放50%的非技术补助资金；完成基础开挖并经验槽合格后，发放50%的技术补助资金（即5000元）；主体工程完工并经验收合格后，发放50%的非技术补助资金；建设竣工并按要求完成风貌塑造，经验收合格后发放剩余的技术补助资金（即5000元）。货币补助安置：农户申请并提供具有合法产权的安全住房证明，经乡镇人民政府审核，报县民政局审批后发放80%补助资金；原宅基地依法复耕后，发放剩余20%的补助资金。

第五章 渐进式重构：地方为主模式下的芦山案例

息全免，第二年利息优惠70%，优惠逐年递减，至第五年利息全交。

以此推算，政府按照家庭人口的补助平均在3万元左右，金融机构的优惠贷款可贷8万元，所以剩余的房屋建设款依靠自己的积蓄和向亲戚朋友借债的方式解决。因此，90%的农户都有负债，5万元到11万元不等，每月还银行贷款的额度基本在2000元左右。由于土地收入减少，外出务工收入不稳定，所以银行负债给农民带来了经济上的压力和思想上的负担。部分农户的房屋是在2013年地震以前新建的，地震以后又重建，等于是进行了二次房屋建设，压力和负担进一步增大。

> 我们家地震以前，2004年就修了一次，我当时每年打工回家就修，刚修好，地震就来了。这个房子不算装修，花了15.95万元。当时我们家只有4个人，按一户补助，只补了2.9万元。自己花了13万元，再加装修。我自己装修的，算起来有八九万元，共二十几万元。我当时贷了6万块钱，政府当时不要利息的。再向亲戚借了一部分。（访谈记录2018082405）

> 我家的房子是楼房，两层，每层3间，共6间，200多平方米，花了28万元，是2012年建好的。2013年"4·20"地震时现在住的楼房旁的老房子垮了，政府按5人户给我家补助2.9万元，贷款11万元，其中5万元是地震前贷的，6万元是地震后贷的。装修又花了三四万元。原来的房子是在隔壁，是老的木房，有50平方米，地震后倒了，被拆掉。（访谈记录2018082407）

> 我家原来住在老街上，地震震倒，后来拆了，2015年搬到这里，距离1里地。现在住的房子共有二层半，底层120平方米，共有240平方米。按规定每人有30平方米宅基地。震后，我们先是住了20天左右的帐篷，然后搬到活动的安置板房住了1年。我们盖新房是政府统规联建，也征求了我们的意见，自己挑的户型。政府补贴2.9万元。当时造价每平方米750元，我们装修、买家具用了十几万元，把家里积蓄花光了。所以，地震对我们来说是灾难，尽管我们家没有人伤亡。（访谈记录2018082507）

上述访谈记录清晰地展现了二次重建房屋给农户带来的经济压力，显然，汶川、芦山两次地震给普通家庭带来了很大的物质损失。抽样调查数据表明，在对待困难的问题上，21%的农户希望得到政府更多的帮助，59%的农户愿望是能够多挣钱早点还完贷款，20%的农户希望平安生活就好。可以看出，乡村农户在重建后过渡阶段的心态有着"多元化"的特点，背后反映的是个体的认识差异以及家庭经济状况的不同。

一个典型的现象是，乡村农户内部之间的家庭收入差异较大。访谈的农户中，家庭收入高的一年可达到15万元左右，低的一年收入仅有2万元。收入的不同集中体现在消费支出上，尽管调查的农户中，家庭年均消费在3万元左右，但差异较大。从消费项目看，32%的农户交通工具为小轿车，一般价值在10万元左右；42%的农户家庭交通工具为摩托车，价值在5000元左右；26%的农户交通工具为电动车或者没有。在隆兴村的田野调查中，有5%的农户房屋仍然没有完全重建完毕，有的甚至只打下了地基没有盖，主要原因是经济上不允许。以下的访谈记录展示了不同家庭收入上的较大差异。

> 我儿子大概一年收入7万多元，儿媳妇一个月收入1000多元。我现在猕猴桃公司做管理工作，每天都去，我还参加劳动，开车搞运输等，一个月收入接近4000元。我土地流转还剩了一分多一点地。（访谈记录2018082506）

> 地震前，我家有4.5亩田，1亩地（已经退耕还林，每亩当时每年给1400元，后来降到700元，现在不给钱，已经2年没有拿到钱）。现在有0.4亩田，种水稻；0.7亩地，种花生，去年有1000—2000元的收入。流转了4亩田，每亩可以拿到1400元，一年共计5600元。说是6月30日可以拿到流转费，但是，到现在还没有拿到手。实际上，都不能准时拿，一般情况下要拖到元月份。（访谈记录2018082405）

> 这几年我们这里外出务工有较大变化，地震后90%的青年人

都出去打工。今年外出打工形势不好,80%—90%外出的人又回来了,再出去也挣不到钱。我儿子前几年每年有三四万元的收入,做钢筋工,还了账。今年在济南待了20多天,可能回来的路费都没有挣到。希望村里能及时解决农民的困难。(访谈记录2018082510)

丈夫一直在家务农(注:比较老实),帮别人砍竹子,一天150元,天晴才可以做。一年能干三四个月,收入2万元左右。我爸爸和妈妈现在每个月能各领80元养老金,共计160元。爸爸64岁,妈妈61岁,都在家务农。爸爸住在山上原来的老屋里,养猪和鸡。现有0.3亩田,种水稻。2亩田流转,种猕猴桃,每年有2800元收入。退耕还林2亩,已经有七八年了,现在没有钱。建房欠了银行6万元,从亲戚那里借了8万元。现在每年要还银行利息2000元。(访谈记录2018082506)

三 社会结构上的演化

第一,产业重建尚未带来明显的居民收入结构变化。前述关于产业发展方面的分析表明,芦山县的产业重建为地震后的经济发展提供了有力支撑。但从对两个村的调研来看,县域层面的产业重建更多的是对县域经济产业发展的规划和基础布局,对于乡村家庭的经济收入带来的变化尚不明显。由于采取了生态修复的灾后重建政策,调查的样本农户中,有的土地或被征用、或退耕还林、或被流转给农业公司,所以农户现在的土地变少了。家庭收入一方面来自于土地流转收入,流转的每亩地每年总共可得1400元的收入,但平均每户家庭土地面积不足2亩,所以这一收入对于普通农户而言,是比较少的。芦山县当地政府部门某干部在访谈时讲述了这一问题:

农业园区内通过流转土地进行基地建设,采取龙头企业租用土地经营,实行保底分红的方式。当地农户将土地转让给村社集体经济组织,以村社为单位建立土地专业合作社,专业合作社将土地交由龙头企业经营。政府通过先建后补的方式支持龙头企业建立基地，由企业负责经营管理。农户每年可获得800元/亩的土地流转费、600元/亩入股分红、劳务收入60元一天或100多元一天不等，基地建立起来以后，农户还可以通过发展休闲观光农业、农家乐等形式增加收入。（访谈记录2018082401）

另外，农民的更多收入来自外出打工。在青龙场村，由于是当地发展乡村旅游的中心村，所以一些农户在没有了土地后经营着农家乐的生意。但由于旅游人气不足，生意一般，而这部分收入只占到家庭收入的10%左右。几乎有青壮年劳动力的家庭农户都外出打工了，外出务工的地域也比较分散，九寨沟、成都、西藏、山东、北京的都有，外出务工一般都是通过熟人介绍和自己亲戚的关系寻找工作。所以我们调查访谈的对象，80%以上是家庭的女方、父母或是老人；29户深度访谈中，只有5户的青壮年劳动力当时在家。

县级层面的宏观数据和微观层面的就业和收入结构表明，当地的产业发展在促进乡村农户就业发展方面存在脱节现象。在灾后恢复重建时期，也就是2013—2016年，当地农民能够在公共基础设施建设、社会服务设施建设以及农户家庭房屋建设中寻找到零工、泥瓦工、建筑工等工作，从而获得收入来源。在灾后重建以后，土地的减少、附近就业机会的缺乏，客观上促使当地农村剩余劳动力外出务工和就业。尤其是在隆兴村，调研发现村子里大部分都是老人、小孩和妇女在家。这一现象与中国乡村当前的基本现状类似，尤其是劳务输出地的农村，村民由于在当地寻找不到更好的就业机会，抑或是由于自身没有技术、专业才能，所以只能到发达地区的城市务工就业，赚取收入。尽管当地政府试图通过产业的重建，并借助乡村振兴的契机发展生态旅游、文化旅游以及生态农业，但在公司化的大资本合作下以及乡村旅游同质化竞争的市场下，乡村产业振兴不是一朝一夕就可以实现的。

第二，社会结构的显著变化体现在当地对于新村集聚点的建设上。也就是说，当地政府利用灾后重建契机，将震前处于散居状态的村民集聚在一起居住。从小散居借助灾后重建契机变为村庄聚居的"就地重建"方式促进了邻里关系和社区关系的凝聚和发展。特别是在安置过渡阶段和灾后重建的房屋建设阶段，为调动群众积极性采取的"统规自建"制度，因为相互帮助、相互扶持强化了邻里关系的紧密性，是乡村社会关系改善的鲜明体现。

四 社会文化上的影响

调研发现，灾后重建对两个典型村域的社会文化影响尚不明显。不过，值得注意的一点是：灾后重建中当地政府对于村委会的硬件建设给予了支持，尤其是在村委会的公共设施建设上给予了必要投入。村委会办公设施的建成，使得村社干部可以利用有限的资源活跃群众生活。如当地有三支文艺队，平时会组织开展一些活动，村民服务中心是乡村大舞台，以此丰富乡村文化活动。而在对地域文化影响的调查中，发现调查地域在风俗方面有如下的特有现象。

其一，在隆兴村的调查中，一个相对明显的社会现象是，"入赘"的家庭较多。20户访谈农户中，属于"入赘"的有7户，即家庭的男方是通过招亲入门的。对此，访谈中的一户认为：

> 我丈夫就是招亲的，我们觉得很正常，没什么。我是我们家的户主。我丈夫他们家是住在山上的，地少，比较穷。当时我们结婚的时候我们家姊妹多，我是最小的女儿，有两三亩地，有6口人，虽然也比较少，但是也比我老公家强。结婚的时候就一个破房子。后来父母跟着我，地也分给我了。我们这里招亲比较多，当时男多女少。（访谈记录2018082403）

这一访谈记录实际上解释了入赘多的原因：一是男方家里比较穷，住在山上的多，下山"入赘"到女方家里。二是当地男多女少。经济和性别比例失衡的原因导致了这一较为明显的社会现象。而且，在这些"入赘"的家庭里，外出打工的多以男方为主。换言之，男的出去打工挣钱、养家、还账，女的户主在家里照顾家里。可见，"入赘"家庭的男性在家里的地位实质上是不高的。但这一现象已经改变，当地目前的适婚男性都不愿意"入赘"。上述访谈记录中的家庭大儿子2017年结婚，就没有选择"入赘"，笔者访谈的另外一户有两个男孩，其中的老大25岁，已经到了适婚年龄，在问到这个问题的时候，他回答："我们这里现在少，年轻人都不愿意招亲的。"

其二，在两个村的调查中，注意到的另外一个风俗是当地信佛的比较多，基本上每户都在家里的一面墙上贴上敬"天地君亲师"①的"牌位"，牌位的图像一样，但上面对联和横批书写的字不一样。2018年笔者调研时，正值中元节，②据居民讲，当地很重视过"中元节"，而且基本上家里的老人每个月初一和十五都烧香祭祀。

其三，当地婚丧嫁娶的请客、送礼费用较多，这给普通家庭消费支出带来压力。访谈中的农户提到：

> 在结婚彩礼方面，娶一个新娘不包括别的，彩礼就8万多元，加首饰，大概就10万元。（访谈记录2018082504）

> 风俗习惯变化不大，这里流行"坝坝宴"，办酒席都要几十桌，每桌三四百元，要花费好几万元，穷的贷款也要办。彩礼不一定，有的六七万元，有的10万到20万元，根据自己条件，村里有房就行，不一定要到县里买房。人情往来也比较多，一年大概1万元左右，每次最少200元，最多600元，也有1000元，主要看关系远近。（访谈记录2018082404）

> 人情随礼七八月时间就少，腊月期间多，结婚的多。有时候一个月就得两三千元，没钱就借钱随礼。一年差不多随礼七八千元。我儿子是去年结婚的，2017年，彩礼要了五六万元。当时女方没有嫁妆。结婚啥的总共花了十几万元。当时都是借的钱。（访谈记录2018082403）

---

① "天地君亲师"，为中国西部地区农村祭祀的对象，多设一天地君亲师牌位或条幅供奉于中堂。为古代祭天地、祭祖、祭圣贤等民间祭祀的综合，也是传统敬天法祖、孝亲顺长、忠君爱国、尊师重教的价值观念取向。天地君亲师思想发端于《国语》，形成于《荀子》，在西汉思想界和学术界颇为流行，明朝后期以来，崇奉天地君亲师更在民间广为流行。

② 中元节，即七月十五祭祖节，又称施孤、鬼节、斋孤、地官节，节日习俗主要有祭祖、放河灯、祀亡魂、焚纸锭等。中元节由上古时代"七月半"农作丰收秋尝祭祖演变而来。七月半是民间初秋庆贺丰收、酬谢大地的节日，有若干农作物成熟，民间按例要祭祖，用新米等祭供，向祖先报告秋成，是追怀先人的一种文化传统节日，其文化核心是敬祖尽孝。

五 发展阶段上的进步

发展阶段的进步体现在三个方面：一是当地随着不同时期出现的问题采取相应的应对策略，灾后重建治理的能力得到锻炼，水平得以提升；二是受灾地域民众对灾后重建的公共服务设施满意度较高；三是本土社会组织老人协会在促进政府与民众关系发展上起到了很好的缓解社会矛盾作用。

（一）灾后重建治理的阶段性

"统规自建"为主的灾后重建方式下，房屋的建设、选址、选材、装修的监测等主要依靠村民自己的力量来实施。政府主要起规划、引导的作用，涉及房屋的材料购买、质量监测等都需要乡村的"房屋自建委员会"与市场主体打交道。这一方面是广泛发动群众参与灾后重建的制度创新，另一方面对村民的自治能力是一个考验。实践中，灾后重建的不同阶段，当地政府尤其是法律部门需要处理相关各方面的矛盾纠纷。芦山县当地政府部门某干部详细介绍了这一过程：

> 地震开始直到现在可以分为四个阶段，这每个阶段所提供的法律承诺和法律保障也是不同的。
>
> 第一阶段是在地震发生后应急救援的阶段。这个阶段我们主要提供的法律服务是法制宣传，因为当时是一个非常无序的阶段，应该说从城市到农村整个老百姓或群众情绪是非常恐慌的，生活和社会秩序是一个很无序的状态，在这个阶段司法局的工作，包括我们的律师，我们的行政人员，还有司法署、司法所等工作人员，我们所做的就是听从党委政府的安排，参与抢险的工作，主要就是法治的宣传和一些法律问题的解决。
>
> 第二个阶段是过渡安置的阶段。在这一阶段我们所提供的是矛盾纠纷的调解服务，这个阶段，刚开始在应急救援之后，我们最早是搭建帐篷的，后来过渡到板房，不管是帐篷聚居点还是板房聚居点，都是大批的陌生人相互聚居在一起，大家相互的生活习惯，邻里之间的用房、用水、用电，还有一些财富以及一些道德行为，都会产生一些矛盾，引起一些法律事件。我们开展的一些工作，有一项是调解进帐篷、调解进板房，实际是我们把能调解的事件建立在

聚居点，不论是帐篷聚居点还是板房聚居点。

第三个阶段就是重建阶段。这一阶段要采取的措施是调解项目纠纷。律师和调解员，律师的主要工作是为各相关部门项目实施的合同建立和实施过程的法律问题的把关、咨询。我们的人民调解员，主要是在项目实施的过程中，比如说当时大量的征地拆迁和房屋建设过程中的一些矛盾纠纷的调解，现场突发事件的处置。当时在大型的聚居点及设施建设，有15个调解室，每个调解室里面至少有1名律师和几个调解员，现场解决和处置了大量的矛盾纠纷，调解的成功率很高。这有几个原因，一是矛盾双方都不想影响施工进程，施工方不想受这个矛盾影响工程的进度，对面一方不管是农户还是施工主体单位，也是想尽快地把这个设施建设好；二是得益于当时灾后重建大家营造的齐心协力的氛围。当时我们还做一个工作，就是每一个单位聘请一名法律顾问，一个村一个法律顾问，单位上的法律顾问是收取一定费用的，但是村上的法律顾问我们是全部做到了免费。

第四阶段是在重建的时候或者说在地震之后直到重建结束这段时间，我们司法行政工作也是主要围绕灾后恢复重建进行的。重建结束进入正轨之后，我们所提供的法律服务在人力精力方面明显减弱。为解决这个问题，我们采取了两项措施：第一项措施是推进公共法律服务体系的建设。我们的公共法律服务体系变了三次，乡镇是一个工作站，村上是一个工作室，主要是整合了法律咨询、法律援助、法律调解，这也解决了我们法律服务持续性提供的一个问题，这个工作也是我们雅安市的一个试点工作；还有我们的乡村项目，现在我们已经建立了三个，47个村社我们现在已经建立了两个，这项工作也是确保我们县的群众能够继续享受灾后重建的成果。第二项措施是，我们县现在正在做的一项全面提升我们基层治理的工作，要达到"法治、德治、自治"三者统一。而且，群众除了享受灾后重建的成果外，还要做到感恩，实现一个从治本到治心的过程。（访谈记录2018082401）

矛盾纠纷反映了不同重建时期衍生出的一系列群众心理和社会问

题。在应急救援阶段，民众的心理是恐慌的，这一时期主要是进行抗险救灾，当地政府起到了主导作用。在过渡安置阶段，以前住在不同地方的居民住在板房聚居点，生活空间和生活方式发生了变化，熟人社会变成了相对的陌生人社会，生活上的纠纷以及财务安全等方面的问题逐渐增多，社会冲突相对加剧。进入重建阶段，政府提供法律咨询为农户提供帮助，以保障农户和施工方共同的法律权益，这是政府提供法律公共服务的典型体现，可以说是政府在新模式道路上的一个主要经验。灾后重建以后，社会进入正常秩序，政府需要在巩固灾后重建成果基础上提升社会治理水平，以促进社会的进一步发展。

对于不同阶段矛盾纠纷的处理，说明地方政府特别是县级政府，在正确界定和处理好政府与社会、政府与民众关系的基础上，依靠自己的力量推进灾后重建工作的实施，其灾后重建治理的能力得到锻炼、社会治理水平有了较大提高。这为不同场景下的社会治理问题处理提供了一个样本借鉴。

（二）民众对公共服务设施满意度较高

坚持住房优先和基础设施优先的灾后重建理念，使得交通、水、电、气等公共服务设施的建设能顺利推进，并且得到了当地乡村居民的普遍好评，满意度较高。调查数据显示，对于乡村公共服务设施的满意度达到98%；有86%的访谈对象认为社会发展至少进步了10年，有10%的访谈对象认为社会发展至少进步了20年，4%的访谈对象认为社会发展至少进步了30年。如一户居民访谈时谈道：

地震后村里的基础设施，包括水电煤气都修好了，原来就有自来水和电。路也修好了，交通方便多了。原来大家分散居住，也认识。现在聚居在一起，都是一队二队的，交往多一些，互相帮助多了。（访谈记录2018082405）

但是也存在一些问题，访谈中有几户反映每月用电量很高，怀疑电表走得快。还谈到安全问题，认为对公共安全不是很满意，有偷盗现象。如一户居民访谈时谈道：

地震和灾后重建给我们的基础设施建设带来很大变化，变得更好了，包括绿化、卫生、环境、交通、水、电等。之前我们村子里边只有一条路，破破烂烂的。但是，我们这里的电表跳得快，有问题，不是一家反映，每度电 0.42 元，每月要 200—300 元钱。其他基础设施，整体还是可以的。但有些基础设施，当时还是没有弄好，主要是赶工期。对于公共安全方面不是很满意，我们这里小偷小摸现象还是比较多的。（访谈记录 2018082406）

公共基础设施的重建提升了居民的满意度，但如前文所述，由于背负着债务压力和经济压力，当地群众的生活水平是难言提升的。调查数据显示，46% 的访谈农户认为自己家庭的生活水平一般，32% 的访谈农户认为生活水平有所下降。

（三）民众对本土社会组织老人协会认同度很高

社会力量方面，芦山县在抗震救灾指挥中心成立"社会管理服务组"，下设"抗震救灾社会组织和志愿者服务中心"，负责组织、引导和协调各社会力量依法、有序、有效参与抗震救灾，为物资保障、救死扶伤、心理抚慰、维持秩序等工作发挥了重要作用。而当地的乡村民众对于老人协会的认同度很高。老人协会是芦山县本土的一个社会组织，凡是年满 60 岁者都可以入会，每年缴纳 15 或 20 元的会费。老人协会的会长、副会长、理事等人员是由当地退休的干部、教师等组成，主要发挥着组织和服务老年人的职责，同时关心儿童教育、娱乐、文化等工作。芦山县龙门乡老人协会某负责人在访谈时谈道：

我是老年协会会长。我原来教书，2008 年退休之后，就参加了这个协会。老人协会的历史很久了，大概 20 世纪 90 年代就有了吧。我们一是帮助宣传一些党的政策，二是协助解决纠纷，三是组织老年人活动。成员都是老同志，主要是退休的人员，全镇 1800 多人。三个乡 6 个村，有 6 个老人协会分会。平时经常搞一些活动。活动经费一个村 2000 元。老人协会成员主要是农民。60 岁以上申请就可以，每个人 15 到 20 元。每个村情况不一样。在节假日比如中秋节给老人发月饼、重阳节给老人吃"九大碗"①，有病还要慰问。"六一"儿童节要去学校慰问学生。我们的资金来源有社会捐赠、会费、政府补贴等部分组成，老百姓对我们很认可，评价很高。我们退休了，老有所乐嘛。（访谈记录2018082403）

访谈中的一户居民说道："一年交15元。参加这个会是自愿的。我对这个老人协会还是比较满意的。参加的活动有九月九吃顿饭，还有端午节发粽子。"尽管对当地村干部有不同意见，但是对老人协会，民众态度完全相反。然而，老人协会是在当地政府的指导下开展辅助性工作的。这一现象值得注意。本土培育和成长起来这样一个组织，在缓解干群矛盾、疏解民众心理以及关心教育儿童方面发挥了重要作用。而且，当地的老人协会很好地融入基层的社会文化活动、教育活动尤其是对老年人的关爱活动中，成为了政府与民众之间的"缓冲器"。对于乡村社会治理来说，发挥社会组织的积极作用，促进乡村治理现代化、专业化、社会化，最主要的、有效的做法即是在政府指导下，培育适合本土地域文化的社会组织，老人协会的成功提供了很好的样本参考。

六 重建遗留问题诊断

（一）宅基地拓展和分家问题

按照灾后重建政策规定的"一户一宅"要求，宅基地面积原则上不超过30平方米/人，3人及以下按3人计算、4人按4人计算、5人及以上按5人计算，占用非耕地的，每户可增加30平方米。对于宅前屋后庭院等设施用地按人均不超过16平方米配套。灾后的农房宅地基选址是农户通过"抓阄"的方式进行的。灾后重建政策同样影响到了家庭发展中的宅基地拓展以及分家的问题。

我们家的房子当时不加装修是850元一个平方米，装修都是农户自己搞的。当时我们房子是抓阄，抓了两次，第一次抓序号、第

---

① 九大碗被当地人习惯称作坝坝宴、流水席、九大碗、九个碗等，是四川地区传统特色菜肴之一。

二次再抓房号。房子户型也是采纳了农户的意见来选择的。我们这边比如有两个儿子，就会分家，但户口本分不了。但现在，两个儿子要重新建房子，不容易，没有宅基地。（访谈记录2018082406）

在家庭分家问题上，因为按户补助政策是将户口认定在2013年4月19日前，所以后续的分家和分户变得困难，需要经过复杂的认定程序。隆兴村某村干部在访谈中谈道：

> 关于分户的问题，我们是按自然户的标准。比如有些在一个户口本上，但儿子结婚了，有了孩子了，我们就把他们分为两户了。男孩和女孩没区别，还在读书没有成家的，就没有分户。2013年4月19日之前的算，之后就不算。分不分户一般由家庭提出来，先在村组上筛选，然后报到村上，议事委员会商讨，之后报到镇上，进行决策，随后会公示。最后拿到的补助必须建房子，不能拿了补助不修房子。有些老人一个人一个单独的户口本，但这不能算一个户，必须与他们的儿子或女儿住一起。只有我们村的才可以享受补助。（访谈记录2018082401）

（二）乡村产业振兴前景不明

受灾地域产业重建的平稳、健康、可持续发展面临着"三重"压力。一是产业基础薄弱，给产业升级发展带来"转型压力"。与成都、德阳、南充等省内产业强的其他地方相比，芦山的产业基础非常薄弱，在产业从低端走向高端的转型发展大趋势下，灾区恢复重建的产业主要是当时国内过剩的低端产业，竞争力较弱。二是产业面临竞争下的"市场压力"。旅游、纺织、加工企业等部分产业在恢复重建初期得到政府财政、税收、信贷等方面的优惠和支持，但随着后续发展过程中优惠和支持的减弱，产业发展能否经受住市场竞争压力尚待观察。三是招商引资遭遇"低水平循环压力"。与四川省内发达地区相比，芦山在产业结构、区位优势、产业发展阶段以及政策优惠上存在很大差距。在全球经济形势多变、中国经济发展进入新常态、各地招商引资进入新模式的背景下，芦山的招商引资以对口支援、政府部门帮扶甚至"招商抢资"为主，陷入

"低水平招商—低端产业—低水平竞争"的低端发展循环模式,影响产业恢复重建后的可持续发展。

(三)基层干部的素质和能力有待进一步提升

农村新增聚居点的兴建改变了过去散居的生活状态和生活方式,因此在基层社区治理、公共服务配套方面需要新的思维和创新性的做法。基层干部不仅待遇较低,而且部分基层干部素质和能力较弱,对地方的管理依然保留着一些传统观念,存在为了完成既定目标以抓政治手段抓经济的方式等问题,不利于基层治理效益的提升。龙门乡某干部在访谈中谈道:

> 一是我们村级组织的后备人才不足,现在我们村级干部的待遇也比较低,村主任和村支部书记一个月才一千多元钱,他们基本上属于脱产干部,灾后重建工作,压力也比较大,激情有所减退,需要一些政策和制度的保障。二是村级服务有待提升,村级的服务中心,基本上是代办,收集材料交上去,不能现场办理。民政局承担农村社区建设,但是我们自己都搞不清楚,农村社区在理论上有两层概念,第一个概念就是取代了我们现在的村委会,相当于是一个基层政权;第二个概念我个人感觉小区委员会是这样的性质,是为群众服务的这样的一个性质,好多事情社区办不了,还是要到县上办,基层服务人员的服务能力有待提升。(访谈记录2018082403)

(四)乡村治理水平提升亟须社会力量的进一步参与

灾后恢复重建中的规划项目制定和实施,在很大程度上仍然采取以地方政府为主的模式,灾区群众广泛参与的力度和社会力量参与的广度仍显不足。一是部分灾区群众存在着"等、靠、要"的思想和"攀比"心态;而且,在乡村社区公共服务设施水平提升的前提下,农民仍然保留着原有的一些旧的生活习惯,比如喜欢堆一些柴火在床前屋后影响村容整洁。在"地方作为主体"的恢复重建体制下,"后重建时代"的社会发展仍然需要群众主动参与,但部分群众存在期望过高、要求过高现象,积极性、主动性、创造性未能得到充分发挥。二是社会组织服务中心或站点的枢纽作用需要进一步增强,专业服务型公益组织和志愿者在心理辅导、职业培训、医疗卫生、社会工作、就业创业、社会关系重建等领域的优势和多元化特色需要进一步发挥。

（五）其他需要引起注意的问题

一是农村养老保障问题。灾后重建中，对于五保户，每个村都建有单独的保障房。龙门乡党委书记在访谈中指出："就是没有能力建房子的，政府直接帮他们建了，叫保障房，但他如果去世了，没有后代，或者后代有能力了，就必须退出这个用房。我们这个房子，每个村有五户，最多七户。这类人一个村可能超过五户，就集中在镇上敬老院养老，不用掏钱。"但对于更多的普通家庭而言，由于土地减少、收入不固定以及负债、人情的经济压力等综合影响，已经难以负担养老保险的压力，所以养老保障问题日益明显。二是生态修复、实现人与自然共生是长期课题。芦山是汶川、芦山两次地震的受灾区，地质环境脆弱，生态环境受破坏程度较大。与社会领域相比，自然生态环境恢复有其自身规律，当地自然条件变化也存在不可预料情况，生态环境的恢复重建面临着诸多困难。调研发现，芦山的植被恢复速度较慢，部分山体滑坡地带、山体错位地带植被尚未完全覆盖。如何根据尊重自然、顺应自然、敬畏自然、保护自然的原则，科学设计和调整生态环境恢复重建方案，推动灾区绿色发展，是一个长远的重大挑战。三是如何处理好村民"自建委员会"和村委会的关系是"后重建时代"要解决的关键问题。"自建委员会"如何与法定的基层自治组织融合发展，是否能够"共存"，值得进一步商榷。四是新的农村聚居点集体经济如何重组问题。不同的村或村民虽然迁到一起形成新的聚居点，但村民户口或集体经济还是按原政策执行，认定为原村的成员。集体经济的融入是这一情境下的社会重构关键所在。

第六节 地方为主模式下的社会重构逻辑

作为一种新探索，"地方为主模式"下灾后重建政策的实践运行，重塑了国家治理体系与治理能力现代化目标下的中央与地方关系。这是"一场国家试验"，"芦山强烈地震"灾后重建取得的经验意义深远。2016年底出台的《中共中央 国务院关于推进防灾减灾救灾体制机制改革的意见》明确提出：地方政府作为灾后恢复重建的责任主体和实施主体，应加强对重建工作的组织领导，形成统一协调的组织体系、科学系统的规划体系、全面细致的政策体系、务实高效的实施体系、完备严密的监管体系。这为2014年"鲁甸地震"、2017年"九寨沟地震"等提供了政策指导和经验借鉴。

一 "芦山强烈地震"重灾区的社会系统遭受重创

"芦山强烈地震"中，芦山县死亡120人，受伤6118人，其中重伤581人。全县因灾直接经济损失达655.7亿元，是2012年该县地区生产总值的26倍；住房受损率100%，其中95.7%的农村住房和91.2%的城镇住房倒塌或损毁；基础设施瘫痪，国道、省道、县、乡、村公路多处持续垮塌，道路设施被毁，城乡供水、灌溉设施全部受损，通信基站和光纤、电力设施全部受损，整个县断路、断水、断电、断通信，乡镇成为"孤岛""废城"。公共服务停滞，校舍倒塌、医疗设备损毁，物流中断，所有公共服务设施失去服务功能，城乡居民顷刻之间回到"原始状态"。产业发展受挫，263家企业停产，工业产值减少75%，旅游业遭受重创。自然资源、生态植被和国土空间遭到破坏，地质灾害隐患点猛增477处，85%的灾点需治理，经济社会发展的资源环境承载能力进一步削弱。

换言之，地震使重灾区芦山县的部分地域成为"废墟"，社会的物质生活空间被严重破坏，全县经济、产业、基础设施遭受重创。而且，地震导致了个体伤亡、群体心理恐惧、社会心态失衡。可以说，强烈地震对重灾区的社会系统造成了严重冲击，社会发展停滞甚至倒退，社会变迁在这一背景下发生。这同样是对理论假设中"命题Ⅰ"的再次验证。

二 地方社会系统主要依靠内部要素实现社会重建

从"汶川大地震"的"举国援建模式"到"芦山强烈地震"后以"地方为主模式"的转变，是中国政府综合灾情大小、历史经验与教训、现实压力以及长远路径等多种因素作出的主动选择。其中，最主要的转变是对中央和地方在灾害治理方面的权责关系进行了调整和明确。中央政府及其相关部门负责灾后重建中的宏观规划、统筹指导以及必要资金支持和监管职责，赋予地方更多自主权、调动地方的积极性，探索适合中国新时代发展的灾害治理体制与机制，具有典型的示范意义。同时,"地方为主模式"下的灾后重建实践借鉴了"汶川大地震"的经验,比如对口援建与合作等。

"芦山强烈地震"的灾后重建,在中央统筹指导下,以四川省委、省政府为主体力量,通过政策和制度创新,统筹协调省域内的行政资源、经济资源、人力资源和社会资源,促进了受灾地域社会的更新与发展。"地方为主模式"下的灾后重建,主要依靠地方社会系统的内部要素,实现物质层面的社会重建(见图5-2),体现为:一是构建了新时代灾害治理的新体制和新机制;二是调动了地方灾害治理的主动性和积极性;三是提升了灾害治理的社会效益,有利于形成更加符合地方发展实际的灾后重建道路,实现灾后资源利用率的最大化,避免援建资金的浪费。而且,这一模式的实践运行表明:"地方"并不仅仅指省级政府,地级市政府、基层政府均可以涵盖在内。因此,"地方为主模式"下的责任机制实际是调动各级地方尤其是省一级、地市一级和县级党委、政府的主动性、积极性、自主性,强化其主体责任,推进灾后重建工作的进行。

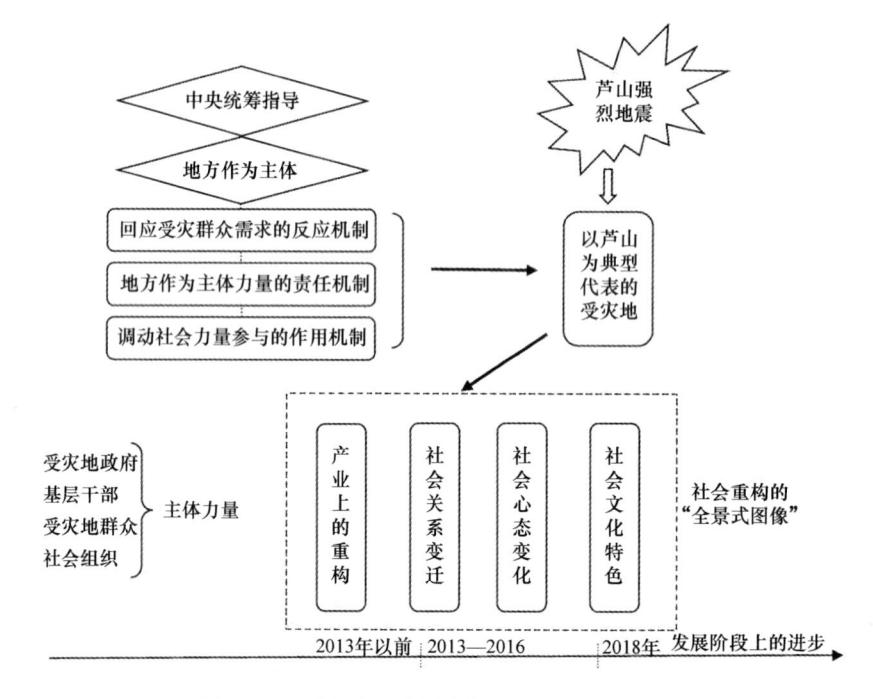

图5-2 "地方为主模式"下的社会重构逻辑

三 地方为主模式下的社会重构同样呈阶段性特征

对芦山典型地域的调查分析,可以发现:当地的社会重构同样呈现出典型的阶段性特征,这一点在社会关系、社会心态和社会治理方面表现得较为突出(见表5-3)。在社会关系方面,"亲属关系"的阶段性特征表现得最为明显,其变化的本质原因仍是"利益"因素所致;"干群关系"中的"矛盾"因素逐步积累,这是与前述汶川不一样的地方。在社会心态方面,由于主要强调地方主导式的重建模式,没有了中央层

表5-3 芦山调查地域的社会重构阶段性特征

受灾地域	社会重构内容		受灾时期 2013年4—10月	灾后重建时期 2013年10月至 2016年7月	后重建时期 2016年8月至 2018年8月
芦山及其典型地域	产业发展		—	在恢复重建中建成灾后高水平示范产业集中区和产城一体化的现代生态产业新城;与省内对口援建城市增强经济合作,拓展产业发展项目;建设生态农业示范园,发展优质的猕猴桃、高山生态茶、高山生态蔬菜、珍稀林木、林下养殖等特色产业;打造乡村旅游产业。	
	社会关系	亲属关系	相互照应、相互帮衬,关系紧密化	统规自建等方式下,由于涉及利益等,家庭关系出现变化	家庭中的亲情关系进一步凝聚,亲子关系逐渐成为主导;亲戚关系进一步强化
		邻里关系	邻里间的关系因持续的相互帮助在重建过程中进一步紧密		
		干群关系	干部带领群众救灾	老百姓和基层干部之间因重建的利益分歧,使矛盾逐步积累	
	社会结构		从小散居借助灾后重建契机变为村庄聚居的"就地重建"方式在灾后重建以后促进了邻里关系和社区关系的凝聚和发展		
	社会心态		恐惧、害怕、孤立无援、怀疑	感恩、挣扎、压力重重、坚持	产业发展的"转型压力"等
	社会文化		—	社区公共服务设施投入加大;感恩文化、社区文娱活动丰富起来	
	社会治理		—	逐步恢复	水平提升;一些领域仍然存在问题

面或上级的强力指导,所以在未来发展方面当地要自己做规划和选择。在社会治理方面,一是面临着干群矛盾亟待解决的问题,二是当地老人协会功能的积极发挥为其他地方社会组织的发展提供了参考。

四 社会重构受基层治理能力和资源要素禀赋掣肘

即便是获得中央的支持,但与其调动全国资源支持援建不同,省级政府只具备对辖区内资源的调度能力,而且亦要在"促进地区经济发展"和"完成受灾地域灾后重建"之间实现平衡。因此,省一级政府投入到受灾地域社会系统的资源不是无限的,而是力所能及的。有限的资源投入下,在灾后重建具体政策的倾斜和支持方面,体现为"有轻有重"。而且,政绩导向下,地方官员有明显的政策执行偏好,即一般会最先完成甚至超额完成上级政府考核的主要灾后重建项目指标。在地级市层面、县级市层面亦如此。灾后重建政策突出"产业""民生类的公共基础设施"等内容,作为核心村的青龙场村灾后重建效果和满意度高于作为偏远村的隆兴村,即是最典型的例证。

然而,前述案例分析反映出的典型问题表明,受灾地域社会重构的"不平衡不充分"特征突出。这主要受到两个方面因素的掣肘:一是基层政府更加有限的资源调动权限、基层干部在政策执行中的能力和素质不足降低了受灾群众对"地方为主模式"下重建政策的满意度。二是受灾农户本身有限的土地资源,在生态环境修复的灾后重建政策压力下进一步缩减,导致"人多地少"矛盾更为突出;房屋自建又进一步加重了受灾群众的经济负担,导致灾后重建未能真正在短期内完全实现,社会重构更是无法取得"跨越式"的社会发展。因此,这一模式下的社会重构可以归结为"渐进式重构"。

第七节 本章小结

本章以"芦山强烈地震"灾后重建为背景,对其社会重构过程开展案例研究。主要从灾后重建的政策和社会重构的主要机制分析入手,结合对芦山县及青龙场村、隆兴村的重点调查,探析"地方为主模式"下的社会重构逻辑。可以看到:

第一，注重产业重建是"芦山强烈地震"灾后重建突出的特色和经验之一。产业的重建促进了当地产业结构的进一步调整，基本形成了三类产业协同发展的新格局。在产业助推下，芦山的经济总量实现一定程度上的跨越发展。

第二，在社会关系变化上，家庭关系、邻里关系得到进一步加强，乡村社区公共基础设施条件的改善，使得普通民众对国家的认识有了进一步提升；但干部和群众之间的关系因为能力不足、灾后重建政策执行不到位、认识观念偏差等问题造成矛盾增多，从而降低了乡村居民对灾后重建政策的满意度。

第三，在社会结构上，产业重建并未带来明显的居民收入结构变化，尤其是在"人多地少"矛盾突出和乡村生态旅游资源有限、市场竞争激烈的背景下，促进农户增收、解决农户的经济压力和负担成为当务之急；社会结构的显著变化体现在当地对于新村聚居点的建设上。也就是说，当地政府利用灾后重建契机，将震前处于散居状态的村民集聚在一起居住。从小散居变为村庄聚居的"就地重建"方式在灾后重建以后促进了邻里关系和社区关系的凝聚和发展。

第四，在社会心态上，当地居民呈现阶段性的"复杂化、多元化"心态。由于受退耕还林政策影响，以及土地流转和山区地理环境等掣肘，在"人多地少"的矛盾下，农户的主要收入来源于外出务工。房屋自助建设的还贷压力加大了农户的经济和思想压力。加上与汶川比较的"攀比心态"造成的"等、靠、要"思想，当地民众的心态多样化，这需要在后续的社区治理中进一步解决。政府对社会矛盾的不同阶段处理方式从另外一个层面展现了灾后重建问题的阶段性、复杂性对当地居民心态的多方面影响。

第五，在社会治理方面，本地社会组织发挥了很好的矛盾缓冲作用。但社区治理水平在政府重视的中心村和偏远村差异明显，而且基层干部的素质、能力以及处理与居民关系的手段和方式亟须提升，群众参与社区治理的积极性也需要调动。

第六，在社会文化方面，尽管乡村社区硬件设施建设的进一步加强，使基层干部可以利用有限的资源活跃群众文化生活，但民众对于宗教信仰的态度和人情往来的重视仍然浓厚。"入赘"现象实际上反证了当地"人多地少"、农民收入较低的经济事实。灾后重建对当地社会文化的影响尚不明显，再次佐证了社会重构需要长时期稳步推进的基本判断。

"芦山强烈地震"冲击了重灾区的社会系统，使其遭受重创；"地方为主模式"调动了省级层面、地级市层面、县级层面的积极性和能动性，使地方在灾后重建方面能制定更加符合实际的社会政策，实现了物质层面的社会重建。社会层面反映出的问题表明，受灾地域社会重构的"不平衡不充分"特征突出，这主要受基层治理能力和资源要素禀赋不足的制约。芦山灾后重建中的社会重构，虽然并没有像汶川灾后重建那样"跨越式"发展，但这一社会重构的变迁历程，可以称之为"地方为主模式"下的"渐进式重构"，同样是中国特殊情境下社会重构的典型样本。

第六章　比较与讨论

由特别重大自然灾害衍生出的灾后重建问题,为研究人类社会与自然环境共生发展提供了典型性参照样本。"汶川大地震"和"芦山强烈地震"灾后重建的成功,不仅体现了国家力量,更反映出人类与灾害抗争、共生的整个过程。作为社会变迁的关键环节,探究特别重大自然灾害后的社会重构过程,有利于促进国家治理、政府治理和社会治理良性发展。灾后重建差异模式下的政策变化,对于社会层面的重构带来程度不同的深刻影响。因而,对两个典型案例进行比较分析,有助于清晰把握管理层面、治理领域以及社会变迁领域的基本逻辑。本章首先从灾后重建模式变化中总结政策变迁的主要特点;其次,对两个案例的社会重构机制、内容和水平进行比较探讨;再次,梳理灾后重建视阈下的社会重构逻辑;最后,提出实现社会重构目标的应对策略。

第一节　灾后重建政策变迁的特点

公共政策理论认为,政策总是处于不断变化之中,并遵循一定模式。西方学界提出了制度分析模式、精英分析模式、有限理性决策模式、渐进决策模式等政策变迁理论。由于国情不同,国内学界认为中国的公共政策是政治家、利益集团、媒体、智库、民众等行为主体多元互动的结果,政策变迁主要受意识形态、思想理念、话语表达等多方因素影响。考虑到灾后恢复重建的特殊性、应急性、实效性特点,本节基于"理念—政策—行动—绩效"的公共政策分析思路,探析灾后重建模式的变迁规律和内在逻辑。可以看出,中国特别重大自然灾害灾后恢复重建政策经历了从"举国援建"到"地方作为主体"的模式变迁（见表6-1）。特点体现在：责任主体逐步明确、内容体系逐步完善、重建机制灵活多元，灾后恢复重建方式从主要依靠"管理式"过渡到"治理式"。

表6-1　　　　　　　不同灾后重建模式下的政策比较

政策过程	举国援建模式	地方为主模式
思想理念	以人为本；民生优先保障；一方有难、八方支援	以人为本；民生优先、"造血"功能；中央统筹、分级负责
政策体系	"1+3+N"政策体系	"2+2+1+1"政策体系
政策执行	中央政府统一领导；对口援建机制；"统规统建"为主；社会组织参与	地方统一领导指挥；"统规自建"为主；产业飞地等；统一社会组织平台
政策绩效	三年目标任务两年基本完成	三年完成灾后重建目标

一　责任主体逐步明确

中央和地方关系是中国自古以来国家治理中的关键环节。历史上，中国古代封建王朝的分分合合、兴衰更替，无不与中央和地方的治理好坏紧密相关。灾后恢复重建政策模式由"国家动员、中央统一领导、对口援建"最终演变为"中央统筹指导、地方作为主体"的治理机制是中央和地方关系于"新时代"在国家治理中的崭新体现。《中共中央国务院关于推进防灾减灾救灾体制机制改革的意见》明确提出"充分发挥中央有关部门等方面的职能作用……地方政府作为灾后恢复重建的责任主体和实施主体"，这里的"地方政府"又在各省份颁布的落实文件中被表述为"灾区市级和县级党委、政府"或"受灾市（地）、县（市、区）党委和政府（行署）"等。这意味着，"地方为主"中的"地方"是根据灾害不同程度对应的以"属地管理"为主的一级行政机构。而且，中央和地方在应对自然灾害方面的事权与财权有了明确的职能职责划分。2018年全国两会通过的国务院机构改革方案决定组建新的国家部委"应急管理部"，进一步强化了中央在统筹指导方面的作用，这一治理体制的改革创新必将调动中央和地方两方面的积极性、主动性，促进灾后恢复重建治理的顺利进行。

二 内容体系逐步完善

特重大自然灾害灾后的恢复重建涉及方方面面，是一项复杂的系统性工程，不仅包括硬件、软件，而且也有社会的、心理的、文化的等因素。"汶川大地震"期间，对于灾后恢复重建的内容，相关政策即处于不断完善之中，最典型的就是国务院于2008年6月29日、7月4日接续下发了有关恢复重建的文件。后者与前者相比，恢复重建的政策内容更加具体、精细，而且涵盖了"防灾减灾和生态修复"等。由于玉树特殊的地质条件和民族区域特征，所以在恢复重建方面对"三江源生态环境保护""宗教活动场所"等更为重视。"芦山强烈地震"的灾后重建中，中央财政特意安排"生态环境修复"方面的财政资金，而且加大了中央政府投入力度；在产业重建方面更加结合当地实际，实现经济发展与恢复重建"融合"。"鲁甸地震"灾后重建内容框架则基本成熟，大致包括城乡住房、居民就业、公共服务、生态环境、基础设施以及产业发展等六大方面。2016年出台的《国家综合防灾减灾规划（2016—2020年）》、2017年印发的《国家突发事件应急体系建设"十三五"规划》将恢复重建的信用体系建设、规划编制、资金管理和机制规范等内容也纳入了制度建设的范畴。内容体系的不断完善不仅体现了发展的思路，而且是灾后恢复重建政策模式进一步完善的标志。

三 重建机制灵活多元

从"举全国之力"到走出一条"'中央统筹指导、地方作为主体、灾区群众广泛参与'的灾后恢复重建新路子"，同样是社会层面的广泛支持，但灾后恢复重建的机制更加科学、合理、有效，蕴含着"耦合性"。在这一机制下，央地关系进一步重塑，"一主多元"框架下的灾后恢复重建"共建共治共享"治理格局形成而且效能得到充分发挥。更为重要的是，作为从非常态救灾过渡到常态减灾、常态社会治理的关键时期，灾后恢复重建工作必须与当时当地经济社会发展的具体背景、国家战略、地方实际紧密结合。灵活多元的灾后恢复重建治理机制不仅是促进灾害发生地从非常态治理转向常态治理的重要方面，而且是灾害治理能力提升的关键参考指标，更加推进了"新时代"地方层面防灾减灾救灾体制的完善与发展。2017年,多个地方出台了支持社会力量参与防灾减灾救灾的相关措施,完善重建机制,如广东省佛山市成立"社会力量防灾减灾救灾联盟";四川省社会力量参与防灾减灾救灾统筹中心揭牌;重庆市人民政府办公厅2017年8月17日颁布了《关于开展巨灾保险的实施意见》,并启动了巨灾保险的试点工作;宁波市人民政府办公厅2017年12月21日颁布了《关于深化巨灾保险工作的实施意见》;日喀则恢复重建于2017年完成了32个特色小城镇的基础设施建设、湖南省宁乡市在洪涝灾后重建中"不让一个困难群众掉队"、中华职业教育社四川社为九寨沟培训高技能旅游服务人才助力当地"乡村振兴";等等。

审视两种模式变迁中的灾后恢复重建政策,可以发现:

第一,模式发生变化的思想基础是对灾害认识的不断深化,包括"坚持以防为主、防抗救相结合""树立安全发展的理念""坚持常态减灾和非常态救灾相统一"等。随着"治理思维"指导下的实践发展,国家治理能力不断提高、治理体系不断完善,各项改革措施制度化、规范化、法制化,中央与地方关系的重塑扩大了地方自主权,这为灾后恢复重建模式变迁提供了制度基础。最为根本的是"中国共产党的领导",正如习近平总书记在"芦山强烈地震"灾后重建考察时强调的:"我们要看到,像这样的抗震救灾、灾后重建,如果没有党和政府的领导,如果不是我们社会主义的体制,是根本做不到的。"[1] 这不仅体现了中国特色社会主义的本质特征,更是促进灾害治理实现"善治"的根本保障。

第二,理论假设中的"命题Ⅱ"和"命题Ⅲ"是成立的。当代中国,灾后援助已经成为受灾地域重建的基本前提。灾情的严重程度、政府主导理念的更新、宏观形势的变化以及受灾地域的自然、人文、社会环境交织影响着受灾地域的社会重构。由于国家、政府在社会治理格局中的主导地位,所以灾后重建政策作为一个显性指标,通过人财物资源配给的多寡,与受灾地域社会系统产生着内外之间的信息交流,进而促进受灾地域社会系统的更新与发展。在受灾地域实现恢复重建以及社

---

[1] 《习近平在芦山地震灾区考察时强调:继续大力发扬伟大抗震救灾精神,妥善安置群众科学开展恢复重建》,央视网,http://politics.people.com.cn/n/2013/0524/c1024-21595493.html(最后访问时间:2019年3月1日)。

发展进程中，地方层面、国家层面对于灾害的治理水平、能力、制度体系不断提升、发展和完善。

即便如此，两种模式下的政策有着较大的差异，在社会重构内容上面的进展同样不同，这表明在"灾情是国情"的共识下，中国对灾害的治理已经演变为一种宏观上的"常态治理"。背后反映的本质是，中国在灾害治理理念上的不断更新与发展，以及灾后治理能力的提升，这正是国家治理现代化走向成熟的主要指标之一。

第二节　两种重构类型的比较分析

比较的目的并不是分出孰优孰劣。每一项公共政策的制定、实施和修订，在各主体的共同参与下，都是有限理性所决定的结果。从社会变迁的视角来看，由于灾后重建政策对于受灾地域社会重构内容的影响显著，所以不同模式下的社会重构在内容上必然有着一定的差异。对其进行比较分析，有利于从社会变迁和治理的视角探究深层次的运行机理。

一　社会重构机制异同

在社会重构的主要机制方面，给予受灾群众生产生活恢复现实需求的及时回应，是"汶川大地震"和"芦山强烈地震"灾后重建中的共同之处。这主要源于中国共产党"为人民服务"的宗旨，视"国家复兴、民族兴亡"为己任的执政思想和理念。无论是在抗日战争、解放战争还是在建立新中国、开展社会主义改造以及实行改革开放等历史事件中，中国政府作为执政党——中国共产党的代表，始终将上述执政理念、思想及其形成的政策、制度贯彻执行，在谋求人民幸福、国家富强的道路上，延续、提升、扩大执政的合法性基础。

"举国援建模式"下充分发挥了"中央支持下的对口援建与合作机制"和"多方面举措保障下的组织管理机制"的效能，"地方为主模式"下充分发挥了"地方作为主体力量的责任机制"和"调动社会力量广泛参与的作用机制"效能。机制上的显著变化，显示出中国从"管理式"逐步向"治理式"的灾害应对方向转变。"举国援建模式"的灾后恢复重建由于体制优势和强大的资源调动优势，时效性更强，虽然社会力量在这一时期发挥了作用，但"中央政府主导下"的灾后恢复重建方式突出了"管理式"的思维。如前所述，这一思维下，不仅地方政府容易产生依赖心理，即一旦发生突发事件，寄希望于中央政府主导灾后应对；而且"统规统建"的住房居住率并不高；虽然城乡住房恢复重建被排在突出位置，但并不是所有的灾民都完全接受，灾民入住新居后返回原房居住的现象多有发生，造成了一定程度上的资源浪费。"地方为主模式"下充分调动社会力量积极性，采用"统规自建"方式，调动了受灾地域的自主性、自发性，基层自治作用得到发挥。这不仅是国家治理体系完善与治理能力提升的重要体现，更是地方治理体系与治理能力同步现代化的典型标志。

二 社会重构内容差异

两种灾后重建模式下的社会重构发展，其目标实际上是相同的，即促进受灾地域社会秩序的恢复和社会运行的正常发展。从灾后重建的10年状态和5年状况看，在社会秩序的恢复和发展上，调查区域选择的汶川县和芦山县均已达到。很明显的是，两地在恢复的基础上实现了相较于正常社会发展状态下的不同程度的跨越。从案例的分析来看，"举国援建模式"下的社会跨越明显大于"地方为主体模式"下的社会跨越。这至少说明两点：一是中国综合国力的提升显著增强了国家应对灾害的能力，二是特别重大自然灾害带给受灾地域在"毁灭"基础上的跨越式发展机遇。尤其对于国家治理体系的改进、政府管理效率的提升以及社会治理的现代化构建有经验方面的启示性质。

从社会重构内容的不同来看，社会场域的情境差异对于受灾地域社会层面的影响始终伴随着。两大案例的社会重构质性分析表明，灾后重建政策对个体心理、社会心态、社会关系、社会结构、社会生产、社会治理等方面有显著影响；对当地社会文化、风俗习惯更多的是在潜移默化中实现变迁。在汶川，藏历年和羌历年的风俗受民族文化的熏陶一直传承下来。所以，汶川的"举国援建模式"成功实际上有着重要的政治和民族意义。对于中国这样一个多民族融合国家，灾后重建在汶川的成功也提供了多民族融合发展的良好契机（见表6-2）。

表6-2 汶川和芦山灾后重建的社会重构内容比较

社会重构类型	调查区域	动力机制	社会跨越	产业重构	社会关系	社会结构	社会心态	社会文化	社会组织	灾后重建时限
举国援建模式下的跨越式重构	汶川县 阳光社区 老人村 震源新村	中央支持、对口支援与合作,"以人为本"价值追求,科学高效管理	至少30年	"腾笼换鸟",生态优先,康养旅游,特色农产品	整体和谐,融洽,凝聚力提升,呈现"趋利化"特征	就业结构、收入结构、人口结构和生活空间结构明显变化	阶段化特征明显	文化活动丰富,藏羌民族特色风俗与汉族融合发展	广州引入并扎根的社会组织——汶川县大同社会工作服务中心	10年
地方为主模式下的渐进式重构	芦山县 青龙场村 隆兴村	地方为主的责任,社会力量广泛参与,政策创新和人才保障	至少15年	优化产业结构,规划工业示范园区,发展生态农业和文化旅游	家庭、邻里关系增强,基层干部和群众关系矛盾增多	就近重建下从"小散居"走向"小聚居"生活空间变化	阶段性的"复杂化和多元化"心态	公共服务设施水平提升的文化活动增加,"人情教、信教"现象明显	本土培育并发展起来的社会组织——老人协会	5年

然而，实际上，从比较结果可窥探两种模式下灾后重建的不足。即便是作为当地主政者也是有着这样的判断。汶川县某政府负责人对此的看法为：

举国援建中的对口援助省份，他们来比不来好。最主要的是可以将发达地区、先进地区的先进的思想理念和管理经验与我们落后地区进行交流、结合，促进当地治理水平的提升以及经济社会的发展。另外一个是，"三年任务两年基本完成"，帮助受灾地在短时间将公共基础设施、交通等恢复重建好，在灾后民生保障得以很好地解决以后，使得当地政府能够在灾后重建后腾出手来进行产业上的、经济社会长远发展层面的规划、建设。这是很有战略意义的。另外的就是让老百姓切切实实地感受到"国家意识"，"家国观念"得到明显体现。（访谈记录2018082103）

芦山县某政府负责人的看法有着明显的不同：

地方作为主体的模式，一是提升了灾后重建项目的审批效率。汶川地震后，当时很多项目都是中央部委规划的、制定的，在具体的实施过程中，并不一定符合当地的实际情况，因此后续需要调整规划，但是要往中央报，一级一级报，耽误了时间。二是提升了行政效率，主要是给予地方更大的自主权，国家给（四川）省自主权，省上将很多项目的管理权尤其是资金使用权下发给雅安市，灵活性更多，行政效率提升了。三是地方的积极性上去了，能够主动结合地方的实际推进灾后重建工作。四是注重产业重建。汶川灾后重建不是不搞产业，主要是产业重建不是重点，有一些"飞地经济园区"，但比较少，产业发展的可持续性并不是很强。然后就是一些地方的公共服务设施建筑"贪大求全"，给县城建立现代化的医院、学校，后期使用效率低、维护成本高，增加了经济负担，造成了浪费。地方为主体的机制就不存在这样的问题，因为中央或者外来的援助资金少，每一分钱都要用在"刀刃上"。（访谈记录2018082408）

三 社会重构水平不同

选取灾后重建满意度、居民生活质量、社区治理水平、公共基础设施和产业可持续性五个指标,对调查的四个村——老人村、震源新村、青龙场村和隆兴村的社会重构水平进行测度。在分值赋值上,每项指标的满分为100.00分,综合得分可知,老人村＞青龙场村＞震源新村＞隆兴村(见表6-3)。

表6-3 基于主客观综合判断赋值的社会重构水平指标分值

乡村	灾后重建满意度	居民生活质量	社区治理水平	公共基础设施	产业可持续性	综合得分
老人村	100.00	98.00	100.00	100.00	99.00	99.40
震源新村	100.00	90.00	85.00	85.00	75.00	87.00
青龙场村	100.00	95.00	95.00	100.00	80.00	94.00
隆兴村	80.00	75.00	60.00	85.00	75.00	75.00

实际上,就四个村的灾后重建而言,老人村和青龙场村是政府力推的"典型示范村"。由于同样是当地乡镇政府驻地的中心村,区位优势突出,所以在基础设施建设、社区治理水平以及产业的规划和发展方面投入了较多的资源,灾后重建效果明显,当地居民满意度也比较高。震源新村因为距离中心城镇较远,而且在产业发展方面可持续性不强,所以社会发展面临着一些不稳定因素影响,比如老龄化、劳动力外流等。隆兴村与前三个村相比,由于部分房屋尚未完全重建好、"人多地少"矛盾突出、干部和群众矛盾问题较多,所以社区治理水平、居民生活质量的赋分较低,社会重构的水平低于前三者,在发展阶段上可以说仍然是灾后重建与社会发展的叠加时期。

所以,四个村的社会重构可以分为三个层次:第一个层次是"典型示范村",以老人村和青龙场村为代表;第二个层次是以震源新村为代表,随着时间的推移,社会重构的水平虽然次于前两个村,但高于隆兴村;第三个层次是隆兴村,因为在灾后重建方面仍然存在较为突出的问题。

第三节　灾后重建视阈下的社会重构逻辑

基于前述分析，两次地震的灾后重建，在政府主导下，取得了显著成效。而且，在社会层面的进一步发展中，受灾地域的社会重构呈现典型的规律性特点。

一　自然灾害对社会变迁有正反影响

1. 自然灾害对于促进社会发展有一定刺激性

无论哪一等级的灾害，对社会造成负面的、消极的影响较为普遍，严重的甚至导致国家灭亡或地域消失，更多的则是人员伤亡、财产损失、社会关系隔断等。从社会重构视角看，自然灾害在一定程度上会刺激社会的发展。如，人类社会形成早期，由独居、散居逐渐发展到群居状态的原因之一，即有躲避或提高抗击洪水、山洪等自然灾害能力的因素在内。为了抵御灾害，人类依靠智慧和努力持续进行着生产、发展科技以提升抵御风险、保障人居安全的能力。这些过程中，人与人、人与社会、人与自然以及自然与社会之间的互动越来越频繁，人们认识和改造自然与社会的方法和手段也越来越多，最终走向的是人与人、人与社会、人与自然、社会与自然和谐共生的"美好场景"。

2. 特别重大自然灾害对受灾地域具有系统破坏性

基于社会构建主义视角的观点，可知任何一种灾害都会造成负面损失。一般的灾害，如小型滑坡、泥石流，对道路破坏以及个体的损伤，并不会对社会系统造成广泛影响，但其可以给人们警示——提高防范意识和风险意识。随着等级、频率的提升，灾害对人类社会造成的损失更大，对社会系统的破坏越来越广，如洪水、火山、地震冲击大面积的村社，对受灾地域居民的房屋、基础设施、居民间关系、民众的心理和意识等人力资源、经济基础、自然禀赋的内外系统会产生深远影响。如清末时期，安徽淮河流域水旱灾害频发，对该地区的农业经济和农村社会秩序产生了严重的影响，正常的农村经济秩序和社会秩序出现混乱动荡。① 民国时期，云南频发的自然灾害不但威胁着乡村民众的生活，而且影响着民众的信仰。②

二 受灾地域社会重构的时序演进性

判断一个地域的社会变迁是否发生重构，一个基本前提是有可参照的"对象"。如与受灾地域发生灾害前的社会状况相比，或与同类型区域的社会状况相比，或与其灾后重建不同时期的发展状况相比。既然重构意味着某地实现了社会层面质的变化，比以前有了正向的各个层面的提升，那么，实现变化的过程一方面体现的是从"恶性运行状态"或"中性运行状态"向"良性的社会运行状态"转变的完成，另一方面是从"量变"到"质变"的动态累积过程。在灾后重建的社会变迁中，其演绎过程大致如下：如图6-1所示，A点为灾害发生的时间节点，B—C为受灾时期，社会发展水平低于灾前时期，C—D为灾后恢复重建期，在D的时间节点，受灾后的地域已经恢复到灾前水平。但在D点，受灾地域社会变迁会发生分化：D—E表示继续向正向的社会提升发展，D—F表示按照灾前水平向前发展，D—G表示由于非灾害直接因素导致的向负的水平退化的情况。而社会重构起始于C—D之间，即C—D—E完整地反映了社会重构的过程。

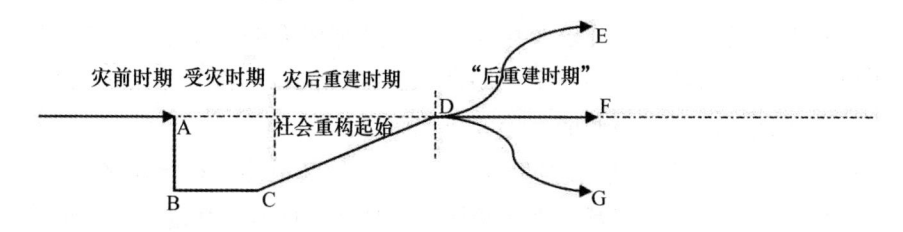

图6-1 灾后重建视阈下的社会变迁过程

一是"灾前时期"。某地在某种自然灾害或特别重大自然灾害发生

---

① 郑金彪、张玫:《水旱灾害对清末安徽淮河流域农村社会的影响》，《安徽农业大学学报》（社会科学版）2016年第1期。
② 何廷明、崔广义:《民国时期自然灾害对云南乡村社会信仰影响探析》，《文山学院学报》2018年第2期。

前，一般是处于常态社会的运行状态。这一状态的运行或许受到过若干年前的自然灾害影响，但因为时间久远，社会发展已处于平稳状态。此时促进社会发展的推动力，主要体现为当地生产力与生产关系的矛盾关系，或者是政策因素、主要人物推动，等等。

二是"受灾时期"。特别重大自然灾害的发生具有不可预测性，存续时间短、破坏力极大，所以这一时期较短。以地震为例，发生里氏7.0级以上地震可能持续数秒、数分钟，当然余震也可能持续两三个月。突然发生后，对于受灾地域而言，是一种"灾难性"的状态。房屋、财物、公共道路、人员，原有的一切可能会被瞬间摧毁。幸存下来的人们生存生计存在问题，在一段时期，甚至引发该地域社会的"混乱状态"，因为主政当地的机构可能暂时失去运转能力，安全成为最大问题。社会运行状态可以形容为"回到原始状态"。人们此时能够做的，是救人和自救。

三是"灾后重建时期"。包括灾后的恢复和重建。受灾地域通过自身力量或是外力援助，开始对特别重大自然灾害造成的损失进行恢复，如房屋重建、公共道路重修、伤员救治、心理创伤修复，以及当地治理机构的组织重建，通过正常运转来促进社会秩序的恢复。这一时期可能耗费数年或数十年。这取决于受灾地域社会面临自然灾害的"修复能力"或"恢复能力"的大小。"社会重构"叠加发生在这一过程中，包括人们对灾害认识的变化以及在物质的和精神层面的恢复中对"灾害"的规避，以尽可能地提高灾害预防能力、减少灾害再次发生时的损失、提升受灾地域应对灾害的能力等各个方面。

四是"后重建时期"。即官方主导下的基础设施、社会服务设施、居民房屋等重建阶段。社会秩序和社会治理等方面基本恢复，受灾地域经济社会发展基本恢复到灾前水平，但社会领域的重构仍然在持续。

可见，灾后重建视阈下的社会重构是一个复杂的叠加推进过程。但受国家实力、相关政策、产业基础、自然禀赋、行为主体治理能力、文明程度等多种因素影响，受灾地域的社会重构在起始时间、重构速度、发展的质量和水平等方面的阶段及特征会有明显的差异。是否发生社会重构，可基于三方面综合判断：第一，与灾前相比，受灾地域社会的治理水平是否有提高？第二，与未受灾的地域相比，恢复重建后进入社会稳定运行状态的受灾地域，其社会发展水平是否有明显变化？第三，与同类受灾地域相比，恢复重建后的社会治理水平是否有明显差异？这一点可以判断出社会重构的速度。在具体指标选取上，从相对系统、全面、合理、可参照的角度，可从"灾后重建满意度""居民生活质量""社区治理水平""公共基础设施"和"产业可持续性"等方面建构评价体系。

三 社会重构内外驱动因素的复合性

社会重构不是凭空产生的。在重构新的社会平衡系统中，原有社会系统的各要素仍然是社会重新建构起来的基础。受灾地域社会系统各要素的演化和发展发生在由宏观、中观和微观构成的社会体制以及经济、文化、自然、生态等相应子系统构成的有机体系内。基于社会运行所需的结构、关系、资本、治理体制等构成要素，可将灾后重建视阈下社会重构的驱动因素分为外部驱动因素和内部驱动因素两大类。

外部驱动因素对受灾地域社会重构进程发挥着推动、催化、引导或障碍作用，包括灾情大小、灾害治理体制、宏观发展形势、恢复重建政策、市场和社会条件等方面。其中，灾情大小指的是灾害对发生地域社会造成的人财物以及社会各方面的损伤程度；灾害治理体制主要表现为中央政府与地方政府的灾害管理职责划分；宏观发展形势的好坏决定着受灾地域受到的关注度和支持力度；恢复重建政策通过决定资源配置的调配机制影响社会重构进程，在当前中国以党委、政府为主导的社会治理格局中，政府的政策导向与偏好显著影响着社会重构的推进力度和水平；市场和社会条件主要指市场需求的变化对受灾地域产业调整的影响以及社会力量对受灾地域灾后重建的参与度。

内部驱动因素直接决定着受灾地域社会重构中产业的发展路径选择，以及重构的水平、速度、质量或层次，包括受灾地域的区位条件、产业基础、自然资源（主要指土地）禀赋、行为主体的认知与能力、文化习俗和居住形态等多个方面。这其中，行为主体的认知与能力贯穿于灾后重建及社会重构过程始终，在利用内外影响因素中发挥着关键性的核心作用。

对外部和内部驱动社会重构相关因素的分析表明，影响灾后重建地域社会变迁的因素是多元的、综合的，并且有机形成一个复合型的影响因素体系。依据灾情大小将自然灾害区分为不同等级一样，根据影响社会重构的主要因素，可以对灾后重建视阈下的社会重构进行类型划分（见图6-2）。

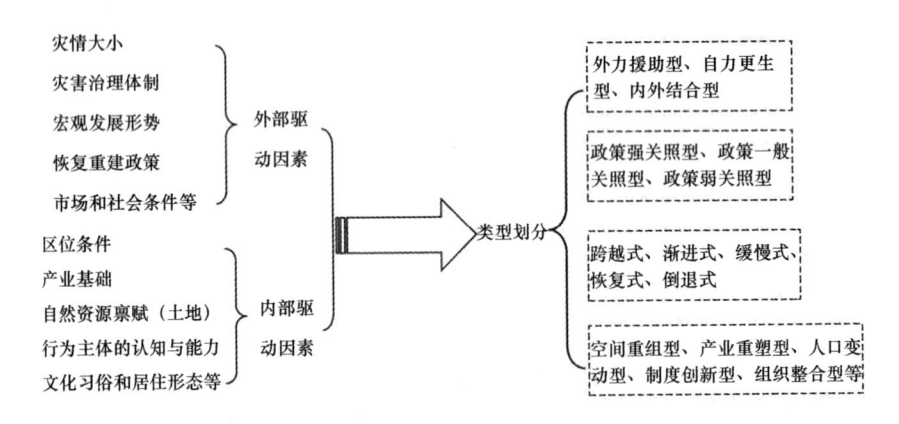

图6-2 灾后重建视阈下社会重构的影响因素及类型

外部驱动因素：灾情大小、灾害治理体制、宏观发展形势、恢复重建政策、市场和社会条件等

内部驱动因素：区位条件、产业基础、自然资源禀赋（土地）、行为主体的认知与能力、文化习俗和居住形态等

类型划分：
- 外力援助型、自力更生型、内外结合型
- 政策强关照型、政策一般关照型、政策弱关照型
- 跨越式、渐进式、缓慢式、恢复式、倒退式
- 空间重组型、产业重塑型、人口变动型、制度创新型、组织整合型等

依据灾害治理体制不同，可将受灾地域的社会重构划分为"外力援助型""自力更生型""内外结合型"三种类型。"外力援助型"指受灾地域的恢复重建主要依靠的是外部力量的支援和建设完成的，社会重构发生在此基础之上；"自力更生型"指受灾地域的恢复重建主要依靠其自身的综合力量，社会重构与恢复重建迭次推进、演化；"内外结合型"指受灾地域的恢复重建依靠的是外部力量支援和内部力量合力作用的结果。

依据政策关注度强弱的不同，可将受灾地域的社会重构划分为"政策强关照型""政策一般关照型"和"政策弱关照型"三种类型。"政策强关照型"指受灾地的某一具体场域基于区位条件便利、集聚辐射作用性强、灾害造成的损失程度最大或是地方政府偏好等主客观原因，在灾后重建资源投入力度以及政策支持方面给予更多的关照；"政策一般关照型"和"政策弱关照型"的灾后重建资源投入力度与政策支持依次减弱。这一类型下的划分同时反映了"国家—社会"两者主导关系的变化。

依据社会重构水平、速度和质量层次的不同，可将受灾地域的社会重构划分为"跨越式""渐进式""缓慢式""恢复式""倒退式"五种类型。"跨越式"指的是受灾地域经过灾后重建并利用这一契机，实现了比灾前常态社会运行速度更大的社会跨越；换言之，如果没有发生灾害，依靠受灾地域某一具体场域的"按部就班"速度发展，需要几十年时间才能实现上述程度的社会发展。"渐进式"指的是受灾地域某一具体场域，在灾后重建中综合运用内外各种力量，在恢复重建的进程中促进社会的发展，依据客观实际来实现灾后的恢复与社会发展双重目标。"缓慢式"指的是受灾地域某一具体场域的社会重构水平、速度和质量层次较慢，处于一种缓慢发展的状态，但在恢复重建中社会实现了某种程度的发展。"恢复式"指的是受灾地域的恢复重建目标就是恢复到灾前程度。"倒退式"指的是受灾地域由于其他主客观原因或由于灾害造成的打击、破坏巨大，没有"恢复力"或是外部力量帮助，直接导致受灾地域社会失序并处于更加恶性循环的状态。这种情况如中国近代战乱时期，一些地方遭遇特大洪水或地震，由于当时军阀割据、政府无力，造成难民流离失所、无家可归的凄惨局面。

根据恢复重建后主要变化的不同，可将受灾地域的社会重构分为"空间重组型""产业重塑型""人口变动型""制度创新型""组织整合型"等类型。"空间重组型"表明受灾地域的社会重构主要发生在空间格局变化上，如由散居状态到聚居状态、由分离形态重组合一等。"产业重塑型"体现的是受灾地域的社会重构在产业发展上有了明显升级转型。"人口变动型"主要指的是人口结构如数量、职业等方面发生较大变化。"制度创新型""组织整合型"说明的是受灾地域的社会重构主要体现的是制度上的创新或组织力量的重组等。

需要指出的是，类型划分只是依照某一特定因素，实践中的社会重构变化是综合因素共同作用的结果。但对类型进行区分，有助于探析社会重构的一般性普遍特点或规律。

四 社会重构实现的目标具有多维性

无论灾后重建视阈，还是其他情境下的社会变迁，重构总是基于预期的目标和预设的理念展开，不同层级、不同阶层或是个体自我预期的目标也有差异。但是,既然是基于特别重大自然灾害发生后开展"灾后重建"这样一个系统性工程,设定目标不仅是必需的,而且其总目标至少应是实现受灾地域经济社会的恢复和发展能力。对受灾地域而言,合理利用此一契机实现社会恢复基础上的重构,并提升灾害应对能力和社会发展能力,是灾后重建效率和效益最大化的最优选择。基于前述理论分析,笔者认为灾后重建视阈下社会重构的目标并不单一,而是"社会秩序恢复—社会资本改善—社会治理水平提升"形成的"三角架构"目标体系(见图6-3)。

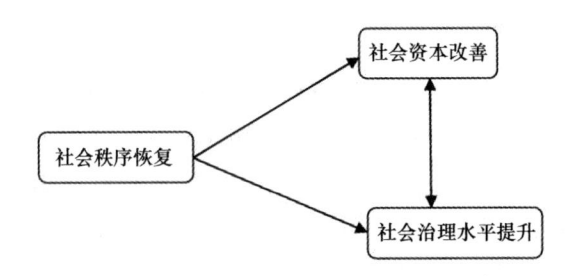

图6-3 灾后重建视阈下社会重构的"三角架构"目标

1. 社会秩序恢复

社会秩序的恢复,是指社会秩序由混乱和失序状态重新恢复到其原来秩序和稳定状态的过程,社会结构、社会资源分配机制和社会的价值观并未发生根本性的变化。[①] 从这一定义出发,社会秩序的恢复是灾后重建视阈下社会重构的基本目标。实际上,在灾害应对和灾害治理能力较强的区域,社会秩序的恢复时间是比较短的。比如众所周知的日本,作为地震频发的太平洋沿岸岛国,日本民众在地震发生的时候也能够做到秩序井然,受灾地方在遭到各种损失后也会马上投入到救援、恢复重建的程序当中。之所以能做到如此,实际上也是地震灾害对地方灾害应对体系、地方民众心理和地方灾害治理能力提升的影响所致,而这本身也是灾害对社会治理能力方面的重构。对于突发性的特别重大的、造成人员伤亡和财产损失重大的自然灾害,其社会秩序的恢复则需要更多的时间,尤其对于灾害

---

① 郭星华、刘朔:《社会秩序的恢复与重建》,《国家行政学院学报》2017年第5期。

应对能力不足的受灾地域或所在国家来说，秩序的恢复更加重要。如在中国近代史上，黄河、淮河发大水，造成饥民流离失所、社会动乱，也是国民党政府失去民心和政权的一大体现。所以，社会秩序的恢复更多的是考验受灾地域政府或国家的灾害治理能力，甚至是国家的综合实力。

2. 社会资本改善

历史的车轮在向前，社会的发展也是不断进步的。如果一个地域，在遭受重大以上自然灾害后的恢复重建以及社会重构后，社会资本没有得到改善，从发展的角度而言，这一地域可以判断为尚处于恢复重建阶段。社会资本的改善可以是微观个体社会关系的向好、中观层面社会结构的优化、宏观社会运行效率的提升和治理的更有序，也可以是三者中的某一个方面。在灾后的恢复重建中会面临着各式各样的利益问题，特别是在资源有限的情况下，由于不同群体、阶层的利益而产生的社会冲突会增多，矛盾有时会比灾前更激烈、更难以处理。这一时期是对受灾地域社会进行重构的考验期，这同样建立在社会秩序恢复程度优与次优的基础上。因为，即便是社会秩序得到了一定的恢复，但由于难以处理秩序基本恢复后的相应社会冲突，社会秩序会再次受到非自然灾害的影响，变为"二次混乱和失序"状态。判断社会资本是否改善的指标有很多，但最为明显的是社会关系与灾前相比是否更好。因为重构是在重建基础上的发展，如果尚不如灾前阶段，受灾地域的灾后恢复重建阶段可以说是没有完全完成的，至少政府主导的社会重建目标并未完全达到。

3. 社会治理水平提升

社会治理水平提升是灾后重建社会重构的最突出目标。从"解构"到"重构"需要恢复重建，更需要对社会治理进行创新和改变。社会治理水平的提升体现在几个方面：社会治理格局是否完善、社会治理体系是否健全、社会治理的方式是否适应经济社会发展的水平、社会治理的效率是否高效。如果按照新时代社会治理的要求衡量，即社会治理是否实现了社会化、法治化、智能化、专业化的水平。"社会化就是组织和动员各方面群众积极参与社会治理。法治化是指树立法治思维、运用法治方式、维护合法权益。智能化是指利用大数据和信息化等手段提高社会管理和服务的精确性和便利性。专业化要求社会治理的手段和方法符合社会治理内在规律和特点。"① 进一步，体现在以政府主导、分类服务以及调动社会力量参与的一系列改革举措，在政府治理和社会治理的转型处理上，政府公共服务与社会化、市场化的公共服务边界明确、清晰、科学、合理、高效。诸如在厘清基本公共服务与非基本公共服务的政府职能边界、培育和引导社会力量参与社会治理体制机制，以及在治理过程中正确处理政府与市场、政府与社会的关系等方面有切实提升。

灾后重建视阈下，"最优状态"的社会重构是在社会秩序恢复基础上，受灾地域的社会资本实现了良性改善，而且社会治理水平（包括应对灾害的治理能力以及社会发展的诸方面）取得了有效发展。但受制于前述相关因素，达到"最优状态"是一种理想情境，或者需要一定的时间，或者更需要内外驱动因素在行为主体引领下有效施策方可实现。

第四节　灾后重建视阈下社会重构目标实现的策略

一般而言，生产力的发展、社会的变革、外部力量干预以及对民众需求的回应作为社会发展的内外推动力，是实现社会重构的前提和基础。然而，在灾后重建的场域中，汶川和芦山的案例提供了更为具体的路径选择，即依据具体场景下实施的"外力援助+自主能动性"是导向社会重构的有效路径。虽然政府主导下的灾后重建工作名义上已结束，但其重建政策产生的"嵌套式"社会效应显著影响受灾地域的社会重构过程。即便是与其他未发生特别重大自然灾害、处于常态社会运行状态的地域相比，以汶川县、芦山县为代表的受灾地域借助灾后重建契机，实现了超过上述地区的跨越式发展或渐进式发展。但是，由于灾后重建造成的、在基层或地方政府层面难以解决的遗留问题仍然值得重视和长期关注。

---

① 龚维斌：《努力开创社会治理新局面》，《行政管理改革》2017 年第 11 期。

一 健全灾后重建治理体系

对于特别重大自然灾害灾后重建的后续工作，仍然需要政府给予长期关注。建议以新成立的应急管理部及其救灾和物资保障司、政策法规司、调查评估和统计司为指导，协同相关特别重大自然灾害地方政府，对后重建时期的遗留问题以政策法规、部门规章或地方条例等方式给予原则性、指导性的解决。一是建立健全灾后重建管理体系，包括完善灾后重建的相关法律法规，设立多层次、多主体的灾后重建管理机构，发挥民间团体的补充作用，构建完善的灾情管理信息系统。二是确立多元筹集机制、加大灾区投融资政策扶持力度，包括确立政府主导、多元投入的灾后重建资金筹集机制，加大灾区投融资政策扶持力度、推动金融工具创新。三是加强基础设施重建管理、创新基础设施建设运作方式，包括建立全面协调地区基础设施建设的权威机构，整合基础设施重建资金、保证资金高效使用，积极推动基础设施建设运作方式创新。

更重要的是，须进一步夯实防灾减灾救灾制度基础。"灾情是国情"的基本判断的另外一层意思是，必须对灾害发生、灾害救助、灾后重建的全过程、全链条进行系统化、精细化、科学化的治理。以汶川和芦山典型地域的质性分析表明，灾后重建政策对于中国场景下的社会重构具有较大影响。而且，由于地域性、时代性、文化风俗的特色性等，针对不同受灾地域应给予适合地方社会重构的重建政策。一是在国家层面支持研究机构或委托专业人员长期跟踪研究，包括"唐山大地震""汶川大地震""芦山强烈地震""舟曲泥石流""玉树地震""鲁甸地震"等新中国成立以来发生的特别重大自然灾害在内，乃至中国历史上的特别重大自然灾害的发生、救助、重建以及对社会方面的影响给予系统研究。二是开展文化重建，包括重视民族文化的重建和保护，建立国家地震博物馆作为历史见证。三是建立多层次的社会保障制度和科学的心理援助制度。四是重视对生态环境的修复和保护研究工作，包括在灾区生态环境评估基础上开展整体规划，推进人居环境和谐，抓好灾后废弃物处置及资源化利用等。

二 加强灾后重建政策评估

评估是检验灾后重建政策执行效果的主要手段之一。灾后重建政策具有阶段性，在完成了物质层面的恢复重建工作以后，受灾地域社会进入正常的运行秩序，需要因应客观形势变化对灾后重建政策进行调整，以适应重构后的社会运行状态。所以，重视灾后重建政策的评估工作，是后重建时期促进受灾地域社会政策调整与完善的必需步骤。一是在中央层面，对灾后重建的资金、项目进行全过程、跟踪式的审计评估。对于在灾后重建过程中发现的寻租、腐败等问题从严查处。二是引入第三方评估体系，对特别重大自然灾害后的社会重建进行系统性评估，对于评估出的突出问题及时给予政策方面的调整，如汶川等地的房屋产权和宅基地问题，需要在中央、省级层面给出指导性意见，以及芦山的村民"自建委员会"是否存续问题等，均需要在灾后重建结束后及时解决。三是完善灾损评估体系，科学制定和实施重建规划，包括完善灾损评估体系、夯实防灾减灾救灾基础，明确规划原则、救灾要求及程序，科学设计城乡重建工程规划、优化综合布局。

三 增强受灾地域发展能力

中国发生特别重大自然灾害的地域，一般是经济欠发达的西部区域。这些地域在经济发展阶段、水平、发展能力等方面往往落后于内陆地区。无论是采取"举国体制"的援建模式，还是"地方作为主体"的重建模式，严重受灾地域均需要外力给予援助，才能在短期内恢复到原有水平。后重建时期，当外部援助撤退之后，受灾地域需要依靠自主力量实现更持续、更稳定的发展。尤其是在受灾地域需要强化生态的保护和修复前提下，自力更生促进本地经济社会发展仍然需要内外力量合力推进。一是建立灾害救援和恢复重建中的征用补偿机制，包括明确应急财产征用补偿的职责分工和工作程序，建立公正合理的应急财产征用补偿标准，建立稳定充足的应急财产征用补偿经费投入，建立公开透明的应急财产征用补偿监督核查机制，完善国家征用与补偿制度的相关立法。二是创新巨灾保险制度，包括加强政府的介入，建立多层次损失补偿体系，优化再保险制度。三是着力解决短期失业、努力推动持续就业，包括建立就业援助基金，实施以工代赈，开展劳动力培训，制定并实施多元就业开发方案。

四 促进社会力量持续参与

2012年以来，中国政府对于社会治理的认识和实践不断深化。党的十八大报告提出，加强和创新社会管理，提高社会管理科学化水平，必须加强社会管理法律、体制机制、能力、人才队伍和信息化建设。① 表明中央政府意在通过制度体制机制等层面的能力建设，促进社会在新阶段的良性运行。党的十八届三中全会提出，坚持系统治理，加强党委领导，发挥政府主导作用，鼓励和支持社会各方面参与，实现政府治理和社会自我调节、居民自治良性互动。② 这一表述暗含着政府对于如何构建新形势下的"社会发展及其演变路径"有了初步明细的路线图。党的十八届五中全会提出，加强和创新社会治理，推进社会治理精细化，构建全民共建共享的社会治理格局。③ 实际上体现了中国政府推进治理视阈下社会运行机制良性发展的指导思路。党的十九大提出"打造共建共治共享的社会治理格局"，对社会治理制度建设、预防和化解社会矛盾机制、安全发展、社会治安、社会心理、社区治理等均提出了要求，反映出政府对社会治理的深度、广度均有了新的认识和更明确的发展方向。

"治理"视阈下，培养、引导、支持社会力量尤其是非营利性社会组织积极参与社会建设、社会发展、社会治理，成为促进国家治理、政府治理现代化的题中之义。对于受灾地域的灾后重建来说，政府主导的社会重建基本完成以后，如果社会组织能够持续、有效、积极地参与到当地的社会重构进程中，不仅能够弥补地方政府能力的不足，而且将有

---

① 《胡锦涛在中国共产党第十八次全国代表大会上的报告》，新华网，http://www.xinhuanet.com//18cpcnc/2012－11/17/c_113711665.htm（最后访问时间：2018年10月9日）。
② 《中共中央关于全面深化改革若干重大问题的决定》，2013年11月12日，http://shfz.xhu.edu.cn/77/12/c4122a96018/page.htm（最后访问时间：2018年10月9日）。
③ 《中国共产党第十八届中央委员会第五次全体会议公报》，新华网，2015年10月29日，http://www.xinhuanet.com/politics/2015－10/29/c_1116983078htm（最后访问时间：2018年10月9日）。

力地缓冲政府与民众在灾后重建中积累的矛盾，进而加快当地社会重构的进程。虽然实践中，在受灾时期和灾后援助时期，社会组织发挥了积极的作用，但从前述对调查地域的分析来看，社会力量持续参与后重建时期的社会重构力度仍然不足。因此需要政府加大培育、引导的力度，尤其是在省级、地级市层面，一是要解放思想、深化对社会组织的认识水平；二是积极培育本地社会组织发挥其专业优势；三是引导发达地区的专业社会组织参与灾害风险地域的治理中，积极构建"合作、共治"的现代灾害治理格局。

第五节 本章小结

本章从灾害重建模式变化的角度梳理了灾后重建政策变迁的特点，主要体现为：灾后恢复重建责任主体越来越清晰、灾后恢复重建内容体系逐步完善、灾后恢复重建机制灵活多元，这基本构成了中国灾后恢复重建公共政策演进的基本逻辑。不同的社会重构"类型"，虽然在目标方面一致，但在主要机制、具体内容、水平层次上有较多差异。灾后重建政策对个体心理、群体心态、社会关系、社会结构、社会生产等方面有显著性影响。当地社会文化、风俗习惯也是在潜移默化中实现变迁。在水平和层次上的不同，体现了中国语境下政府的特色治理对社会变迁的影响。在社会力量参与上的变化，预示着现代化治理格局的形塑和能力的提升不仅需要本土的培育，也需要先进地区的经验与落后地区实际的融合交流。由此进一步总结出，灾后重建视阈下的社会重构，遵循着对社会发展具有一定刺激性、系统破坏性、时序演进性、内外驱动因素复合性、目标多维性等基本逻辑。最后，对于案例中发现的社会领域问题，在此部分也提出了下一步的应对策略。

第七章 结语

第一节 研究结论

"灾后重建视阈下的社会重构研究"以中国2008年发生的"汶川大地震"和2013年发生的"芦山强烈地震"灾后重建的典型地域——汶川县、芦山县及其具体场域老人村、震源新村、青龙场村、隆兴村等为调查样本,进而开展自然灾害对社会变迁的作用影响研究。本书基于理论分析框架建构下的多种研究方法分析发现:

第一,中国语境下的灾后重建后续研究特别是社会层面的深层次、系统、全面研究尚不多见。这可能有三方面缘故:一是中国虽然自然灾害频发,但特别重大的自然灾害在近几十年来并不多见;二是说明中国应对灾害的能力显著提升,而且出于规避风险的考量,经济、人口、资源集中的区域往往发生特别重大的自然灾害概率较小;三是相关的学科研究正处于起步阶段。

第二,从既有研究理论、主要观点和中国的社会现实出发,本书构建了一个灾后重建视阈下社会重构研究的理论分析框架,并从主要机制、主体力量、实施方式、主要内容等方面进行了阐释,最后又回归到社会重构的目标层次。这一理论分析框架试图揭示的是,社会重构并不是最终目的,而更多的是一种促进社会发展的机制、手段或者方式,其最终目的是要实现社会向好的状态、稳定的秩序、和谐文明的方向前进。但要达成这一综合性、长远性的目的,是社会系统各方面综合作用的结果,不仅需要重构机制的助推,更需要主体力量形成合力,以符合灾后重建社会演化规律的方式,选择适宜的生产方式、社会政策以改善社会关系、优化社会结构、消解社会不良心态、丰富社会文化。

第三，以汶川为典型地域的研究表明，举国援建模式后的十余年间，汶川不仅实现了社会秩序恢复和发展，而且在社会关系、社会结构以及社会生产等综合作用下又实现了社会资本的向好发展及改善，社会治理水平提升进一步促进了社会秩序的良性运行，这是一种典型的"跨越式重构"。一是举国援建模式充分发挥了社会主义的制度优势以及中央政府组织调度各方资源的优势，通过灾后重建政策的制定与实施，以"及时回应受灾群众需求的反应机制""中央支持下的对口援建与合作机制""多方面举措保障下的组织管理和保障机制"推进重建工作，使灾后居民住房、公共服务设施、产业恢复发展及生态等方面的恢复重建效率大大提高，为稳定社会秩序、居民安居乐业提供了重要的物质保障和前提。二是社会生产方面最典型的转变就是产业的重构带来产业结构、居民就业方式、收入结构的巨大转变。三是社会关系整体和谐、融洽，凝聚力提升，但由于补助政策、房屋产权、城乡社会保障、农村宅基地等方面的问题使社会关系不仅呈现阶段化特征，而且向趋利化方向转变。四是社会结构的最显著变化体现在就业结构、空间结构和县城人口数量结构等方面。五是社会心态的变化在灾后重建十余年间呈现典型阶段性特征——从灾害发生时的害怕、恐惧、担忧，到救灾阶段的相互帮助、利益共享，灾后恢复重建阶段的"私利"产生以及后重建时期对感恩精神的培养，生动诠释了社会存在决定社会意识的马克思主义观点。六是当地社会风俗文化在多民族的融合发展中进一步汉化，羌族、藏族的特色习俗悄然发生着转变。七是乡村社区治理水平提升并跨越式地向现代化、社会化、共享化的方向迈进。民众不仅文化活动形式开始变得多样化、现代化、丰富化，而且在社会组织持续影响下，参与社会治理的意识提升，对社会组织的认识也有了不同程度的转变。

对于"举国援建模式"下的社会重构逻辑总结表明："汶川大地震"对于受灾地域尤其是重灾区社会系统的破坏是摧毁性的，导致其社会运行基本瘫痪；举国援建模式下，中央政府强力政策支持下的资源投入使受灾地域的灾后重建速度加快；社会层面仍然存在的问题表明，社会重构虽然受益于举国援建模式，但仍然遵循着自身的规律，需要长时期的稳步推进才能实现。

第四，以芦山灾后重建为例证的分析表明，地方为主的灾后重建模式有效调动了省级、地市级、县级等层面的积极性和能动性,使地方能够在灾后重建方面制定更加符合经济社会发展的政策。芦山灾后重建的社会重构,虽然并没有取得像汶川那样的跨越式发展,但这一社会重构的变迁历程,可以称之为"地方为主模式"下的"渐进式重构",同样成为中国特殊情境下社会重构发展的示范性样本。一是在社会生产的产业发展上,注重产业重建是"芦山强烈地震"灾后重建突出的特色和经验之一。但在产业发展上如何与当地农村的就业结合,成为摆在乡村振兴发展道路上亟须应对和解决的问题。尤其是在农村"人多地少"矛盾突出和乡村生态旅游资源有限、市场竞争激烈的背景下,促进农户增收、解决农户的经济压力和负担成为当务之急。二是在社会关系变化上,家庭关系、邻里关系得到进一步加强,乡村社区公共基础设施条件的改善使普通民众对国家的认识有了进一步提升,但干部和群众之间的关系因为各种问题,矛盾增多,从而降低了乡村居民对灾后重建政策的满意度。三是在社会结构上,从小散居借助灾后重建契机变为村庄聚居的"就地重建"方式,在灾后重建以后促进了邻里关系和社区关系的凝聚和提升。四是在社会心态上,当地居民的社会心态呈现阶段性的"复杂化、多元化"心态。五是在社会治理方面,本地社会组织发挥了很好的矛盾缓冲作用。但社区治理水平在政府重视的中心村和偏远村差异明显,而且基层干部的素质、能力以及处理与居民关系的手段和方式亟须提升,群众参与"后重建时期"社区治理的能动性仍然需要调动。六是在社会风俗和当地文化方面,尽管政府主导的乡村社区活动随着公共服务设施水平的提高有所增加,但民众对于宗教信仰的态度和人情往来的重视仍然浓厚。"入赘"现象多实际上反证了当地"人多地少"、农户收入较低的经济事实。

对于"地方为主模式"下的社会重构逻辑总结表明:"芦山强烈地震"致重灾区的社会系统遭受重创;地方社会系统主要依靠内部要素实现社会重建;社会层面反映出的典型问题表明,受灾地域社会重构的"不平衡不充分"特征突出,这主要受基层治理能力和资源要素禀赋不足的制约。

第五,灾后重建模式变化下的政策特点体现了中国政府对灾害认识的深化和灾害治理的逐步成熟。不同的社会重构类型,虽然在目标方面一致，但在主要机制、具体内容、水平层次上有较多差异。灾后重建政策对个体心理、社会心态、社会关系、社会结构、社会生产、社会治理等方面有显著影响；对当地社会文化、风俗习惯更多的是在潜移默化中实现变迁。在水平和层次上的不同，深刻地体现了中国语境下，政府的治理方式对于社会发展具有较大影响。而在社会力量参与上的变化，预示着现代化治理格局的形塑和能力的提升不仅需要本土的培育，也需要先进经验与落后地区的融合交流。

第六，灾后重建视阈下的社会重构遵循着自身的逻辑，如对发生地社会发展有一定刺激性、系统破坏性、时序演进性、内外驱动因素复杂性、目标多维性等。以社会重构目标的诊断发现灾后重建遗留有一系列相关问题，主要有：一是房屋产权、分户、宅基地以及集体经济重组等灾后重建政策与重建后的社会政策调整问题；二是乡村产业振兴可持续问题；三是基层干部的素质和能力提升问题；四是乡村治理水平提升急需社会力量的进一步参与问题；五是促进受灾地域风俗、文化的特色保持和健康发展问题。解决上述问题，需要从"强化顶层设计，健全灾后重建治理体系"，"重视重建评估，提升地方灾害治理水平"，"建立补偿机制，增强受灾地域发展能力"，"总结经验教训，夯实防灾减灾制度基础"，"加强培育引导，促进社会力量持续参与"等方面着力。

第二节 未来展望

从中国灾后重建的实践发展看，尽管近年来中央及地方相继出台防灾减灾救灾的有关政策，促进了灾后恢复重建治理体系的成熟和制度化。但仍要看到灾后重建面临的主要挑战：一是地方政府灾后重建的治理体系亟待完善和治理能力亟须提升。"地方为主模式"的治理体制机制实践，增加了地方政府的主体责任，尤其对地方政府公务人员的防灾减灾救灾意识、恢复重建资源的统筹协调能力、对救灾资金的使用管理和监管力度等是进一步考验。二是灾害发生地域从非常态治理向常态治理的过渡阶段衔接体系不完备。恢复重建对房屋重建及修复、产业发展等方面较为重视，这其中并不是"给得越多越好"，也不是仅仅抓个别重点。地方政府主导下的灾后重建，需要做好政治、经济、文化、社会、生态等方面的衔接工作,同时也要从民众角度出发解决好政策执行中的公平性问题。三是社会心理、社会资本、社会结构等方面的重建任务仍然任重道远。特重大自然灾害所造成的损失对人类社会环境造成的破坏是巨大的,包括社会心态、社会文化等方面的重构也是长期的,需要引起足够重视。

2020 年于武汉最先爆发的"新冠肺炎疫情",在党中央、国务院的强力支援和地方兄弟省市的对口支援下,短短一月即取得了疫情阻击战的重大阶段性胜利,这一应对模式,可以概括为是"举国援助+地方为主"的综合模式。

"举国援助"模式集中体现在抗击新型冠状病毒肺炎疫情的"全国一盘棋"应对行动中。2020 年 1 月 25 日,习近平总书记主持中央政治局常委会会议对疫情防控工作进行再研究、再部署、再动员,此次会议决定成立中央应对新型冠状病毒感染肺炎疫情工作领导小组,在中央政治局常委会领导下开展工作,加强对全国疫情防控的统一领导,统一指挥。同时,一批又一批的"白衣战士"从全国各地前往武汉支援,为抗疫前线注入强大力量。2020 年 2 月国家卫生健康委建立了 16 个省支援武汉以外地市的对口支援关系,以"一省包一市"的方式,全力支持湖北省加强病人救治工作。此外,中共中央政治局委员、国务院副总理孙春兰率中央指导组在武汉指导工作,坚决打赢疫情防控武汉保卫战、湖北保卫战,有力确保了党中央决策部署的高效贯彻落实。

"地方为主"体现为其他各个省市、行政区域针对本地域内的新冠肺炎疫情应对模式或机制。尤其是进入疫情防控常态化阶段后,在中央应对新型冠状病毒感染肺炎疫情工作领导小组的统筹协调下,一些地方"爆发"疫情后,主要依靠本地资源统筹开展防控工作。比如,北京新发地疫情发生后,果断采取一系列防控措施,立即封闭新发地市场、对市场周边小区实施封闭管理、对新发地市场从业人员进行集中医学观察、全市核酸检测等及时控制疫情;首次"创设四方责任制度、明确各方疫情防控责任";确立"党委统一领导、政府分级负责、社会共同参与,落实属地、部门、单位和个人四方责任",科学、依法、精准应对;及时出台《北京市突发公共卫生事件应急条例》,通过立法固化有效经验,增强精细化与可操作性。

"举国援助+地方为主"综合模式作用下,中国疫情防控阻击战取得重大胜利,国家与地方的治理能力进一步提升,再次彰显了中国共产党的领导和中国特色社会主义制度的显著优势。

"十三五"时期,中国组建了新的国家部委"应急管理部",防灾减灾救灾的能力进一步提升。站在治理体制、制度体系已经日趋完善的历史基础上,灾后重建的治理现代化必将迎来新的发展。一方面,着眼于实践方面的探索,提炼、总结习近平新时代中国特色社会主义思想指导下的灾后重建理论不仅是政策执行者的职责所在,更是理论研究者的关注重点。另一方面,需要对"举国援助"和"地方为主"重建模式下的公共政策执行的效果、效力,以及灾后重建启示进行系统的总结和回顾。这不仅对中国国家治理体系和治理能力的完善具有典型参考价值,而且对世界灾害应对史的发展将产生深远影响。

参考文献

(春秋)孔丘：《论语》，黄山书社 2010 年版。
(春秋)老子，姚会敏整理：《道德经》，华文出版社 2010 年版。
(汉)许慎，(宋)徐铉校：《说文解字》，中华书局 2013 年版。
卜长莉：《布尔迪厄对社会资本理论的先驱性研究》，《学习与探索》2004 年第 6 期。
蔡长昆：《自然灾害治理过程中社会资本的结构性差异》，《公共行政评论》2016 年第 1 期。
蔡骐：《一门关于灾害共生实践的学问——日本灾害社会学述评》，《国外社会科学》2012 年第 5 期。
陈成文、赵杏梓：《社会治理：一个概念的社会学考评及其意义》，《湖南师范大学社会科学学报》2014 年第 5 期。
陈玲、郑广怀：《个体化社会的规则重构：基于重庆公交坠江事件的分析》，《中国青年社会科学》2019 年第 1 期。
陈庆云编：《公共政策分析》，北京大学出版社 2006 年版。
陈潭：《改革开放以来的中国公共政策变迁》，《湖湘论坛》2009 年第 4 期。
陈益元：《解放初期国家权力与农村社会重构——以湖南省醴陵县互助运动为个案》，《中国经济史研究》2008 年第 1 期。
陈振明：《公共服务导论》，北京大学出版社 2011 年版。
崔玉丽：《基于社会建构的核电风险研究》，博士学位论文，国家行政学院研究生院，2015 年。
邓云特：《中国救荒史》，上海书店出版社 1984 年版。
董德刚：《谈社会发展的一个动力机制》，《北京日报》2013 年 8 月

5 日。

范逢春:《国家治理现代化场域中的社会治理话语体系重构——基于话语分析的基本框架》,《行政论坛》2018 年第 6 期。

范连生:《合作化时期基层干部的教育训练与乡村社会重构》,《古今农业》2017 年第 4 期。

费孝通:《江村经济》,北京大学出版社 2012 年版。

费孝通:《乡土中国 生育制度》,北京大学出版社 1998 年版。

龚鹏斐:《论历史转型中的社会重构:出发点、目标与行动——读张康之教授〈为了人的共生共在〉》,《探索》2017 年第 3 期。

龚维斌:《城市化:空间变化与社会重构》,《湖南社会科学》2012 年第 4 期。

龚维斌:《"管理"变"治理"是重大的理论创新》,《理论参考》2014 年第 2 期。

龚维斌:《努力开创社会治理新局面》,《行政管理改革》2017 年第 11 期。

龚维斌:《社会组织:灾后恢复重建的重要力量——雅安的经验与反思》,《学习时报》2016 年 4 月 18 日。

龚维斌:《中国社会结构变迁及其风险》,《国家行政学院学报》2010 年第 5 期。

顾林生主编,王林、李莎副主编:《芦山新路——"4·20"芦山强烈地震灾后恢复重建地方负责制体制机制创新实践》,四川大学出版社 2017 年版。

郭圣莉:《城市社会重构与新生国家政权建设——建国初期上海国家政权建设分析》,博士学位论文,复旦大学,2005 年。

郭星华、刘朔:《社会秩序的恢复与重建》,《国家行政学院学报》2017 年第 5 期。

韩康:《生成的存在:关于人和社会的哲学思考》,北京师范大学出版社 1996 年版。

何蕊蕊:《社会分工与社会分层——韦伯社会结构理论探析》,《宜宾学院学报》2008 年第 4 期。

何廷明、崔广义:《民国时期自然灾害对云南乡村社会信仰影响探析》,

《文山学院学报》2018年第2期。

洪大用：《应对高风险社会》，《瞭望新闻周刊》2004年第6期。

黄承伟、向德平：《灾后贫困村恢复重建机制模式与经验——基于"汶川地震灾后重建暨灾害风险管理计划"项目》，中国财政经济出版社2012年版。

贾春增：《外国社会学史》，中国人民大学出版社1989年版。

姜晓萍：《国家治理现代化进程中的社会治理体制创新》，《中国行政管理》2014年第2期。

蒋平：《空间重构与社会再造——老工业基地社会建设的现实与指向》，《长白学刊》2009年第2期。

赖志凌：《中国传统社会关系的伦理特质及其当代困境——梁漱溟社会结构理论研究之一》，《南昌大学学报》（人文社会科学版）2005年第6期。

赖志凌：《中国传统社会结构的伦理特质——梁漱溟社会结构理论研究》，博士学位论文，复旦大学，2004年。

李程伟、张永理：《自然灾害类突发事件恢复重建政策体系研究》，中国社会出版社2009年版。

李汉卿：《协同治理理论探析》，《理论月刊》2014年第1期。

李路路、李睿婕、赵延东：《自然灾害与农村社会关系结构的变革——对汶川地震灾区一个村庄的个案研究》，《社会科学战线》2015年第1期。

李明华、汪汉菊：《孔德社会结构理论批判》，《社会学研究》1986年第5期。

李明强、王一方：《多中心治理：内涵、逻辑和结构》，《中共四川省委省级机关党校学报》2013年第6期。

李明：《我国特别重大灾害灾后恢复重建财政事权与支出责任变迁》，《经济研究参考》2017年第40期。

李全生：《布迪厄的社会结构理论述评》，《济南大学学报》（社会科学版）2008年第6期。

李婷：《马克思人的全面发展理论的当代解读》，《人民论坛》2017年第17期。

李晓东、危兆盖：《芦山地震灾后恢复重建基本完成：又见芦山的幸福容颜》，《光明日报》2016年7月21日。

李辛生：《人的全面发展与社会发展的动力机制》，《学术研究》2001年第12期。

李雪峰：《灾后恢复重建的中国模式——"4·20"芦山地震灾后重建的过程、经验和启示》，《城市与减灾》2017年第3期。

李永祥、彭文斌：《中国灾害人类学研究述评》，《西南民族大学学报》（人文社科版）2013年第8期。

李永祥：《什么是灾害？——灾害的人类学研究核心概念辨析》，《西南民族大学学报》（人文社会科学版）2011年第11期。

李永祥：《灾害管理过程中的矛盾冲突及人类学思考》，《云南民族大学学报》（哲学社会科学版）2013年第2期。

李永祥：《灾后恢复重建与社区需求——以云南省盈江县的傣族社区为例》，《贵州民族研究》2015年第10期。

李志明：《芦山地震灾后恢复重建的三条基本经验》，《中国减灾》2016年第10期。

《梁漱溟全集》（第2卷），山东人民出版社1998年版。

廖钧权：《一次特例立法的示范意义》，《人民之声》2009年第6期。

廖业扬：《我国现行公共危机管理体制之优势》，《前沿》2010年第21期。

林广：《20世纪纽约移民与社会重构》，《华东师范大学学报》（哲学社会科学版）2003年第5期。

林聚任：《论社会关系重建在社会重建中的意义与途径》，《吉林大学社会科学学报》2008年第5期。

刘敏、奂平清：《论社会资本理论研究的拓展及问题》，《甘肃社会科学》2003年第5期。

刘小霞：《本土志愿者：灾后社会重建的重要内源力》，《社会工作》2009年第22期。

刘兴盛：《社会关系：马克思科学社会主义理论的核心概念》，《当代世界与社会主义》2018年第6期。

刘旭：《社会治理构成及法治保障》，《北京交通大学学报》（社会科学版）2015 年第 2 期。

刘裕国、王明峰、田丰、朱卫禄：《人民日报：汶川见证"中国力量"——写在汶川大地震五周年之际》，《人民日报》2013 年 5 月 1 日。

柳建文：《超大型城市的微观治理与社会资本重构》，《社会科学战线》2016 年第 7 期。

陆忠发：《汉字对"灾害"概念的表达及其反映的文化心理试说》，《汉字文化》2011 年第 6 期。

骆骁骅、粤社宣：《俞可平解读十八届三中全会后的社会建设：从管理到治理代表理念创新》，《南方日报》2014 年 2 月 20 日。

马光川、林聚任：《从社会重构到社区培育：农村治理现代化的制度逻辑》，《南通大学学报》（社会科学版）2015 年第 1 期。

《马克思恩格斯选集》第 1—4 卷，人民出版社 1995 年版。

马克思：《1844 年经济学哲学手稿》，人民出版社 2008 年版。

毛寿龙：《西方政府的治道变革》，中国人民大学出版社 1998 年版。

梅军、包龙源、赵巧艳：《"新常态"视阈下传统民族聚落社会重构的三重维度关照》，《广西社会科学》2015 年第 12 期。

孟昭华编著：《中国灾荒史记》，中国社会出版社 1995 年版。

闵祥鹏：《历史语境中"灾害"界定的流变》，《西南民族大学学报》（人文社会科学版）2015 年第 10 期。

欧阳康：《社会认识论——人类社会自我认识之谜的哲学探索》，云南人民出版社 2001 年版。

彭国胜：《马克思、帕森斯与吉登斯社会结构理论之比较》，《理论导刊》2012 年第 9 期。

钱正荣：《"重建得更好"：国际灾后重建的政策创新及其实践审视》，《中国行政管理》2017 年第 1 期。

乔耀章：《政治学视野中的社会治理"三部曲"》，《江苏行政学院学报》2014 年第 5 期。

秦明瑞：《系统的逻辑：卢曼理论中几个核心概念的演变》，《社会科学辑刊》2018 年第 5 期。

邱耕田、唐爱军：《社会发展的三种机制》，《新华日报》2017 年 4 月 6 日。

渠章才：《社会资本重构：嵌入式社区群体经济融入难题新探——以广东湛江经济开发区为例》，《经济研究参考》2018 年第 49 期。

全球治理委员会：《我们的全球伙伴关系》（*Our Global Neighborhood*），香港：牛津大学出版社 1995 年版。

荣震华等译：《费尔巴哈哲学著作选集》，商务印书馆 1984 年版。

沈费伟、刘祖云：《为自由而计划：曼海姆"社会重建理论"》，《国外理论动态》2016 年第 6 期。

沈费伟、刘祖云：《西方"社会重建理论"研究的脉络与走向》，《延安大学学报》（社会科学版）2016 年第 6 期。

沈明明：《"新世界观"的新视角——再论马克思的"社会"范畴》，《福建论坛》（人文社会科学版）2004 年第 4 期。

史培军：《五论灾害系统研究的理论与实践》，《自然灾害学报》2009 年第 5 期。

史培军、张欢：《中国应对巨灾的机制——汶川地震的经验》，《清华大学学报》（哲学社会科学版）2013 年第 3 期。

宋林飞：《西方社会学理论》，南京大学出版社 1997 年版。

宋明爽：《公共化社会发展与中国社会重构》，《东岳论丛》2014 年第 2 期。

苏力：《较真"差序格局"》，《北京大学学报》（哲学社会科学版）2017 年第 1 期。

孙麾：《马克思晚年对社会结构理论的发展》，《哲学研究》1991 年第 4 期。

孙绵涛、康翠萍：《社会机制论》，《南阳师范学院学报》2007 年第 10 期。

孙晓莉：《公正：社会治理的重要维度》，《中共云南省委党校校报》2005 年第 4 期。

孙晓莉：《西方国家政府社会治理的理念及其启示》，《社会科学研究》2005 年第 2 期。

汤爱平、谢礼立、陶夏新、文爱花：《自然灾害的概念、等级》，《自然灾害学报》1999 年第 3 期。

汤敏：《灾后重建是社会组织的重活》，《环球时报》2013 年 5 月 4 日。

汤志杰：《社会如何可能：卢曼的观点》，《思与言》1994 年第 2 期。

陶鹏、童星：《灾害概念的再认识——兼论灾害社会科学研究流派及整合趋势》，《浙江大学学报》（人文社会科学版）2012 年第 2 期。

田凯：《科尔曼的社会资本理论及其局限》，《社会科学研究》2001 年第 1 期。

田毅鹏：《社会重建的真意》，《吉林大学社会科学学报》2008 年第 5 期。

佟德志：《当代西方治理理论的源流与趋势》，《人民论坛》2014 年第 5 期。

童星：《社会管理创新八议——基于社会风险视角》，《公共管理学报》2012 年第 4 期。

童星、张海波：《灾害社会科学：一种跨学科整合的可能——概念、框架与方法》，《中国应急管理》2009 年第 3 期。

屠爽爽、龙花楼、张英男、周星颖：《典型村域乡村重构的过程及其驱动因素》，《地理学报》2019 年第 2 期。

汪和建：《社区经济社会学的建构——对费孝通〈江村经济〉的再探讨》，《江苏社会科学》2001 年第 6 期。

王春光：《社会流动和社会重构——京城"浙江村"研究》，浙江人民出版社 1995 年版。

王春英主编：《"5·12"特大地震访谈·汶川之殇——汶川县 153 位地震亲历者口述资料辑录》，四川大学出版社 2018 年版。

王红雨、闫广芬：《大学与社会关系新探——以卢曼的社会系统理论为中心》，《高教探索》2016 年第 5 期。

王宏伟：《国外地震灾害恢复重建的经验与借鉴》，《国家行政学院学报》2008 年第 5 期。

王虎学：《马克思"社会"概念研究述评》，《高校社科动态》2009 年第 2 期。

王晖：《重大自然灾害社会援助机制研究——以汶川大地震灾后恢复重建为例》，《湖南科技大学学报》（社会科学版）2013 年第 6 期。

王金元：《伊壁鸠鲁的社会观》，《淮北师范大学学报》（哲学社会科学版）2006 年第 2 期。

王浦劬：《国家治理、政府治理和社会治理的含义及其相互关系》，《国家行政学院学报》2014 年第 3 期。

王淑娟：《青年马克思与施泰因：社会概念的比较研究》，博士学位论文，清华大学，2016 年。

王兴伦：《多中心治理：一种新的公共管理理论》，《江苏行政学院学报》2005 年第 1 期。

王正攀：《公共服务治理体系与治理能力：一个理论分析框架》，《开发研究》2017 年第 4 期。

王郅强、彭睿：《汶川十年：汶川地震灾后恢复重建研究的热点与趋势——基于 CiteSpace V 的可视化分析》，《西南民族大学学报》（人文社会科学版）2018 年第 6 期。

文军、刘拥华：《社会重建的社会—文化逻辑》，《吉林大学社会科学学报》2008 年第 5 期。

吴春：《大规模旧城改造过程中的社会空间重构》，博士学位论文，清华大学，2010 年。

吴春梅、庄永琪：《协同治理：关键变量、影响因素及实现途径》，《理论探索》2013 年第 3 期。

吴群红、杨伟中：《卫生应急管理》，人民卫生出版社 2013 年版。

向德平、苏海：《"社会治理"的理论内涵和实践路径》，《新疆师范大学学报》（哲学社会科学版）2014 年第 6 期。

肖永梅：《指导汶川地震灾后恢复重建的八大基本理念》，《理论与改革》2011 年第 5 期。

谢立中：《超越个人与社会之间的二元对立——"社会互构论"理论意义浅析》，《社会学研究》2015 年第 5 期。

谢天、俞国良：《社会转型：当代中国社会心理特征嬗变及其走向》，《河北学刊》2016 年第 3 期。

徐虹：《乡村产业重构与创新》，《社会科学家》2018 年第 11 期。

徐君：《再论民族文化"灾后重建"中的民众主体地位》，《西南民族大学学报》（人文社会科学版）2009 年第 7 期。

许恒兵、徐昕：《马克思扬弃社会唯名论和社会实在论的视阈及其意义》，《南京政治学院学报》2012 年第 3 期。

薛澜、张帆、武沐瑶：《国家治理体系与治理能力研究：回顾与前瞻》，

《公共管理学报》2015年第3期。

严文波：《马克思社会形态理论刍议——一种基于经典文本的解读》，《学术交流》2017年第1期。

杨平：《新时代中国发展的"组合动力机制"》，《中国社会科学报》2018年3月21日。

杨信礼：《社会发展动力机制的结构、功能与运行过程》，《中共中央党校学报》2002年第4期。

杨月巧、郭继东、袁志祥：《基于ISM的地震灾后恢复重建影响因素分析》，《数学的实践与认识》2017年第11期。

尹稚：《撤出汶川并不是一种失败》，《京华时报》2008年7月12日。

于真、严家明：《湖北"社会机制"研讨会观点综述》，《社会学研究》1991年第2期。

俞超：《技术暴力与社会重构——网络传播的后现代文化伦理》，《当代传播》2011年第1期。

俞可平：《善政是通向善治的关键》，《学习时报》2014年11月3日。

俞可平：《治理和善治引论》，《马克思主义与现实》1999年第5期。

俞可平：《治理与善治》，社会科学文献出版社2000年版。

张常珊、夏丹：《四川汶川大地震灾后恢复重建的"中国模式"探讨》，《前线》2010年第S1期。

张静：《燕京社会学派因何独特？——以费孝通〈江村经济〉为例》，《社会学研究》2017年第1期。

张俊、付业勤：《国外灾后恢复重建的研究》，《聊城大学学报》（社会科学版）2013年第4期。

张康之：《论社会治理从民主到合作的转型》，《学习论坛》2016年第1期。

张磊、曲纵翔：《国家与社会在场：乡村振兴中融合型宗族制度权威的重构》，《社会主义研究》2018年第4期。

张林江：《社会治理十二讲》，社会科学文献出版社2015年版。

张睿、张水波：《灾后恢复重建项目公众参与主体决策路径分析》，《湖南社会科学》2013年第4期。

张文明：《大都市郊区农村的社会重构与边界再生——以上海市F村流

动性重构为例》,《上海城市管理》2015 年第 3 期。

张小明:《公共危机事后恢复重建的内容与措施研究》,《北京科技大学学报》(社会科学版) 2013 年第 2 期。

张玉书等:《康熙字典》,上海古籍出版社 1996 年版。

赵继伦、赵放:《确立社会治理的三维视阈》,《东北师大学报》(哲学社会科学版) 2014 年第 4 期。

赵孟营:《从新契约到新秩序:社会治理的现代逻辑》,《北京大学学报》(哲学社会科学版) 2015 年第 2 期。

赵钰:《马克思的"社会"概念研究》,硕士学位论文,安徽财经大学,2016 年。

郑功成:《抗灾救灾:新中国 60 年的经验与教训》,《华中师范大学学报》(人文社会科学版) 2010 年第 4 期。

郑杭生、洪大用:《中国转型期的社会安全隐患与对策》,《中国人民大学学报》2004 年第 2 期。

郑杭生、李强:《试论区分社会运行类型的主要原则——对社会学基本理论的一点探讨》,《中国社会科学》1987 年第 1 期。

郑杭生:《"理想类型"与本土特质——对社会治理的一种社会学分析》,《社会学评论》2014 年第 3 期。

郑金彪、张玫:《水旱灾害对清末安徽淮河流域农村社会的影响》,《安徽农业大学学报》(社会科学版) 2016 年第 1 期。

郑巧、肖文涛:《协同治理:服务型政府的治道逻辑》,《中国行政管理》2008 年第 7 期。

中华人民共和国国家统计局、中华人民共和国民政部:《中国灾情报告 1949—1995》,中国统计出版社 1995 年版。

钟开斌:《汶川地震灾后恢复重建政策执行:主要困境和对策建议》,《中国软科学》2008 年第 12 期。

周红云:《社会资本:布迪厄、科尔曼和帕特南的比较》,《经济社会体制比较》2003 年第 4 期。

周洪建:《"特别重大自然灾害"概念的提出》,《中国减灾》2015 年第 4 期。

周利敏:《西方灾害社会学新论》,社会科学文献出版社 2015 年版。

周晓虹：《唯名论与唯实论之争：社会学内部的对立与动力——有关经典社会学发展的一项考察》，《南京大学学报》（哲学·人文科学·社会科学）2003 年第 4 期。

朱宝树：《上海郊区城乡一体化进程中的人口再分布和社会重构》，《人口研究》2002 年第 6 期。

朱健刚、羡晓曼：《参与与权威：灾后社区重建中的两种发展道路——对 5·12 地震灾后重建中龙门山镇的民族志研究》，《华人应用人类学学刊》2013 年第 1 期。

朱耀垠：《当代中国基层社会重构与社区治理创新》，《中国机构改革与管理》2015 年第 7 期。

邹诗鹏：《重思斯宾诺莎的启蒙思想》，《南京大学学报》（哲学·人文科学·社会科学）2018 年第 1 期。

［古希腊］柏拉图：《理想国》，郭斌和、张竹明译，商务印书馆 1986 年版。

［美］古塔·弗格森：《人类学定位：田野科学的界限与基础》，骆建建等译，华夏出版社 2005 年版。

［美］科尔曼：《社会理论的基础》，邓方译，社会科学文献出版社 1990 年版。

［美］马修·戴弗雷姆、苏珊娜·斯帝芬：《后伊拉克战争警务：叛乱、民间警察和社会重构（下）》，陈晓济译，《公安学刊（浙江警察学院学报）》2008 年第 5 期。

［美］乔纳森·H. 特纳：《社会学理论的结构》，邱泽奇、张茂元等译，华夏出版社 2006 年版。

［美］塞缪尔·亨廷顿：《变革社会中的政治秩序》，王冠华等译，生活·读书·新知三联书店 1989 年版。

［美］W. D. 珀杜等：《西方社会学：人物·学派·思想》，贾春增等译，河北人民出版社 1992 年版。

［美］詹姆斯·罗西瑙主编：《没有政府的治理》，张胜军、刘小林等译，江西人民出版社 2006 年版。

［日］大矢根淳等：《灾害与社会 1：灾害社会学导论》，蔡驎、翟四可译，商务印书馆 2017 年版。

［英］艾伦·斯温杰伍德：《社会学思想史》，中国社会科学出版社 1988 年版。

［英］德雷克·格利高里、约翰·厄里编：《社会关系与空间结构》，谢礼圣、吕增奎等译，北京师范大学出版社 2013 年版。

［英］格里·斯托克：《作为理论的治理：五个论点》，华夏风译，《国际社会科学》1999 年第 1 期。

Abdulquadri Ade Bilau & Emlyn Witt, "An Analysis of Issues for the Management of Post-disaster Housing Reconstruction", *International Journal of Strategic Property Management*, Vol. 20, No. 3, 2016.

Andrew Crane, "From Governance to Governance: On Blurring Boundaries", *Journal of Business Ethics*, Vol. 94, No. 1, 2010。

Berna Baradan, "Analysis of the Post-Disaster Reconstruction Process Following Turkish Earthquakes", working paper, 1999.

Bruce B. Clary, "The Evolution and Structure of Natural Hazard Policies", *Public Administration Review*, Vol. 45, No. 4, 1985.

Ciottone G. R., *Disaster Medicine*, Philadelphia: Elsevier Mosby, 2006.

Dunford, Michael, and L. Li., "Earthquake Reconstruction in Wenchuan: Assessing the State Overall Plan and Addressing the 'forgotten phase'", *Applied Geography*, Vol. 31, No. 3, 2011.

E. L. Quarantelli, "What Should We Study? Questions and Suggestions for Researchers about the Concept of Disasters", *International Journal of Mass Emergencies and Disasters*, No. 5, 1987.

Furlong S. R., Scheberle D., "Earthquake Recovery: Gaps between Norms of Disaster Agencies and Expectations of Small Businesses", *The American Review of Public Administration*, Vol. 28, No. 4, 1998.

Honglei Yi, Jay Yang, "Research Trends of Post Disaster Reconstruction: The Past and the Future", *Habitat International*, Vol. 42, No. 2, 2014.

Hui Zhang, Zijun Mao, Wei Zhang Zhang, "Design Charrette as Methodology for Post-Disaster Participatory Reconstruction: Observations from a Case Study in Fukushima, Japan", *Sustainability*, No. 6, 2015.

Ismail D., Majid T. A., Roosli R., "Analysis of Variance of the Effects of a Project's Location on Key Issues and Challenges in Post-Disaster Reconstruction Projects", *Economies*, No. 4, 2017.

Jane Krishnadas, "Identities in Reconstruction: from Rights of Recognition to Reflection in Post-disaster Reconstruction Processes", *Feminist Legal Studies*, No. 2, 2007.

Joerin J., Steinberger F., Krishnamurthy R. R., et al., "Disaster Recovery Processes: Analysing the Interplay between Communities and Authorities in Chennai, India", *Procedia Engineering*, 2018, 212.

Koenig K. L. Schultz C. H., *Disaster Medicine*, New York: Cambridge University Press, 2010.

Kuwabara H., Shioiri T., "Factors Impacting on Psychological Distress and Recovery after the 2004 Niigata-Chuetsu Earthquake, Japan: Community-based Study", *Psychiatry and Clinical Neurosciences*, 2008, 62.

Manohar Pawar, "Post-disaster Social Reconstruction and Social Development", *Environment and Social Psychology*, No. 1, 2016.

Ohta Y., Araki K., Kawasaki N., Nakane Y., Honda S., Mine M., "Psychological Distress among Evacuees of a Volcanic Eruption in Japan: A Follow-up Atudy", *Psychiatry Clin. Neurosci*, 2003, 57.

Oliver Smith A., "Anthropology in Disaster Research and Management", *Annals of Anthropological Practice*, Vol. 20, No. 1, 2001.

Oliver Smith A., "Post-disaster Housing Reconstruction and Social Inequality: A Challenge to Policy and Practice", *Disasters*, No. 1, 2010.

Quarantelli, E. L., *The Disaster Recovery Process: what we know and do not know from Mileti*, D. S. Disasters by Design: A Reassessment of Natural Hazards in the United States, Washington, DC: Joseph Henry Press, 1999.

Rhodes R., "The New Governance: Governing Without Government?", *Political Studies*, No. 4, 1996.

Samaddar S., Okada N. Choi J., "What Constitutes Successful Participatory Disaster Risk Management? Insights from Post-earthquake Reconstruction work in Rural Gujarat, India", *Natural Hazards*, No. 1, 2017.

Scheffran J., Brzoska M., Kominek J., et al., "Climate Change and Violent Conflict", *Science*, Vol. 336, No. 6083, 2012.

Serena Tagliacozzo, Michele Magni, Tagliacozzo S, Magni M., "Communicating with Communities (CwC) during Post-disaster Reconstruction: An Initial Analysis", *Natural Hazards*, No. 3, 2016.

Sundnes K. O., Birnbaum M. L., "Health Disaster Management: Guidelines for Evaluation and Research in the Utstein Style", *Prehosp Disaster Med*, No. 3, 2002.

Wilson R. C., *The Loma Prieta Quake: What One City Learned*, Washington: International City Management Association, 1991.

Wolfgang Fengler, Ahya Ihsan, Kai Kaiser, "Managing Post-Disaster Reconstruction Finance——International Experience in Public Financial Management", Policy Research Working Paper, 2008.

Wolf R. Dombrowsky, "Again and Again: Is Disaster WhatWe Call 'Disaster'? Some Conceptual Notes on Conceptu-alizing the Object of Disaster Sociology", *International Journal of Mass Emergencies and Disasters*, No. 13, 1995.

Wood T., Cecchet E., Ramakrishnan K. K., et al., "Disaster Recovery as a Cloud Service: Economic Benefits & Deployment Challenges", Conference on Hot Topics in Cloud Computing, 2010.

Jiuping Xu, Yi Lu., "Meta-synthesis Pattern of Post-disaster Recovery and Reconstruction: based on Actual Investigation on 2008 Wenchuan Earthquake", *Natural Hazards*, Vol. 60, No. 2, 2012.

Yi H., Yang J., "Research Trends of Post Disaster Reconstruction: The Past and the Future", *Habitat International*, 2014, 42.

Zhong Kaibin, Lu Xiaoli, "Exploring the Administrative Mechanism of China's Paired Assistance to Disaster Affected Areas Programme", *Disasters*, Vol. 42, No. 3, 2018.

Jun OYANE, "The Growth of Perspectives on a Disaster Stricken Society: One Aspect of Practical Research on Post-Disaster Social Reconstruction after the Great East Japan Earthquake in Japanese", *Journal of Environmental Sociology*, Vol. 18, No. 0, 2012.

附录　入户调查表

调查说明

　　本调查旨在通过对"汶川大地震"和"芦山强烈地震"后具有代表性的恢复重建的农村社区家庭及其成员的调查，搜集个体、家庭、村/居层次的多时点信息，以获取灾后恢复重建进程中社会的重构、发展与变迁资料，为学术研究提供全面、客观的科学依据。

　　为获得准确数据，请您根据实际情况，回答调查员提出的问题。如果因此对您的生活和工作带来不便，我们深表歉意，请您理解和帮助我们的工作。

　　根据《中华人民共和国统计法》第九条、第二十五条的规定，我们会对问卷中涉及的个人身份等信息严格保密，所得数据仅供学术研究使用，不对外提供、不泄露。因此，请您真实、放心作答。

　　感谢您的配合与支持！

课题组
2018 年 8 月

调查表编号：_____　　　　调查员姓名：_____

地　　址：_____

　　接下来我们将完成一份家庭调查表，这份家庭调查表主要采集家庭中每个家庭成员的基本信息以及家庭经济、社会等信息，请问您家谁来回答这份调查表合适呢？

1. 请向户主提问。如果户主有特殊情况（长期在外或年纪太大等），请向户主配偶或其他家庭经济承担者提问（优先选择18岁以上的成人问答）。

2. 对于有选项的问题，基本上选最合适的一项，如果有多选的问题，请按照注明要求填写。

1　个人方面

1.1 与户主的关系：（　　）

①户主　　　　　②配偶　　　　　③子女　　　　　④父母
⑤岳父母或公婆　⑥祖父母　　　　⑦媳婿　　　　　⑧孙子女
⑨兄弟姐妹　　　⑩其他_____

1.2 性别：（　　）

①男　　　　　　②女

1.3 您出生时间：____年____月

1.4 您的婚姻状况：（　　）

①未婚（从未结婚）　②已婚（包括再婚）　③离婚未再婚
④丧偶未再婚　　　　⑤其他_____

1.5 民族：（　　）

①汉　　　　　②壮　　　　　③回　　　　　④维吾尔
⑤彝　　　　　⑥苗　　　　　⑦满　　　　　⑧其他_____

1.6 政治面貌：（　　）

①中共党员　　②民主党派　　③无党派人士
④团员　　　　⑤群众

1.7 您是否是村/居干部：（　　）

①村支书　　　　　　②村委会主任　　　　③其他村干部
④正副科级乡镇干部　⑤其他乡镇干部　　　⑥否

1.8 您是否有过10年/5年前的"地震"亲身经历？（　　）

①是的　　　　　　②没有

（最好选择亲身经历过的进行提问）

1.9 户口性质：（　　）

①农业　　　　　　　　　　　　　　　　　　②非农业

③居民户口（不分农业和非农业） ④其他（外籍等）
1.10 教育程度：（ ）
①不识字　　　②小学　　　③初中　　　④高中
⑤职高/技校　　⑥中专　　　⑦大专　　　⑧大学本科
⑨研究生　　　⑩其他_____
1.11 您目前的健康状况是：（ ）
①非常好　　　②好　　　　③一般
④不好　　　　⑤非常不好
如果健康状况不好，主要是什么情况？原因是什么？（不愿意答的不勉强）

1.12 请简要介绍一下您个人的工作及劳动情况？（包括参加的生产活动、工作习惯、工作规律等）

1.13 您空闲时间经常做的事情有哪些？（ ）（可多选）
①看电视　　　②听音乐　　③打牌（麻将）　　④下棋
⑤在一起闲聊　⑥逛街　　　⑦读书看报　　　　⑧上网
⑨跳广场舞　　⑩去旅游　　⑪参加社区集体活动
⑫没空闲时间　⑬其他_____
1.14 您认为，地震和灾后恢复重建的经历给您个人带来哪些影响？比如：
（1）思想方面：_____
_____
（2）发展方面：_____
_____
（3）身体方面：_____
_____
（4）其他方面：_____
_____

1.15 您对于未来个人发展有何期待?

1.16 您自己对当前的生活满意状况如何?

序号	内容	非常满意	满意	一般	不满意	非常不满意
1	收入					
2	职业					
3	健康					
4	养老					
5	居住					
6	医疗					
7	教育					
8	休闲生活					
9	家庭关系					
10	邻里关系					
11	干部与群众关系					
12	自我情绪与心理状态					

2　家庭方面

2.1 您家中有_____口人,包括_____代人。分别为:

2.2 家庭成员的教育、婚姻以及成员之间的亲密关系状况如何?

2.3 您家的房屋居住状况如何?

2.4 请您介绍一下您及您家庭成员的就业及收入状况？（主要收入来源）

2.5 您及您的家庭支出状况如何？

2.6 您家每月生活费支出大概_____元/月，主要用于（　　　）。（最多填三项）
①食品（吃饭）　　②衣物　　③看病　　④交通和通信
⑤上学　　　　　　⑥娱乐活动　⑦其他_____

2.7 您家的主要交通工具有哪些？（　）
①小汽车　　　　　②面包车　　③拖拉机　　④摩托车
⑤电动车　　　　　⑥自行车　　⑦其他_____

2.8 您家是否有祭祀敬神的习俗？（　）
①有，每月初一或十五　　②有，仅在过节的时候，如____节
③没有　　④不清楚　　⑤不想说

2.9 您家每年用于随礼的钱有_____元，每次最少_____元，每次最多_____元；
用于随礼的方面有哪些？有哪些变化？

2.10 您认为，地震和灾后恢复重建的经历给您的家庭带来哪些影响？
比如：
（1）家庭人口及变动情况：_____
_____
（2）家庭发展：_____
_____
（3）家庭住房及变动情况_____
_____

（4）家庭就业及变动情况方面：_____

_____

（5）亲戚关系方面：_____

_____

（6）财产继承方面：_____

_____

（7）土地占有及变动情况：_____

_____

（8）其他方面：_____

_____

2.11 您对于未来家庭发展有何期待？

3　村/社区方面

3.1 您在此村/社区居住多长时间？什么时候搬过来住的？是否愿意搬过来住？

3.2 您对目前所居住村/社区的生活是否满意？（　）
①非常不满意　　　　②不满意　　　　③一般
④满意　　　　　　　⑤非常满意

3.3 您的家庭与邻居的关系密切度如何？（　）
①非常不好　　　　　②不好　　　　　③一般
④好　　　　　　　　⑤非常好

3.4 您所在的村（社区），干部与群众的关系您认为如何？（　）
①非常不好　　　　　②不好　　　　　③一般
④好　　　　　　　　⑤非常好

3.5 您所在的村（社区），老百姓之间的关系您认为如何？（　）
①非常不好　　　　　②不好　　　　　③一般
④好　　　　　　　　⑤非常好

3.6 您家出现下列问题时，会找谁帮忙解决？（请将适合您的求助对象序号填到对应的括号里）

问题类型	求助对象
经济困难（　） 土地纠纷（　） 家庭矛盾（　） 邻里纠纷（　） 家族不和（　） 农业技术指导（　） 商业经营困难（　） 其他家庭困难_____（　）	1. 家人 2. 亲戚朋友 3. 族人 4. 邻居 5. 村干部 6. 合作社 7. 银行等金融机构 8. 政府相关部门　9. 其他_____

3.7 您所在的村（社区）组织过哪些集体活动？（　）

①干部选举　　　②跳广场舞　　　③参与公益活动

④庙会　　　　　⑤春节庆祝活动　⑥全村社员大会

⑦决定村（社区）大事的会议　　　⑧其他_____

3.8 您认为，地震和灾后恢复重建的经历给您所居住的村/社区带来哪些影响？

比如：

（1）基础设施：_____

（2）交通地理：_____

（3）风俗习惯：_____

（4）人口状况：_____

（5）外出务工：_____

（6）婚俗礼仪：_____

（7）饮食、穿着：_____

（8）宗教信仰：_____

_____

（9）财产继承：_____

_____

（10）其他方面：_____

_____

3.9 您对于所居住村/社有哪些期望？

4 社会政策

4.1 您对于政府灾后恢复重建的社会政策（如住房就业、社会保障、环境保护、文化教育、医疗卫生、公共安全、婚姻、宗教等政策）是否了解？（ ）

①不了解

②了解，但具体不清楚

③只了解并清楚某一行业的政策，如____（请填写哪一行业）

④只了解并清楚某一地区的政策，如____（请填写哪一地区）

⑤大致了解相关行业或地区的政策，如____（请填写哪些行业或地区）

⑥对整个灾后恢复重建政策都非常了解

若回答"①不了解"，则直接跳转至第4.4题提问。

4.2 您对当地灾后恢复重建以来的社会政策整体实施效果有何评价？（ ）

①非常不好　　②不好　　③一般　　④好　　⑤非常好

注：社会政策，是指包括就业、住房、教育、医疗卫生、社会保障、婚姻家庭、人口与生育等方面的政策。

4.3 请您对当地灾后重建实施的各类社会政策进行评价：

序号	社会政策类别	非常满意	满意	一般	不满意	非常不满意
1	社区服务					
2	义务教育					
3	医疗卫生					
4	就业培训					
5	生态环境					
6	公共安全					
7	社会保障					
8	公共文化					
9	基础设施					
10	保障性住房					

4.4 您是否了解企业的灾后恢复重建政策？对于企业帮扶重建的举措有何看法？是否满意？或有哪些满意或不满意？

4.5 您是否了解社会组织的灾后恢复重建政策？对于社会组织的帮扶举措有何看法？是否满意？或有哪些满意或不满意？

后　　记

　　本书是我博士论文的研究成果，选题来源于导师主持的国家社科基金重点项目"特重大自然灾害后恢复重建机制建设研究"。接触到这个主题，最初对我来说，是比较陌生的。这与我的学科背景和经历有关。我大学本科的专业是"行政管理"。后来，学了一个经济学的第二专业。读了研究生之后，跟随硕士导师写的论文、研究的课题大多偏向政府经济学。硕士论文研究的是"公共服务均等化"，在 2009 年这是一个相对比较热门的研究主题。工作之后，也是围绕在公共服务领域开展一些论文写作、课题研究，也有幸在 2015 年的时候获准立项了一个国家社科基金青年项目（已结项）。所以，对于灾后重建领域，读博士以前接触很少。选题期间也经历过反复，但正如文中所阐述的理由，以及三年多时间的研究来看，选择灾后重建这一研究主题，在研究视野上拓展了自身的研究领域，更重要的是采用的研究方法使自己更为深切、透彻地感受到了社会学这门学科对社会的真实了解过程。我想这大概也是导师推荐选择这一主题的原因之一吧。灾后重建领域的社会变迁问题是一个大课题，完成的这篇博士学位论文是基于对案例的实践调研，主要是就两地的社会变化做了一些描述性、分析性的工作。这样一个中国语境下的特殊场域，是需要长期跟踪和观察的，而且透视中国社会变迁的发展规律急需更多的力量来参与。

　　与导师龚维斌老师结缘源自 2012 年 7 月我随同事去国家行政学院参加的一个课题研讨会上。虽然考到龚老师门下，也经历一番波折，但于我而言，是幸运的。读博期间，龚老师给予了我很大的鼓励和帮助。体会最深的是，龚老师的勤奋和刻苦。他每天在办公室工作到晚上十一二点，这不仅是我见到过的，而且也是经常听同学说起过的。我想这一点最值得我终生学习。再有，是龚老师的宽容，他对我们同门每一个人，都会很宽容地给予理解和支持。时光荏苒，岁月如梭。回想起考博、读博的六年经历，至今还不能接受的就是，时光过得如此之快。而与龚老师相处的时光至今仍历历在目。也要感谢师母童晓梅老师。童老师经常给予我们生活上的关爱，经常和龚老师一起在中秋节、教师节、元旦等节日里请我们同门吃饭，嘘寒问暖，令我们每次都很感动。感谢本书研究过程中给予我帮助和指导的钟开斌老师、曹海峰老师、袁金辉老师、何颖老师、游志斌老师、张小明老师、马福云老师等。也非常感谢同门的崔玉丽师姐、陈偲师姐、赵宇新师姐在读书期间的帮助，特别谢谢刘杰师兄、李志新和孙娣，在2018年暑假陪同龚老师一起去汶川、芦山调研，在入户访谈、问卷调查和资料整理方面给予我很大的帮助。还要感谢我工作单位的领导——周学馨老师、谢菊老师，感谢她们在读博期间给予的支持、理解和关心。

同时，特别感谢中国社会科学出版社的田文编审等，感谢他们在编辑出版过程中付出的辛勤劳作。

限于作者水平，本书对于灾后重建主题下的社会重构研究仍有很多需要改进的地方，冀望各位专家和同行不吝赐教，提出批评指正意见！

王正攀

2020年8月于重庆